近代チベット史叢書 14

秘密の国・西蔵遊記

青木文教――著

慧文社

改訂版刊行にあたって

一、本書は一九二〇年に発行された青木文教（著）『秘密之国：西蔵遊記』（内外出版）を底本として、編集・改訂を加えたものである。

一、原本における明らかな誤植、不統一等は、これを改めた。

一、紙幅の関係により、原本における図版は一部取捨した。

一、原本の趣を極力尊重しながらも、現代の読者の便を図って以下の原則に従って現代通行のものに改めた。

i　本文および散文の引用の「旧字・旧仮名」は原則として「新字・新仮名」に改めた。（例…畫→画、いふ→いう、等）

ii　本文および散文の引用の踊り字は「々」のみを使用し、他のものは使用しない表記に改めた。

iii　本文および散文の引用の送り仮名や句読点は、読みやすさを考えて適宜取捨した。

iv　本文および散文の引用の難読と思われる語句や、副詞・接続詞等の漢字表記は、ルビを付すか、一部かな表記に改めた。

v　地名、人名など一部の語句を、現代の一般的な表記に改めた。

慧文社

序　大谷光瑞

雪山の陰、崑崙の陽。地あり、高さ万尺を越え、人あり、叶番《とばん》と称す。穀菽《こくしゅく》の登るや、豊ならずと雖《いえど》も、人皆猛勇にして、四隣《しりん》を侵し、遠く天山を踰《こ》え、威を熱海千泉《ねつかいせんせん》に振るい、或いは河朔《かさく》を略《かす》め、渭原《いげん》に冠し、大唐の天子をして、膝を賛普《ソンツェン》の兵前に届せしむ。爾来千歳、白雪去路を封じ、人の是を訪《みま》うなし。蒙古の崛起《くつき》するや、人その教えを奉じ、抜思巴《パクパ》、帝師の称を受くと雖も、封疆《ほうきょう》の中、交通転輸《てんゆ》の途を開きしにあらず。清朝康熙乾隆の両帝、またその教えを受け、終に通商の門を通じ、境を挙げて燕都覚羅氏の臣たらしむ。河源の真相と、布達拉《ポタラ》の宮闕《きゅうけつ》と、皆元時の補をなし、更に詳を加えたり。今青木文教、西蔵《チベット》法王の請に従い、雪山を越え、蔵布河《ツアンポ》を渡り、拉薩《ラッサ》に留まる三年、その見聞する所、記して一巻として刊して世に頒たんとす。博聞訪異、稗益《ひえき》する所少からざるべし。不肖に嘱するに序を以ってす。爰《ここ》に数百言を列ね、その乞う所に答う。

大正九年六月二十八日

ジャバ島スラバヤ客舎に於て　大谷光瑞

自序

今を距《さ》ること、十数年前、予が本派本願寺前法主大谷光瑞猊下に陪して、印度に遊歴せしとき、猊下《げいか》の命を銜《ふく》み、大正元年九月を以て、遠く雪山を越え、西蔵に入り、達頼《ダライ》法王の殊遇《しゅぐう》に浴し、淹留《えんりゅう》約四年に及ぶ。その間親しく目睹《もくと》耳聴《じちょう》せし所は、積みて数巻をなせり。帰朝の後、大阪毎日新聞社の乞により、「秘密の国」と題して、その大綱を新聞紙上に連載せしが、今また内外出版株式会社の嘱を受け、これを上梓するに当たり、曩《さき》に公にせしものに基づきて、更に増補校訂を加え、挿画の数を倍加し、勒《ろく》新たに出蔵記の一篇を添え、勒して一書となし、「西蔵遊記」と題して、世に公にすることとせり。

書中収むる所は、もとより数年間の見聞に過ぎざれば、窃《ひそ》かに惟《おも》うに観察浅膚《せんぷ》にして、推度また正鵠《せいこく》を得ず。為に博雅の叱正を受くべきものあるべし。然れども、その間また世人の知らざる事実なきにあらず。皆実録を存して恣に彫華を施さず。現今の西蔵は、支那の附庸国《ふようこく》たりし時代の西蔵にあらず。上に英邁果毅《えいまいかき》の君主ありて統治し、下に忠忱機智《ちゅうしんきち》に富める宰輔ありて、これを助く。上下一心、意を国運の革新に専にす。本書これを叙述して、務めて、切実ならんことを期せり。本書の刊行に際して、光瑞猊下、親しく序辞を賜わる。葛藟松杞《かつるいしょうき》に依りて立つことを得、蒹葭玉樹《けんかぎょくじゅ》に交わりて、始めて光あり。まちまちの著、再び世に出ずるに至りしは、一に、この序辞の賜なり。謹んでここに謝意を表す。

大正九年十月　　京都にて　　著者識

目次

第一編　入蔵記

第一章　入蔵の動機

一、ダライラマの出蔵

ヒマラヤの彼方、世界の大秘密国、吐蕃《とばん》の都ラッサを逸出した西蔵《チベット》教王ダライラマが突然印度に現れて、世人を驚かしたのは明治四十三年の春であった。当時支那では光緒帝崩じて宣統帝の御代となり、憲政実施に着手中なので、蒙古、西蔵等の諸族をも直接その実権の下に統一せんと試みたが、西蔵ではその頃自国側に有利となった関係を改めらるることを快しとせず、清朝の要求はすべてこれを拒否するの態度を執ったので、支那は終《つい》に西蔵に出兵しその罪を問うに至った。斯くて清軍は打箭炉《だせんろ》より侵入し、東進して国都に逼《せま》り、ラッサ危険に陥るに及び、ダライ法王は国臣と共に辛うじて難を避け、俄然印度国境に飛び出で、無事ダージリンに着したことは、その当時内外の新聞紙に詳しく報道せられたことと記憶する。折柄《おりから》予は印度に在り、本派本願寺前法主光瑞猊下に従いて仏蹟巡拝を終え、法主はロンドンに向かい、予はカルカッタに留まって更に霊蹟調査の準備中であった、所へ既にロンドンに着かれた法主は、ダライの出蔵を知り、直に予に電訓してダライに会見すべき旨を通じて来た。

二、ダージリンに向かう

予はこれまで幾たびかダージリンに遊び、ヒマラヤの絶勝を窮め、西蔵の国境に臨んで、遥かに吐蕃の人文を窺い、入蔵の念勃々《ぼつぼつ》として禁じ難き折柄であったので、法主よりの訓令の有無に関せず、是非ともダライに会見して、我が志望を通ぜんとするのがこの際に於ける予の決心であった。然るにダライ法王の一行が出蔵後の行動は未だ確定せず、あるいはダージリンに駐まるべしといい、あるいはカルカッタに来るべしとも伝え、風説まちまちで、予は会見地の選定に苦心した結果、意を決してカルカッタを去り、三百八十マイルの北方ヒマラヤ山上のダージリンに突進した。予がこの地に到着した前日既に印蔵国境を降り、カリンポンに於いて数日の休養を取りたるダライの一行もまたこの地に行李《こうり》を解いて居ったのである。今やダージリンの勝地は春風吹き洽《あまね》からんとし、雪と花を並べ賞せんとする遊山の客尠《すくな》からざるが上に、ここに図らずも遠来の珍客を迎え、またこの珍客を観んが為めに来集せる幾千の人々を加え、海抜七千余フィートの嶺上、掌程の小さい遊覧地は、各国人種の群集で溢れんとするの勢いであった。

三、ダライラマに謁見

予は予めダライの通訳官と英印政府の当局者を経て、ダライ法王に謁見したき旨を通じて置いたが、直にその翌日を以て謁見を許された。ダライの行在所というのは町の中心地のホールに近いホテルで、そのホールを謁見室に充て、高壇の上に玉座を設え、側近の諸官星の如く居流れるという体。数百の白人、数千の土民は、仏教徒と他宗徒との別《わか》ちなく、ホールの内外に充ち満ち、ヨーロッパ人は名高きラマ教国の法王を観察せんという好奇心から謁見を求め、また土民は観音菩薩の化現たる全能の活仏《いきほとけ》より冥護《めいご》を授からんものと、各拝謁を切望するのである。予はまず公式の謁見を了り、再び別殿で私見《しけん》の栄《えい》を賜った。通訳を煩わして、光瑞法主の意を伝えて記念品を献上し、且つ予が入蔵遊学の希望を述べた。これに対しダライ法王は本願寺法主の好意を多とし、先年支那五台山《ごだいさん》に於いて法主代理・積徳院師と会見せられた当時を回想し、今後本願寺と密接なる関係を結ばんことを約せられ、差し当たって彼我留学生交換の可能なることを認められた。この会見は実に予が西蔵研究の端緒を得た第一歩で、また本願寺との関係がいよいよ具体化せんとする嚆矢《こうし》となったものである。

四、法王の第一印象

事《こと》新しく云うまでもなく、ダライはすべてのラマ教国中最も有力なる法王として仰がるる一面に於いて西蔵王国の君主である。当年三十四歳で、君主的の威厳適度に備わり、容貌は日本人の如く、一般西蔵人とは少しく相違せる所がある。皮膚の著しく茶褐色を呈せるは、思うに長途《ちょうと》の旅を重ねられたが為めであろう。顔に幾分痘痕《とうこん》を残せるは、他の西蔵人の様に、法王もまた彼の猖獗《しょうけつ》を極むる悪疫より免るることが出来なかったものと見える。その力ある眼光、話しぶり、応接の体などから推測する時は、どことなく才能に富まれる方と思われる。さてダライ法王はダージリンに到着した当日から正式に英の国賓となり、外邦皇族の例を以て待遇せられ、当分この地に滞在することに決定し、仮政府を設けて西蔵内地の政務を観られることとなった。清蔵の戦局に対しては太《いた》く憂慮せられたけれども、英国の後援を恃《たの》んで、後には寧ろこれを楽観するの傾向があった。

五、日本に留学生派遣のこと

首尾よくダライ法王に謁見の目的を達した予は、直《すぐ》にダージリンを出発し、記念深きヒマラヤに別れ、暫くロンドンに遊ぶこととなり、滞英約一ヶ年、欧洲大陸をも一瞥し終わって将《まさ》に帰東の途に就かんとする折柄、或る日奇態な文字で認めた書信が一通来た。封を切ると正しくダライ法王よりの親書であって、西蔵字で記された本文の下には別に英文で意訳が施されてあった。その主意は日本に留学生を派遣するから、予が帰朝の途次印度に立ち寄りダージリンまで来たれとの依頼であった。依って予は取急いでロンドンを去りマルセイユより乗船、二週日の航海を終えてボンベイに着し、カルカッタを経てダージリンに急行し、ここに再び教王に謁見するの光栄を得た。その時にはまだ日本に派遣すべき留学生の人選成らず、目下の随員中には適任者が見当らぬという話であったのを幸いに、予は人選上の条件を申し上げると、その条件に適合せる人物ならばラッサから召喚せねばならぬとて、二箇月間の猶予を請われた。

六、仏蹟巡拝中の奇遇

予はその要求に同意し、二箇月後の謁見を約して一まずカルカッタに下り、前年中止した仏蹟調査を完了する為、デカン高原地方に赴き一箇月余を費して、南コサラの古国に龍樹大師の遺蹟を踏査し、それよりアラパバードに抵《いた》り、折柄《おりから》開催中の合同洲博覧会を一見し、北部印度を過ぎりて、ネパール王国に入り、ルンビニィの蒼丘に釈迦降誕の聖地を訪い、次でクシナガラの古址カシアの郊外に仏陀入滅の霊場を拝せんとしたる時、ゆくりなくもダライ一行の仏蹟巡拝団に邂逅《かいこう》し、旅営を共にするの冥福《めいふく》を得た。ダライはこの地に於いて数日間祈禱報恩会を修し、予に謁見を賜い、「神霊の聖跡にて奇遇することを得たるは、偏《ひとえ》に仏陀の加護によるものにして、日蔵両国仏徒の接近親交もまた、不思議の仏力住持《じゅうじ》して、良好なる実現の日を見るべし」との自信を述べられた。

七、留学生来る

これよりダライは王舎城《おうしゃじょう》及びブッダガヤの霊蹟を巡礼して帰途に就《つ》かれ、予はカルカッタに向かい、暫時同港に滞在して、ダライがダージリンに帰着する頃を見計らい、その地に馳せ参ずると間もなく、法王の召喚を受けた日本留学候補生は、十数名の従者を率いて戦乱中の国都より遥々《はるばる》印度に出て来た。留学生というのは壮齢三十歳、逞《たくま》しい体格の青年で、西蔵人が所謂「聖者の権化」として崇敬せる聖僧、これまでラッサ附近の某名刹《めいさつ》の僧正職に在った秀才である。ダライ法王はこの青年僧正を西蔵政府派遣の留学生として、日本政府に依頼せんとの希望を懐《いだ》いて居られたが、英、露、清の三国に対する関係上、それ等の感情を害せんことを慮り、已むを得ずダライ法王個人として、本派本願寺に特派せらるることとなり、予にその後見者たらんことを嘱託せられた。この一事はダライに取りては多少の不満ではあったろうが、当時の形勢上徒に国際問題を惹き起こして、相互の方針に支障を来さんよりは寧ろ宗派間の私的関係に止めて、徐《おもむろ》に時運の至るを待つに如かずとなし、野心を思い止まり、現状に甘んずべき必要を認められた結果であろう。

八、僧正主従の変名

斯くて彼の青年僧正は多くの従者中より二名の侍僧を選びて日本に伴い行くこととなり、予を合わせて四名の一行はいよいよダライ法王に暇乞《いとまご》いを為してダージリンを辞し、東行の途に上る。無論今回の旅行は世間に対しては秘密を守るが万全の策と思い、僧正主従は西蔵僧服を行李の底に収めて純然たる洋装を整え、銘々日本人の変名《へんみょう》を用いた。幸いにして途中誰一人、予等の一行を怪しむものは無かったが、ただカルカッタから乗船の際、親切に見送られた同胞諸兄に、この事実を打ち明かすの機運に至らなかったのは実に遺憾であった。印度出発以来、海峡植民地に至る一旬余《じゅんよ》の船中に於いて、予がダージリン滞在中、無暗に暗記した数十の西蔵語では、僧正主従の世話を見るにやや困難であって、しばしば失敗も演じたけれども、外人からは何等の嫌疑を受くることなくして諸港を通過した。

九、秘密行動の理由

しかしシンガポールで日本郵船熱田丸に転乗するに当たり、日本語の不通なるに日本人と称しては弁解の方法なく、万事不都合を生じ易く、延《ひ》いては秘密の露顕《ろけん》する虞《おそれ》があるので、今度は蒙古人と仮称することとし、僧正自身が案出した姓名を附け、難なく乗船して遂に神戸に着いた。「挙動怪しき蒙古人三名」の案内者たる予は、新聞記者団の包囲を受けたが、漸《よう》ようのことでこれを胡麻化し去り、京都の本願寺に到着するまで彼等の正体を見届け得る者は無かった。予等一行が印度出発以来、日本到着後までも秘密行動を要する訳は、当時西蔵内地に於いてはなお清蔵両軍の交戦中に属し、清朝は西蔵に対し烈火の如くに憤れる際であったので、もし清朝側が僧正のダライの特派員たることを探知したならば、必ず何等かの手段を講ずるに相違ない。これと同時に彼を保護する本願寺に悪感を持ち、延いて日本政府を疑うが如きことあっては一大事である。一部の当路者《とうろしゃ》を除いては本願寺内といえども絶対に秘密に附せられてあったのは斯《こん》様な理由が存するからである。

一〇、ダライの僧正召還

留学生として来朝せる僧正は、最初京都の本山に在って日本語を学び、約六ヶ月にしてほぼ日常語に通ずるや、六甲山二楽荘に移りて精励刻苦、やがて少数の漢字交りの口語文を読み書き為し得るまでに進歩して、何となく非凡の風が見えた。そこでいよいよ日本仏教史の修学に着手せんとし、帰朝後事務多端の為に一時西蔵学の講究を中止した予もまた、僧正の勉学に対抗すべく小閑を偸《ぬす》んで勉強を始めた。ところが幸か不幸か一事件が勃発して暫時その企図を拋棄《ほうき》することとなった。

その一事件とは即ち我が僧正が、在印度のダライ法王から一時召還の飛電に接したことである。電文はダライ特有の暗号を以て記しあり、僧正の訳文を見ると、「蔵軍優勢、清軍敗衰、法王帰蔵に決す。僧正に下命すべき重要事項あり。至急印度まで来れ」とある。僧正は大命に背くに由なく、当分修学を中止して印度に赴き、ダライよりの下命を得て、その帰蔵を見送り、再び日本に引き返す予定を立てた。予は後見者として彼に附き添い、且つ彼の修学中の伴侶たる多田等観氏等一行すべて六名、印度に向かうこととなった。

一一、印度への船路

予等一行の旅行は矢張り堅く秘密に附するの必要があるので、僧正主従と予とは特に変名を用い、一行全部日本人という触出《ふれだし》で、外遊の目的を印度仏蹟巡拝と称し前回帰朝の際に於ける苦い経験に鑑み、日本船を避けてカルカッタ直行の英船を選び、密かに神戸港を出帆した。これ実に明治四十五年の一月二十三日午後五時過であった。翌日門司に寄港し、祖国に別れを告げて玄海の怒濤に揺られ、支那東海の荒波に悩まされつつ上海へは立ち寄らず、南海に直航する。台湾沖の洪濤《こうとう》は一層猛烈で、香港に着するまで一行は生きたる心地もなかった。香港以南は航海平穏、気候も頓《とみ》に温暖となり一行の元気全く恢復《かいふく》し、やがてシンガポールを過ぎペナンを経て、無事カルカッタに上陸する。密旅中のこととてこの地には滞在せず、即日夕刻発の急行列車に投じてダージリンに馳せ登った。ダライ一行は既にこの地を発して帰蔵の途に就き、目下カリンポンにあり。ダライはなお一週間彼地に駐与せらるとのことである。そこで予等一行中の藤谷氏というがカルカッタに留まって連絡任務を取り、予と多田氏とは僧正と共にダライ法王の跡を追うた。

第二章　入蔵の好機来る

一、再び法王に謁見

カリンポンで再び法王に謁見、一別以来の経過を大略《あらまし》上申し、ダライが切に知らんとせらるる支那革命の混乱状態に関し、僧正の通訳を煩わして委細《いさい》説明申し上げた。ダライ法王は僧正が僅々《きんきん》九箇月の短時日に、驚くべき新智識を得たることを悦ばれ、且つ西蔵内地がますます良好に進歩しつつあることを語られた。我が一行が最初の予定に依れば、ここで僧正は法王より命令を受領し了ると、ダライ法王の帰蔵を見送って、再び日本に引き返す筈で、早速法王の意向を伺った。ところが法王は急に予定を変更せられて、当分予等一行の帰朝を延期せよとの下命があった。

当時の法王政庁では、近き未来の方針すらこれを確立することが甚だ困難であった。過般の帰蔵計画の如きも、蔵軍の一時的優勢に眩惑せられた結果である。英国はダライの行動に対しては余り干渉せず、帰蔵時期の如きは、全く彼の意に任せてあった――否な寧ろ一日も早く印度を去られることを希望して居た形跡がある。何となれば、彼の滞在が長びく程ダライをして列国に親近するの機会を多からしめるからである――。印度の文明の地に居りながら、法王政庁は案外支那の大勢に暗かった。革命戦乱の事情は西蔵王国の運命を左右する程の重要問題であるにも拘らず、印度に於ける各英字新聞は支那改革の事実を報道することあまりに僅少《きんしょう》に過ぎて、西蔵政庁が機に応じて蔵軍の行動に関する価値ある戦略を建つるには不十分であった。また日本よりの新聞及び直通特殊電報によるも、今後革命の成行きが如何に落着するかは全く不明である。西蔵が慎重なる行動を取るには、目下支那の形勢に応ずるの外なく、而《しか》してその情勢を察するには、当分帰蔵を延期してこの地に滞在するに如かずとなし、そこで支那に関する各種の情報を特に日本の某々方面と諸新聞とより蒐集して、時局を観望することに決定せられた。予等一行の帰朝を延期せよと要請せられた理由はここにある。

二、入蔵を許さる

僧正は斯くの如き重要なる時期に際し欠くべからざる人材として、侍従の栄職を授けられ、ダライ法王補弼《ほひつ》の任に当たり、予と多田氏はダライの賓客《ひんかく》として好遇せられ、極東情報の供給者となり、傍《かたわ》ら僧正を師として、語学を励むこととなった。ダライと予との関係は今日まで極力秘密に附してあったが、予等のカリンポンに着すると同時にダライの帰蔵予定が変更せられたので、英国当局者は予等の行動を怪しみ、直に探偵を試みた。これが為め却って予等の素性が明白となり、英国当局者は何等の干渉束縛をも加えなかった。唯だ予等二人は秘密に入蔵せんとするものでは無かろうか、あるいは支那側の廻し者ではあるまいかという懸念が彼等の頭に残って居ったらしい。

その後支那は革命乱の為めに著しく国内の統一を欠き、国力ますます疲弊して、駐蔵の清軍はますます不利の境遇に陥り、共和新政府との連絡が絶えた。これに於いて蔵軍は必勝の成算を得たから、法王の一行は遂に六月二十四日を以て断然帰蔵することに決定せられた。彼の僧正は法王の手放す処とならず、法王は「この際僧正の如き有用なる人物は是非一時連れ帰らざるべからず。追って再び留学を命ずるの機会も来るべく、然らずとも他の秀才を派遣し得べし。貴下等二人もまた至急帰朝するの必要なくば、この機会を利用して入蔵するが可なるべし」と、一侍従を経て予等に伝達せられた。これと同時に予に対しては特に入蔵認定証及び旅券を下附せられ、予の名を西蔵式に「トヴブテン・タシー」と命名せられた。これダライ法王の実名なる「トヴブテン・ギャムツォ」の上にタシーという詞を添えて分かち賜わったものである。「トヴブ」は「寂静」、「テン」は「教法」、「タシー」は「吉祥」の意である。多田氏もまた「トヴブテン・ゲォンツェン」と命名せられ、将来入蔵の記念とすべしとの仰せであった。

三、ダライラマの帰蔵

予は出来得べくんば法王一行と共に入蔵せんと努めたけれども、不幸にして英印政府の同意する所とならず、後日時機を見て秘密に国境通過を断行せんと計画した。ダライ法王は出発の前日（六月二十三日）特に予等に私見の栄を賜う。その時予は或る程度まで秘密に入蔵を決行するの止むを得ざる理由を述べ、相当の援助を求めた。ダライはこれを快諾せられ、今後当カリンポンに駐屯すべき西蔵政府代表者を以て貴下の後援者に任じたれば、万事彼の尽力に俟つべしと語られ、予定の如く二十四日を以て玉輿超々、北に向かって印度境を去られた。

四、勇ましき入蔵者

予は別路を取って西蔵に入るべく、その準備の為めに当分カリンポンに踏み止まった。これより先印度ベレナスに遊学中の河口慧海師もこの地に来たり、スィキム王国の旅行の準備中であった。またダライ法王出発後数日を経て、矢島泰次郎氏というがこの地に顕れた。氏は力行会員《りきごうかいいん》で世界無銭旅行家として名あり、先年支那四川省から西蔵を横断して印度に出で、世界一周の後再び西蔵に入国する目的を以て当地に来たので、氏は巧に西蔵の土人に扮装して白昼予の許に来たり、一泊の上翌日夕刻濃霧に紛れて出発し、西蔵に向かって本道を突進した。ダライが帰蔵せられた後、カリンポンは急に寂寥となった。入蔵認定証と旅券を手にし、特命の後援者までも附せられた予は、勇んで入蔵の準備を急ぎ、所要の計画がすべて順調に趣くを私《ひそ》かに喜んだ。

五、入蔵野心家の巣窟

印蔵両国の交通上唯一の要路に当たれるカリンポンの地は、その後も入蔵野心家の巣窟として毫も警戒を解かれなかった。入蔵希望者の中には印度某王国の王子とか、フランスの婦人仏学者とかの歴々もあったが、皆秘密に入蔵を断行するという程の熱心家ではなかった。ここで最も厳重の監視を受けたものは支那人で、蒙古人及び日本人も相当に注意人物と見做された。軽挙がちな支那人や蒙古人にして、秘密入蔵の途中捕縛せられて、厳罰に処せられたものは、予の当地滞在中のみにても既に十数名の多きを数えた。予はこの地が入蔵の出発点としては極めて不利なるを覚り、英国官憲の警戒の最も手緩い方面から発足することと極めた。これ当時の一大事件として是非とも記し置くべきは、七月三十日、明治天皇崩御の悲報に接したことである。異域の辺境に於ける予等同胞が、悲痛の極に沈みたるは今更申すまでもなく、ラッサに帰還の途上にあるダライ法王もこのことを聞いて、痛く哀悼の意を表せられ、八月七日附を以て我が皇室に宛て本願寺法主を経由して弔電を発せられた。これに対し我が皇室よりは同じく本願寺を通じて御鄭重なる挨拶の辞を致されたのである。

六、隠れ家で入蔵準備

ダージリンから南に五、六マイルばかり鉄道線路を逆戻りした処にヒマラヤ鉄道の最高点でグゥムという一駅がある。その停車場から数町西に行くと一つの見すぼらしい西蔵教の寺院に達するであろう。その少し手前にライズィングサンと呼ぶ欧風のコッテージが一軒孤立して居る。世間へは入蔵を断念したかの様に装うで、カリンポンを引き上げた予等二人はこのライズィングサンを独占して、毎日彼の西蔵寺に老人のラマ僧《そう》を訪うて西蔵語の練習を積んで居った。その筋の人々から今後の予定について問われる場合には到底入蔵は出来ないから、せめてはこの寺で西蔵仏教の一端を研究する積りだと胡麻化した。斯くてカリンポンに駐在せる西蔵政府の代表者やその他西蔵当局者の後援空しからず、着々入蔵の準備整い最早何時出発するも差し支えがない。終に大正元年九月八日になって、案内者兼従僕として傭《やと》い入れた西蔵人がカリンポンから到着したから、いよいよその夜を以て出発と決心した。

第三章　いよいよ入蔵を決行す

一、雨を冒して出発

孤屋《ひとつや》の夜はだんだん更ける。やがて起き出でて西蔵服を纏《まと》い、書笈を背負うて行脚僧に化ける。多田氏はこの姿を眺めて「大丈夫！　誰が見ても西蔵の巡礼僧そっくりだ。発覚される気遣いはない」と感心する。そこで氏に別れを告げ、案内者の後から、コッテージの裏門を飛び出したのは九月九日の午前二時頃である。季節はまだモンスーンに属し、ベンガルの低気圧は襲来また襲来、淫雨《いんう》連日ほとんど歇《や》む時がない。この夜も雨がしとしとと降り、濃い霧が行手を立ち籠めて居る。暗路を辿り、彼の寺の傍らを過ぎて本道のスキア路に出て西に西にと進む。ダージリンに遊ぶ客にして、飽までヒマラヤの壮観を貪ろうとするものは必ず、トングルーとサンドクプー以北に探勝《たんしょう》を試みるであろう。グウム駅を過ぎてその等の諸峰を攀《よ》ずるに先だち、坦々たる八マイルの山道は即ちこのスキア路である。予は今雨中の暗路に微かに小灯を翳《かか》げながら、数年前曾遊《そうゆう》の跡を想い、この山道に馬を進めて秋色を賞《め》で、海抜一万数千フィートの諸峰に遠乗して、大雪嶺を仰いで宇宙の壮美に打たれ、世界の最高峰エヴェレストを手に取る様に眺め、一眸《いちぼう》の下に印度、ネパール、西蔵の三国を望見した壮図を偲んで、降る雨に行脚の笈を霑《うるお》す当夜の旅路を恨まざるを得なかった。

願わくは夜の明けぬ間に印度の境を出てネパールの関所を通過せんものと焦れども、如何せん山中の闇夜霧深くして孤灯用をなさず道を急ぐ術もない。時々霧の薄らぐ毎に空を仰ぐと、擦り硝子の様に白く細長い雲の帯かと思わる部分が見える。かつてここを往復した頃の記憶によると、森林の樹木がこの山道に沿うて切り払われてあった。日中ならば細長い青空が仰げるのであったと気付き、その直下が即ち正道と心得、無用の灯を消し却って歩を早めることを得た。スキアポクリを過ぐる頃、東の空が仄かに白み、霧散じ雨歇んで、シマナという駅に着いたのは明らかに人影を弁ずる頃であった。この地の関所を越ゆれば最早ネパールの領域となる。

二、難なく関所を越ゆ

関守る営内には灯影あかあかと射し、土人の国境官吏が四、五人、煙管《きせる》を手にして雑談に耽って居る様子。無断で通過しては却って彼等の嫌疑を招く虞があるから、度胸を据えて会営の門口に立ちて「イラムを経てウルンゾンに行く道は？」と、従僕は予て知り切った道を殊更に聞き質して旅路の不案内を装うと、関守の一人（ネパール人）は別に怪しみもせず、「道はこれから左を取って、山を下ればよいが、まず荷物を検査しなければここを通過することを許さない」という。予等主従は携帯の包みを解いて見せた。予の笈の中には西蔵経典数冊と二、三の仏具及び薬品若干の外に何等怪しいものがない。従僕と苦力の荷物中には一行の食器類、食糧、着換類、夜具の外に従僕が道中の商売用に仕入れて来た小間物類を納めた籠が一つあるばかり。検査官は「煙草や酒は無いか、銃剣等の兇器は持たぬか」と聞く、「左様なものは一つも持って居ない」と答えると、「もう荷を閉じてよろしい」という。先刻教わった通りの山路を取って阪を下り始めた時は午前六時過であろう、微雨が再び降り出した。路傍に憩うと山蛭《やまひる》が無数に匍《は》い上って両足がたちまち鮮血淋漓《せんけつりんり》となる。予は脚部に遺憾なく防備を施したが、小蛭はほんの小隙からその軟体を挿入れて血を吸い、隙がない時は頸筋《くびすじ》までも匍い上ることがある。乾燥せる土地かまたは屋内に避けなければ蛭の害は防ぐ方法がない。啻に人間ばかりではなく、牛羊等の家畜に至るまでこの虫害に悩まされる。この地方の雨季旅行は大禁物であるが、これが秘密行動を取れる予には最も適当の時機であった。予が既にネパールの国内に入り、最早印度方面から追手のかかる憂いの無くなったことを喜んだ。

三、入蔵の最捷径路

入蔵路としては他にも数ヶ所あるけれども、いずれも英領印度内を数日間密行しなければならぬ。その間にことが露顕すれば捕縛せられるから、その等の道を選ぶ時は非常に警戒を要する。しかし今回予の取った道は普通の入蔵路では無い代りに嫌疑の罹《かか》る虞が尠《すくな》い上に、印度領内といっては、出発地点のグゥムから僅か十数マイル、四、五時間で容易に他国の領土に入ることを一挙に決し得る便宜がある。山路の険悪なこと、物資の供給を得難いことなどは最初から覚悟の上で万艱を犠牲とする値打ちのある通路である。予の従僕はもとよりこの地方の地理に精通せる好箇《こうこ》の案内者であった。予等の行先地と仮称するウルンゾンは、ネパール王国の東北境にあるかなり有名な山村で、西蔵のラマ教寺院もある所だから、その処へ赴くといえば誰も疑うものはなかろうと智慧づけたものはこの従僕である。彼が僅の行商品を仕入れて来たのは、営利的の考えばかりでなくして、途中土民の怪しみを引かない為めの手段である。

予は所要の地図、時計、磁石、手帳等嫌疑のかかり易いものは枕の中に封じ込んで夜具と共に引っ包み、何時でも他人の目を掠めて、出し入れの出来るように荷造りをして置いた。そして予自身は当分蒙古人と名乗ることにした。西蔵人と称しては今の所予の西蔵語があまりに下手過ぎて、もしも途中で本当の西蔵人に邂逅《でく》わした時に箔を剝がれる憂がある。しかし蒙古人がこの地方を旅行することは極めて稀である。それに蒙古人の服装と西蔵人のそれとは似たり寄ったりで、ネパール山国の土民などには区別が付き兼ねる。殊に当季節に於いて旅人の来往が頻繁でないウルンゾン道中では、蒙古人に出会うて言葉を試験せられる気遣いは万々《ばんばん》なかろうと信じたからである。従僕はネパールの土語や風習を十分に心得、未開地の旅行には慣れて居るらしい。一行がネパールの国境を無事通過してやや安心が出来る様になってから、彼は自分の経歴談を始めた。予が彼を雇い入れたのは昨日の午後で、まだその性質を判断することは出来ないが、我が後援者等の言によれば、彼は信用のある、役に立つ男だから安心して使用するも差し支えがないとのことであったが、実際気の利いた従僕であった。

第四章　ネパール内地の山旅

一、巡礼の第一夜

予等は前夜から一食一睡をも取らずして、十余マイルの悪道を強行した揚句、大いに疲労を覚えたので、とある山村の農家に軒下を借りて休憩し、朝飯の準備に取りかかる。始めて笈を負い長途の山路を夜行した予は、十年来経験したことのない疲労を覚え、数杯の西蔵茶を喫むと直ぐ吾知らず熟睡に落ちた。朝飯後雨中の山路を渓流に沿うて南西に下る。数千尺の谷底に達すると雨歇《や》み所々雲間に碧空《あおぞら》を見、ようやく暑気を覚える。午過《ひるすぎ》から日光照射し、流汗《りゅうかん》を催す。午後二時頃或る山村に着いたが、疲労甚だしくしてこの上歩《ほ》を続ける勇気が出ないから、土人の木賃宿を求めて投宿した。この村は名は忘れたが、戸数五、六十もある所で、ネパール山民の営む小さな商店が軒を列べ、呉服類、雑貨、日用品、穀類、野菜等を売って居る。ダージリン地方に近いので家屋の構造は土民の風俗などにはかれこれ大差がない。ヨーロッパや印度人の絶えて居ないことと、ネパールの土兵か官吏か知らないが、奇腰な小さい黒帽に金物の徽章《きしょう》と鳥の羽毛の飾りを附け、腰間にククリというグルカ刀を挿して居ることが異様に見えた。村の飲食店にシャルパ人が支那ウドンを販《ひさ》いで居る。シャルパ人とは元来西蔵の辺境土民で、大体西蔵人と同じ風習を有して居るが、ネパール人の血統の混った特種族である。予は空腹を感じながら食欲が減じて居るから、夕飯には彼のウドンを求めてやや美味を知り、幾分朝来の衰弱を回復した。斯くて午後六時過には日が暮れたが、一つの電灯もなく、薄暗い石油ランプが物置小屋の様な合宿舎の古棚の上にただ一つ置かれてあった。不潔な板間の上の沙塵を掃ろうて毛布を展《の》べ、その上に仰臥すると脊骨や腰骨が堅い床に触れて痛む。黒い煤びた壁、煤の垂れ下った天井裏が目に入った。昨日までの文明生活が羨ましくて堪らなかった。人目を忍ぶ巡礼の旅出に、幕営用具は何一つ携帯し得なかったことは当然とはいいながら不平不快の念は頻に起こった。世にはわざわざ困難を求めて冒険を敢えてする篤志家が多数あるものを、これしきのことに不自由の感を訴うるは実に愧《は》ずべきことと敢えて自身を鼓舞し、行脚の境遇は興味深き好箇の修道場であると思い直した。

二、水神に賽銭

九月十日。未明宿を発して西南に下る。渓流の対岸に渡って直に峰を攀《よじ》登《の》り、その背伝いに余り嶮しくない山路を四、五マイル行くと下り阪となる。今度は急峻な阪を下ること約二千フィート山の峡に、大渓流が横たわって居る。河幅は十数間に及び、竹材で巧に吊橋を架けてある。この橋を渡るには、空手の人ならば一時に両三人ずつ、重荷を負える苦力ならば一人ずつ、山羊などは六、七頭を限り通行せしむる規定である。橋の両端には番人が監視して居る。丁度予等が橋の袂《たもと》に達した時、数十頭の山羊の群を逐う所の数人の土人があって、彼等が渡り終るまで待合さねばならなかった。予の伴れて居た苦力の荷物はかなり重いから、まず一人だけ先発せしめ、次で予等主従が渡ろうとすると、従僕は急いで、財布の中から銅貨を取り出してその一文を予に手渡した。多分渡橋料だろうと思ったので、手に握ったままブラブラと左右に揺るる竹の欄干を片手に支えながら進む。濁流が滔々《とうとう》として奔《はし》って居るのは連日の雨の為であろう。橋を渡り終わって対岸に少憩《しょうけい》した。誰も橋銭を要求する者がないから、彼の銅貨を従僕に返すと、彼はやや驚いた顔付して「檀那何故それを持って来ましたか。橋の中程で水神に供えるものであったのに」と、予はその訳を聞けば、昔から橋を渡る時、水神の怒に触れて中途に橋が壊れ落ちるとか、思わず眩暈がして自ら墜落するとかで溺死したものが夥しい。そこでお賽銭を用意して、中流に達した頃水中に投げ込んで神意を慰めるのだと説明された。

三、支那人と疑わる

それから山腹の急斜面を一気に三千フィートばかり上ると、イラムという山上の村に着く。時に日没して午後九時頃であった。土民の宿があるけれども西蔵人は泊めない。已むを得ず町外れの一農家に懇願して、ようやくその軒端を借用したが、屋内には一足たりとも踏み込んではならぬという。午後九時の遅きに及んで夕飯を支度すべき竈《かまど》を戸外に築かねばならなかった。この地方の土民は皆ヒンドゥ（印度教徒）であって、異教徒と同居したり食事を共にしたりすることをひどく嫌うものだと従僕は呟きながら灯を点し、何処からか三つの石塊を拾って来て仮の竈を設け、さも不平らしく夕飯の準備に取り懸かる。予は軒端の片隅を綺麗に掃除して蓆《むしろ》を敷き、その上に毛布を展べて寝床を用意した。斯くて夕食にありついたのは十一時頃である。この家の主人なるネパール人は戸口に立って、予の食事を不審そうに見詰めて、女房らしい女と秘々と話し合って居た。従僕は土語に通じて居るので、妙な顔付をして予を見る。何を話して居るのかと聞くと、「檀那が今二本の箸で食事をなさるから、この巡礼は多分支那人が化けて居るのだろうと云ってます」と答えた。予は今「支那人」という一語を聞いて電気に感じた様に聴神経が震動した。折角西蔵の巡礼僧に扮装しながら、箸を用うる位の些細のことで支那人と見做されては、時節柄油断がならぬと思い、食後用意の箸は悉く焼き棄てた。

四、勇敢なグルカ民族

九月十一日、快晴。イラムの町を一瞥した。バザーはダージリン地方のネパール部落に見る所と大差はない。しかしヨーロッパ風の影響を受ける程度が薄く土着風が多い。男は細い筒袖の上衣に褌襠《こんとう》を穿き、腰にククリ刀をぼっ込んで居る。散髪（？）の頭にはお椀形の粗末な小帽を被り、履物は穿かないものが多い。女は男と同じ上衣のやや美的に仕立てたるものを着し、下衣としては袴の様な更紗切れを纏うて居る。そして鼻、胸、頸、手、足には金銀や玻璃《ガラス》などの宝石で作った装飾を着けて居るが、矢張り履物を穿つものは少ない。髪は前の方で左右に分け、後の方で弁髪と為し帽子を用いない。人情は概して順和らしく、一般旅人に対しても相当に親切である。しかし彼等の性質は元来勇敢であってすこぶる敏捷な点がある。勤勉で、進取的で、遠くダージリン地方に出稼ぎ、農林等の労働に従事する者が多い。殊にグルカという人種は極めて勇敢で兵士として最も適当の性質を具《そな》えて居る。で英印政府ではダージリン地方に移住せる同人種の中より兵を募って軍団を組織し、現に欧洲の大戦にも従うてしばしば偉功を奏して居る。往昔その酋長はこの強兵を以て古ネパール王国を攻め、ネワル種族を征服し、その後北は西蔵を侵し、東はスィキム王国を攻略して、遂に英国とことを構うるに至った程侵略的の人種である。現ネパール国王は即ちこのグルカ種族の酋長の系統に属せるものである。その宗教はおもに印度教である。しかし旧ネワル種族は今も仏教を信奉し、同時に印度教養をも採用して居る。

五、イラムより方向転換

イラム附近は古来所謂グルカ種族の勢力範囲で、ネワル種族の仏教的遺蹟の存在せることを耳にしなかった。この町には小さな兵営があって、予の通過した時には一大隊ばかりのグルカ兵が錬兵を行うて居った。人口は約二千もあろう。山上の景勝に拠り、四囲の山谷には沃野《よくや》開け、米、豆、玉蜀黍《とうもろこし》、粟《あわとう》等の穀物や野菜類が能く熟して居る。イラムはダージリン県のグウム駅から四十余マイルの南西に当たり、北方の西蔵に向かうには全く反対の方向であるが、ダージリンから直に北進する時は、英国官憲の為に追捕せられる虞があるに反し、この二日間の南西旅行は予の踪跡《そうせき》を晦《くら》ますには最も適当の通路であった。さてイラム駅から方向を転じて北方に向かい、いよいよ目的地に直進することとなった。イラム山を北西に下れば渓流がある。橋がないから従僕の背に負われて渡りまた阪を登る。なかなか急峻で容易に頂上に達しない。途中しばしば降雨と濃霧に出会《でくわ》し、寒冷を覚える。六千フィート以上の地に達すると、樅《もみ》、赤楊、木蓮、桂の樹などがあり、枝や幹に苔を纏うて居るもあって、山景すこぶるダージリン附近に似た所がある。

六、祈禱を求めらる

センゲェゾンという村に近づくと、日はとっぷり暮れて宿るに適当の家がない。ようやく道から遠くない所に一軒のシャルパ人の農家を見出して一泊を乞うと、快く承諾せられる。この宿の人々は変則ながらも西蔵語を話すのでお互の意志が能く通じ、ネパール人の家の軒下を借るに比べて大いに爽快を覚えた。夕食後主人から予の素性を尋ねるままに従僕は予に代わって仮定の素性を物語り、旅行先はウルンゾンのラマ寺《でら》であることをも告げた。質朴なる山民は些の猜疑を抱かない様子で予の風体を凝視し、傍らにあった書笈《しょきゅう》に目を着けて、「貴僧は蒙古の出家であれば、吾々も同様仏教徒だから、今夜の宿を縁として御祈禱を願いたい」とて若干の布施を持ち出された。予は予《かね》て斯る場合があるだろうと思って多少の準備はあるから驚かないが、従僕の当惑は一通りでない。「檀那は元蒙古の俗人で近頃出家したばかりの方である。無論仏教徒ではあるがまだ仏道修行の経験がない」と、予の僧侶たるを知らぬ彼は勝手な取計らいで辞退せんとする。予はこれを制し、笈の中から経典を取り出し、法鈴を持し、正しく足坐して厳めしい態度で首尾よく祈禱を終る。これが為に予は「ソクポラマ」と称えられて、鄭重に待遇せられた。ソクポラマとは蒙古《もうこ》ラマの意である。

七、湿える南、乾ける北

明くれば九月十二日。早朝出発に際し、宿の主人は夕方の到着予定地まで見送り旁《かたがた》案内者を附けて呉《く》れた。この家《や》を辞して阪路《はんろ》を進み、鬱蒼たる林を過ぐる頃ようやく日がのっと出る。林間冷涼にして気澄み、奇鳥の囀りはダージリンの秋の晨《あした》を偲ばせた。桂、樅の高樹ますます多く、石楠花の灌木は登るに従って茂《しげ》くなる。古木古巌《こぼくこがん》皆苔《みなこけ》の衣を装い、寒泉落葉の下より瀉《そそ》ぎ出で、径《みち》に沿うて流れ去る。樹葉の疎《まばら》なる所、巌頭《がんとう》に立つと、空一面に淡雲立ちて日の光は弱い。行手を仰げば嶺頂なお高く遠い。やがて天曇り白雲近く嶺辺に逼ると思うと、間もなく四顧密雲に閉ざされ、全く霧中を行くの感がある。喘ぎ喘ぎ登ること約一時間で最高頂に達する。海抜九千フィートばかりであろう。雲霧の為に観望を断念して、下阪《げはん》に就く。通路はこの峠を向こう側に越えて渓底《たにそこ》に下るので、山背《さんはい》を伝うて北上する路のないのには些か落胆《がっかり》せざるを得なかった。登り阪が南面して湿潤なるに引き替え、下り阪は北面して乾燥し、全くその趣を異にして居る。印度平原から多量の湿気を齎《もたら》す風がヒマラヤ山脈の南壁に多量の雨を降らし、北面に少なき証跡は啻《ただ》にこの一嶺のみならず、東西幾百マイルに亘って連立せる諸峰に於いて常に実見する所である。今予の佇《たたず》める山背はダージリン、スィキム、ネパールの境をなせる彼のファルート方面より延長せられ、サンドクプーを経て二派に分かれ、一つはダージリン県に入り、他はネパールに及べる所謂シンガリラ山系の一部で、もしこの山系を伝うて北進すれば、遂に海抜二万八千余フィートのカンチンジャンガの氷嶺に達するであろう。

八、物騒な入蔵路

予の取れる路はこれより山背を越えて一度東ネパール山峡に下りウルンゾンを経由して北進するもので、難所多く普通旅人の取らない入蔵路となって居る。しかも冬季は山賊横行し、行人《こうじん》を殺害するなどのことがあって交通はほとんど杜絶《とぜつ》するそうな。今は秋ではあるが、今朝出発以来、低地で稀に樵夫《きこり》の姿を見たばかりで、一人も行旅《こうりよ》の人に遭遇せず。実に物凄い程寂寞《せきばく》を極めて居る。更に約二千余尺下って乾操帯を去り、比較的に湿潤な森林に入る。この森林帯を下ること五、六マイルにして打ち開けた土地に出る。林樹無く耕田沃野相連なり、農家点々として山羊の群は草原に遊んで居る。また棄て難い眺めである。海抜ほぼ四千尺の所まで下り詰めた高原にラリカルカという農村がある。ネパール土民三百名足らず居住し、西蔵人もシャルパ人も居ない。例によって土人の軒端を借りて仮の宿とする。異教徒の家では「蒙古《ソクポ》ラマ」も好遇を受くべき特典を有して居ない。一応懇望はして見たけれども矢張り屋内に入ることだけは拒絶せられた。ここで彼の見送りの案内者に心付けを遣わし、一泊させた上、翌朝センゲェゾンに還らしめた。

九、土民に襲われんとす

九月十三日、晴。前日来《ぜんじつらい》の山腹を伝うてシンガリラ山系を過《よぎ》り渓《たに》に下る。到る処耕地を見ざるはなく、穀物や野菜類豊かに実って居る。更に下れば再び樹株帯となる。多くは亜熱帯の草木で気温次第に高く暑熱を感ずる間道を取って密林の中を下ると、数町を隔てて後から来る土民の旅人《りよじん》どもは高所《たかみ》に在って、予等に向かって石を投げつけ、喧嘩を売ろうとする様子だから、予の一行は後難《こうなん》を恐れて一目散に急阪《きゅうはん》を馳せ下る。従者と苦力は重荷の為めに度々滑り転ぶ。瞬く間に数百尺を降り、瀬音《せおと》が手に取る様に聞こゆる所に達する。渓に近づくに従い山樹疎となり、本道と合して吊橋を見、やっと胸を撫で下した。両岸は懸崖をなし濁流滔々、瀑布となって瀉《そそ》ぐ所に鉄索の吊橋が架せられてある。山間の僻地に似合いはしからぬ良い橋である。渡橋の規則というものもなく、番人の影も見えず、全く旅人の通過に放任してある。右岸の橋畔《きょうはん》に近い小屋に入って昼飯《ちゅうはん》を喫する。既に数人の土人が休息して居った。いずれも商人らしく十数名の苦力を伴い、おもに穀類や獣皮を携帯して居るが、これは交易を行うものである。これから道はまた阪《さか》に通じ、滴る汗を拭いつつ急斜面を匍《は》う様に登る。数千尺のし上ると、爽籟《そうらい》の颯々《さつさつ》たるを聞く。頭上巍々《ぎぎ》たる嶺の上に古松青空《こしょうせいくう》を摩《ま》せるを望み、一気に頂きに達して一時間ばかり休憩、嶺を越えて再び阪を下る。まだ下り尽きざるに日が暮れたから前夜の様に山腹の農家に宿を求めて軒端に一夜を明かす。

一〇、「蒙古薬」の神効

九月十四日早起、星明かりに清泉《せいせん》を汲み朝茶を喫して出発。対岸に渡り、またしても嶺を攀る。やや登れば緩い阪となり、耕田多く農家が散点して居る。昼食の為めに或る家に休憩して居ると、「西蔵僧来る」とて土民は予を取囲み、或る軽病患者に施薬を請うた。予は蒙古薬と称して宝丹《ほうたん》、仁丹《じんたん》などを少量ずつ与えた。一時間余でその効能が顕われたのに驚き、所謂「蒙古薬」の分与を求められたが、日本薬の正体が発覚する虞があるからこれに応じなかった。彼等は元来印度教徒であるけれども、中にはラマ僧《そう》を尊信するものがあって、西蔵から来る僧医に対しては時とすると印度の聖僧以上の敬意を払うそうな。彼等は今刺激の強い新薬を嘗めて速効に感じたらしく、「蒙古薬」のお蔭で、自称「蒙古《ソクポ》ラマ」までが敬意を払われ布施の余沢《よたく》に湿《うるお》うた。同地を去って更に山路を行く。山背に近づくに連れ再び森林帯となる。殊に松と石楠花が多い。暫く山背を伝い、やがて向こう側に越えると、山腹皆稲田ならぬはなく、藁葺の農家が所々に点在せる光景は故国の山村の秋に似て居る。土民の風貌もまた邦人に酷似して居る。

一一、二階建の羊宿

この高原に支那式の瓦屋根を有する二階建の家があって異彩を放って居る。これ疑いもなく地方官の舎宅か事務所であろうと思って案内者に尋ねると、豈図らんやそれは「羊の宿」であった。この地方では羊と山羊を重《おも》な財産の一つに数え、金銭と同様に大事がる。土民の半数は牧畜によりて生計を立て、農業と共にネパールの最も緊要なる産業であるから、これらの家畜に対しては常に特別の注意を払うのである。もし飼養地の附近に牧草が欠乏する時は、数十里を隔てた遠い地方に逐い行かねばならぬ。売買または交易を行う場合にもこれを遠方に往来せしめる必要がある。その途中で雨雪に遭遇することもあろう、狼の襲撃を受ける折もあろう、で斯様な危険を防ぐ為に、ところどころに不相応に立派な「羊の宿」を建て、階下を羊の寝所とし、階上を羊追いの旅舎に充てたものである。予の実見したものは間口五間奥行三間位のもので階下の土床には羊の糞堆《うずたか》く、階上は物置となし階梯は懸けてなかった。羊の宿は重な村には必ず一軒ずつ建って居るが地方によって大小がある。

一二、危い吊橋

この高原を過ぎて渓底に下ると、鉄の鎖を架した吊橋がある。長さは十間ばかりあろう、二条の鎖を対岸に渡し針金で足場板を吊り下げ、番人が通行を監視して居る。空手のものは同時に二人、重荷を負えるものは一人、山羊等は三、四頭ずつという定めである。従僕まず渡り予これに次ぎ、苦力は最後に来る。橋の中程になると盛んに揺れる。

数十尺の直下には例の濁流が嚙合って居る。従僕の注意で一文の銅貨を流れに投じて水神に供養し、無事右岸に着いた。橋畔よりの路は甚だ粗悪となり、雑木の生えた急阪を匍い上るように通じて居る。深い谷を渡り高い山を上下するのが毎日の課業の様な旅行には最早飽き果て、阪を見上げるとがっかりする。しかし住民もなきこの麓には宿るべき家もないから、従僕の杖に曳かれながら喘ぎ上がる。やっと五、六の農家ある村に達し、例の如く軒端を借りる。

一三、グルカ王の侵略

九月十五日。行くこと七マイルにして戸数数十戸の村落に着く。村の名はタプランゾン、この地方に於る最大のバザーとなって居る。住民はネパール人最も多くシャルパ人これに亜《つ》ぎ、少数のスィキム人も雑居し、他のネパール村邑とは大いに事情を異にして居る。この辺一帯は以前スィキム王国の一部であった。ところが第十八世紀末から彼の侵略的なるグルカ王麾下《きか》の強兵がしばしばスィキムを攻めて、当時はスィキム領であったダージリン県地方までも併呑してその国王を追い終に英兵と衝突して敗北し、その占領地を英国に割譲して和を講じた。そこでスィキム王は曩《さき》に失いたる領土、即ちグルカ王が英国に与えた地域を英国の好意によりて還附せられ、わずかに名義上の独立をなすことを得たのである。その後ネパールとスィキムとの国境は現在の如く確定し、グルカ族が侵略したスィキム領の一小局部（今日のタプランゾン地方）のみグルカ族の有に帰した。このタプランゾンに数種の民族が雑居して居るのは如上《じょじょう》の沿革を有するからである。

一四、怪しき支那人

昼飯を終わって緩やかな阪路を北を指して下った。途中で日が暮れ一小村に近く山羊の宿のあることを発見し、その階下に荷を下す。隣に番人らしいシャルパ人の老婆が居って、板席《いたむしろ》まで持ち来たり、親切に世話を焼いてくれる。婆さんの話によると、昨夕二人の支那人が入蔵の途次、ここに立ち寄りウルンゾン方面に向かった。二人とも粗末な西蔵服を着けて居ったがその用うる食器類は皆上等品であった。商人だとはいいながら商人らしいものは何一つ携帯せず、怪しい旅人であったと。予は彼等支那人が何者であるかほぼ想像がついたから、自ら警戒すると同時に彼等の行動を探って見ようという好奇心をも起こした。明くれば九月十六日。急阪を下り尽くせばタンブル河の急流に会する。その右岸に沿うて北行する山路が遥かに高い所を通じて居る。過日タプランゾンに来る途中、或る山上からこの本流を一瞥して、予の取れる入蔵路は、つまりこの河の上流を登り尽して最後にヒマラヤの本脈を越えるものであると行手を想像して見た。今その河流に沿うて北上しつつある快感は、前日来の苦難を全然忘却せしめた。これからは北上する一方で、気候は初秋めいた冷涼を覚え山景はいよいよ面白くなる。夕方とある村の農家に宿る。

一五、従僕の小商内

九月十七日。朝露を踏んで山径を辿る。行人にも旅者にもシャルパの蔵民多く、お互いの言語も能く通じ、ネパール人の影は頓に減少して、全く異境に移った想いがある。従僕はダージリンで仕入れた商品を取り出し、途中の部落に少憩する毎に若干ずつ売り捌いて行く。印度内地の小売値に比べて二、三倍の高価でも不便な山地の土人は争うて買い取る。この地方を交通する商人は西蔵に輸入すべき穀類を主とし、小間物、装飾品等を販《ひし》がぬ。而して土民は生涯に一度か二度しか印度に出る機会を有して居ないから、小間物類などは幾分高価の物でも喜んで買うのである。従僕の商売は予想外の好成績で一日の中に携帯品の過半を売り揚げたが、これが為に余計な時間を費し本日の行程は僅かに十数マイルに過ぎない。海抜約六千尺《しゃく》の高地にある小村に達して日没となり、シャルパ人の農家に宿る。

一六、ウルンゾンに入る

九月十八日。北上を続ける。山景前日とはやや異なり農地少なく、稲田を見ず。多くは玉蜀黍《とうもろこし》と粟《あわ》属の穀類が植えてある。粟属の穀物というのは茶褐色で黍《きび》に似た点もあるが、その葉や茎を見ると粟の様である。土人はこれを煮て後冷《のちひや》し置き、醱酵素《はっこうそ》を入れて、ムンチャと称する一種の酒《ムルワ》を醸《つく》る。桃や梨の果樹には小さいけれども美味い実が鈴生《すずな》りに生《な》って居る。これより四囲の景ようやく変じて山勢急斜を帯び、田畑尽き、人家尽き、渓間《たにあい》は狭まり、タンプルの本流も今や四、五間の川となって、路に近く潺々《せんせん》たる流声あり。林間には山鳥の奇語を聞く。天高くして日《ひ》晶《あきら》かに、気温かくして風起らず、翩々《へんぺん》たる蝴蝶は秋草の残花に戯れている。牧笛の聞こえるあたりに白羊《はくよう》の群が遊んで居る。樵歌《きこりうた》を唄いながら山の女が薪を蒐《あつ》めて居るなど、万里の孤客を慰むること夥《おびただ》しい。巨樹森々《しんしん》、青い苔が梢を埋むる境に入れば、高い樅の樹は天に参り、石楠花の滑緑《かつりょく》は澗谷《かんこく》を埋めて居る。山頂に出ると眼界たちまち開け、夕煙微に上る辺りに目指すウルンゾンの里を認め、ラマ寺院《じいん》の赤壁を右手《めて》の山腹に睨んで、夕映淡く嶺の雪を染むる頃宿に着く。西蔵人の一豪家《ごうか》で、西蔵政府からネパールに特派した一商務官の舎宅である。

第五章　西蔵国境に近づく

一、ウルンゾンの民家

ウルンゾンは海抜約《およそ》一万余フィートの高地にある村落で西蔵と東ネパールとの国境貿易場の一つとなって居る。この地は元と西蔵の領域に属して居ったが、グルカがこれを占領して以来ネパール王国の一部に編入せられ、その東部に於ける重要なる位置を占め、現に同国官吏数名駐在し、国境守備の任に当たって居る。西蔵政府もまたこの地に官吏を派し、商務を兼ねて入蔵の旅人を取締って居る。戸数は百に満たないけれども人口は七、八百を有し、その多くは西蔵シャルパ人で、ネパール人は尠《すくな》い。家屋の構造はやや奇である。屋根を葺くに鉄道の枕木様の木材を無雑作に積み重ね、その上に石を列べて風害を防ぐ。これが為に屋内で火を焚く時は、屋根一面に白煙濛々と立上り、一見火事かと疑われる。朝夕全村時を同うして煙を吐く光景は珍なものである。木材は豊富なので建築はすべて木造となし、土や石を用うる部分は極めて少ない。多くは二階建で階下を物置場または家畜の囲所に充て、階上に居室、台所などを設け、その様式は大体西蔵風を模してある。

二、支那人の脱獄騒ぎ

この地には税関があって、貿易品に対しては僅少の税を課する。武器、酒類、煙草等を禁制品とせることは東部ネパールに於けるいずれの税関も同様である。而して旅券を有たないものは絶対に西蔵に入ることを許されない。予は先って入蔵を企てた支那人と伝えられた。彼の怪しい旅人は、ここでその前進を差止められたが、密かに通過せんとして、村民の発見する所となり直に捕縛の上獄に投ぜられたが、彼等はその夜巧に獄舎の戸を破って脱出し、予定通り西蔵に向かい山奥に逃げ入ったから、今追手を出して追跡中であるとのことであった。税関の近くに石を敷き詰めた広場がある。西蔵方面から来る隊商が牽いて来た動物を繋いで置く場所である。そこに毛の長い大牛の様な怪獣が十数頭繋がれ、絶えず口をパクつかせて何か喰って居た。その軋る歯音は艪《ろ》を漕ぐ様である。これが名高いヤクという奴である。毛色は純黒または黒白の斑のあるのが普通で、駱駝《らくだ》の様に褐色のものと、褐色と白の斑の入ったのもある。頸の下から胴一面に長い総毛が地に付かんばかりに垂れ、殊に尾は総々として長く立派である。山国の寒地に於ける運輸機関として最も有用な動物で、時には乗用にも供せらる。

三、西蔵に入らんとして

この地方の国境貿易の通運機関にはヤクの外に馬、騾《ら》馬《ば》、驢《ろ》馬《ば》や人足をも使用して居る。予が今回の旅中、印度境出発以来既に通過し来った地方では、物貨の運搬は皆苦力に依るので、如上の動物を使用するに足るべき通路は絶えてなかった。これより西蔵内地に通ずる商道はその嶮峻なことと気候の寒冽《かんれつ》なことに於いては、ネパール内地の比ではない。大気も稀薄となって山暈《やまよい》の苦痛も増すけれども、動物が重い貨物を運搬し得る通路が開かれて居るから、意外に便利である。ウルンゾン経由の商道により、西蔵国内の最寄の部落に抵《いた》るには約三日程の距離があって、その間はほとんど無人の山原を行き、途中二万尺に垂《なん》ん《な》とする氷嶺を横ぎらねばならぬ。小人数の旅行は不便な上に危険が多いから普通隊商を作って往来する習慣で、ここで旅行の方法を一変せねばならぬ、予も印度以来の旅装では不自由であるから、防寒服を用意し隊商の一行に加わることに定めた。

四、西蔵官吏援助を拒む

予は宿の主人（西蔵政府特派の商務官）は過日来《かじつらい》某地方に旅行中であったが、十九日夕方帰宅し、予の入蔵目的を尋ねた後、予の提示した彼の二通の旅券＝入蔵承認書と普通旅券＝を繰り返して熟読して居ったが、すこぶる不審げに「二通とも確に西蔵政府より下附せられたる証券には相違ないが、これは多少身分のある人に交附せらるるもので、蒙古の行脚僧輩が持って居るべき旅券ではない、どうしてこれを得て来たか」とまず予の従僕に向かって訊問を始めた。従僕は予の経歴を説明して事実を明らかにし、印度やネパールの領内でこそ巡礼僧に化けて、秘密旅行を重ねて来たけれども、西蔵領土に入れば最早公然の行動を取ることが出来る。我々は決して怪しいものではないと、一生懸命に弁明した。商務官はなお半信半疑の体で、前日怪しい支那人二名の逃亡した事実を語り、もしお前方も支那に関係があるものとすれば敵国に味方したという理由で、本国政府から厳罰が下るであろう。実はお前方三人を当分ここに留めて置いて、一応政府よりの指令を待つ考えであるとの意見を述べた。しかし予に取っては斯様な僻村に留置かれるなどは迷惑この上ないから、飽まで旅券に指令せる如く「入国を阻止しない」ことを要求した。彼は遂に同意はしたけれども、旅券に謂う所の「援助を与うる」ことだけは躊躇すると言った。今日まで一旬に余る困難な旅行を経験して来た予は、ここで強いて特別の援助を受けようとも思わない。無事に国境通過の許可を得るだけで満足であった。斯くて西蔵内地旅行の新準備＝防寒服、糧食、隊商と同行の都合など＝は二十日を以て全く整頓した。

五、隊商に加わる

九月二十一日。ヤク十余頭より成れる隊商に加わりて、書笈と他の二箇の荷物は別に一頭のヤクを賃して運ばせ、主従は各々《めいめい》杖一本の身軽でウルンゾンを出発し、前日来辿って来たタンブル河上流の、一支流に沿うて山路を上る。左右の山々は薄く白雪を被いで居る。中腹には黒い巌石《がんせき》が無数に露出し、一本の高い樹さえ見えないが、麓の流に沿うた部分には杜松《としょう》（？）躑躅《つつじ》、石楠花《しゃくなげ》などの灌木の間に樅樹《もみのき》が疎に生えて居る。雑草は早や冬枯となり、唯だ野生の大根らしいのが青々とした葉を残して居るばかりである。数マイル来たところに渓《たに》の水を利用した水車小屋が唯だ一軒あった。杜松属の木材を水車の力で粉に砕き球形《まりがた》に丸めて乾かしてあったが、これは一種の焼香として用うるものである。更に上流に至ると、左右の山は次第に低く渓原《けいげん》の眺めは宛然《えんぜん》庭園の趣がある。奇巌《きがん》苔を纏うて石楠花の間に点在し、渓泉《けいせん》その中に隠顕《いんけん》して、あるいは小さな瀑《たき》をなし、あるいは碧《みどり》の池をなし、風致《ふうち》すこぶる愛すべきものがある。

六、山暈に悩む

高く登るに従い、空気はますます稀薄となって山暈《やまよい》を催す。到底隊商と同行することが出来ないので、路傍で少憩を取り、従僕の勧むるままに一杯のムンチチャ（酒の一種）を口にし、元気が恢復して行《こう》を続ける。数マイル進み、酒気が去ると復た眩暈を感じ頭が痛い。徐行すればよいが、道を急ぐと今にも昏倒せんとする。やがて左手に当たって黒い天幕が数張見える。休息所を借ろうとしてその幕営を訪うと、そこには十余人の遊牧民《ロッパ》が住まって居るのであった。一杯の酸乳《さんにゅう》を求めて渇《かつ》を医《い》し、乾酪《かんらく》を貪って昼飯の代りとした。少憩する間にほぼ常態に復した様だけれども、歩くと直ちに眩暈と頭痛を催し、苦痛堪え難く、ややもすれば反吐《もど》しそうになる。朝来流れに沿うて居たる山峡の道は、このあたりでは広漠なる山原となり、その幅一マイルないし二マイル、長さ六、七マイルにも達する。山暈に悩みながら、この山原を徐々に上る間に日が暮れかかる数マイルの前方に削いだ様な山壁が屹立して、行手を遮るものの如く、左右の峰々は皚々《がいがい》たる積雪を戴き、吹き下す寒風は肌を刺し坐《そぞ》ろに旅の哀れが嘆《かこ》たれるのである。

七、露営の第一夜

隊商の西蔵人は早や山壁より一マイルばかり手前に先着して居たが、荷物を悉く地上に積上て円陣を作り一方に出入口を設け中心に竈を築き、拾い集めたヤクの糞を焚きながら、その周囲に車座《くるまざ》になり、熱い茶を喫《の》んで夕飯の準備中であった。今夜の野営の支度は名残なく整うて居った。彼等の牽いて来たヤクは重荷を卸して一時放任された自由を喜ぶ様に野営地から五町、十町、一マイルと隔った野原に牧草を漁って居る。予は今夜この円陣の片隅を借りて彼等と共に野宿することとなった。夕食には数種の野菜にヤクの肉を添えてあってかなりの御馳走であったけれども、空気が稀薄な為か飯が半煮えであるのと、山暈の後で全く食欲が無かったのとで、残念ながら箸を着けず、先刻遊牧民から求めた乾酪《ロッパ》と、西蔵茶で食事に代えた。斯くて芝生の上に毛布を展べ、着のみ着のまま履物（西蔵長靴）をも脱がず、書笈を枕となし、更に一枚の裘《かわごろも》を掩うて横にはなったが、終夜熟睡することが出来なかった。

八、絶壁を攀じ登る

露営の夢が覚めると、九月二十二日の未明、隊商はまだ熟睡を貪って居り、予の従僕のみ起きて服装を整えて居った。間もなく一同目を覚し、早速出発の用意に取りかかったが、誰も朝食を取る模様がない。聞くと途中日の出を待ち、やや暖かくなった頃休息を兼ねてやる予定だそうな。彼等は四方八方に散って居たヤクを呼び集めて荷を積む。やがて野営地を後に正面の山壁に向かって一マイル前進すると、早やその断崖の直下に来た。暁の空に聳ゆる巌の間に微に斜に一筋の黒い線が見える。これが予等の攀じ登ろうとする路なのである。一行はヤクを止めて積荷の重さが平均して居るか、傾いた所や弛んだ所がないかと綿密に検査し始めた。而して検査の終わった分から順次に崖を攀じ登る。予は殿《しんがり》を勤める。一行は数十歩毎に少憩を取りながら徐々と匍《は》い上るのである。予はまた山暈に襲われて、徐行する一行に従うことさえ出来なくなったので、従僕と共にやや後に取り残された。折から朝日は山々の白雪を黄いろく照らして居るけれども、その光はまだこの山崖に及ばない。巌壁を切り拓いて斜に径を通じた所には草木が生えてないばかりか、転げ落ちた巌石の為めに破壊せられた部分もあって、安全な足場がなく、一寸油断をすると渓谷の鬼とならねばならぬ。しかしヤクは慣れたもので、巧みにこの嶮崖を攀じ、約十間を登る毎に数分間ずつ息を休めて居る。

九、氷渓に沿うて

予は山暈がいよいよ激烈となって最早歩行に堪えなくなったので、巌の間に身を横えて多量の宝丹を服用したが、それから数百尺を徐行するのに一時間ばかり費《かか》った。もう隊商等の影は岩壁の左手に隠れて仕舞った。辛うじて崖を匍い尽した頃、初めて旭日を浴びた。今登って来た断崖は向こうの峰に連って巌石峨々《がんせきがが》たる峡原をなし、渓流には早や堅い氷が張詰めて居る。水はその氷の下を潜って、大きな巌洞《いわあな》に注ぎ瀑布をなして居るらしく、微に水声は聞こえて居るけれども、その所在を確むることは出来ない。この高原から直下一千尺、昨夜の露営地の低原に流るるには必ず数十尺の瀧を幾段か形成って居ねばならぬ筈だが、終にこれを究めずして去る。この道に沿うて居る氷渓は疑いもなく、彼のタンブル河支流の水源である。この水渓を左に廻ると、最早低原は見えない。四方を繞《めぐ》る連嶂《れんしょう》は、白皚々《はくがいがい》たる氷雪を以て掩われ、それに日光が強く射てキラキラ輝いて居る。色眼鏡を掛けなければ眼を開けることが出来ない。予は頭痛がますます激しくなり、立ち眩みが起こって幾度倒れたか知れない。ようやく隊商等が朝飯を終わって休息して居る所に達した。彼等に遅るること約二時間で、既に午前十一時を過ぎて居た。茶を喫んで直に仮睡する。半時間経たぬうちに呼び起され、強いて少量の粥を啜り、再び一行と共に前進の途に就こうとしたが、身体が蹣跚《ひょろつ》いてとてもこのまま前進を続ける見込がなく、頭は割れる様に痛む。余儀なく積荷の最も軽いヤク一頭に賃して、峠の絶頂まで乗せて行って貰うことにした。

一〇、高山に慣れた西蔵人

一体山暈というものは船暈《ふなよい》とは異なって、自ら力を用いなければ唯だ少し頭痛を感ずる位のものだが、歩こうなどとするとたちまち眩暈を催し頭痛が激しくなって倒れる。然れば乗馬などの場合には案外無事で何等の苦痛をも感じない。而して海に慣れる時は船暈に冒されないが如く、何時も一万尺内外の高嶺を来往する隊商どもは、どんな高地にあっても平気なもので山暈に悩まされるものはない。かつて西蔵内地のカロパス（峠）で英軍と西蔵軍との戦闘の行われた際、両軍は一万六千フィートから一万九千フィートの山上で衝突し、蔵軍敗北してその一部は海抜二万三千フィートの氷原を越えて逃走した。流石の英軍（グルカ兵）もこれを追撃することが出来なかった、と云う話がある。二万三千フィートといえば恐らく人類が活動し得る極度で、世界の探険家の中にもこれ以上の記録を破った例は極めて尠かろうと思う。

一一、銀の山、銀の海

西蔵人は元来高原に育っただけに二万フィート以上の山上でも平気であるが、山に慣れぬ予等は一万七、八千フィートの辺に達すると、もう行動の自由を失い、動物の背を借らねばならぬ。予は今ヤクの背に載せられ、両側の荷物の間に毛布を敷いて趺坐をかき、荷鞍《にくら》を固く持って揺られながら運ばれた。十分間も経たないのに早や元気回復し、幾らか頭痛を残すばかりである。氷雪の景色を見渡しながら一行と語るにも毫も苦痛を感じなかった。隊商共は絶えず口笛で牧歌を奏しヤクを逐いながら両手で羊毛を紡ぐなど余裕綽々《しゃくしゃく》たるものである。斯うして氷河《グラッシャー》の間に通ずる一筋の小径を前進し、約一町毎に必ず立止ってヤクに休憩を与える。試みに巌陰に避けて色眼鏡を取り外せば、氷の反射する光線は眼球を潰さんばかりに強く照り返す。暫くして光線に慣るるを俟って、心往くばかり四辺を眺むれば、峨々たる永嶺は碧空を裂破せる如く、万古の玄氷《げんぴょう》は山谷を埋め尽して居る。その彩光燦爛《さんらん》たる美観は人界のものとも思われない、限界一塵を止めず、また一草一木の影さえ見えない。極浄無比、寂光無礙、崇高の念自ら湧いて世を忘れ我を忘れ絶対の法界に遊ぶの感がある。ヤクの背に座して紆余曲折せる氷の径を進むに従い、白山銀峰、前後左右に回転し去る。やがて絶巓に近づいて振り返ると道は低く群氷に隠れて仕舞って居る。視線の届く限り唯だ一面の銀の海を望む様で、坐ろに宇宙の広大無辺にして壮観極りなきを思う。

一二、山の神に供養

この峠を名づけてティブラ（？）といい、その絶頂は実に海抜一万八千九百九十二フィートを算する。西蔵とネパールとの国境で、一歩進むと身は既に西蔵の領域内に入るのである。峠の頂上の両側には拳大の小石を積み重ね数本の小旗を樹て、旗には西蔵字で梵語の呪文を印刷してある。山神を祀るものであるという。隊商はこの頂点を過ぎんとする時、突然声高らかに「ハ、スルロ、ハ、スルロ、キイキイ、ソ、ソ、ハ、ゲェロー、ハ、ゲェロー、ハ、ゲェロー」＝神を供養し奉る、キイキイ、ソソ（讃嘆詞）神は（悪魔に）勝つ＝と祈禱し、続いて小声で誓願文を誦《じゅ》する。彼等の信仰によれば総て山の頂には常に夜叉の諸神棲み、旅人もしこれに供養敬礼を行わない時は神罰立ちどころに至るとなし、峠を通過する際には必ず右の祈禱を上げ、時に若干の供養を奉ることを忘れないのである。

第六章　いよいよ西蔵国内に入る

一、初めて西蔵の山原を行く

一行は既に西蔵の領土に入って、北面せる断崖を下る。南面のネパール側は氷原を成して居るに引き替え、西蔵側には少しの氷もない。氷雪に閉ざされた山原は却って脚下に横たわって居る。三千尺の低い野原は半ば白雪に掩われ、遊牧民の天幕数張が豆の様な黒点を印して居る外に人煙の影を認めない。一気に崖を駆け降りると、凍れる寒流は左手の氷渓より来って荒蓼たる野を貫き、一条の通路を伴うて北西に走って居る東方の山系は紫褐色の巌面を露出し西方連峰の白雪に対して居る。斯くて進むこと四、五マイルにして日はようやく暮れかかり、一行は再び野宿の支度を急ぐ。積荷を下して牆壁を築き、拾い集めたヤクの糞を焚いて夕食の用意をする。今日は午後ヤクの御蔭で山暈の苦悩を減じたけれどもまだ多少頭が痛い。矢張食欲が起らないから夕飯には半煮飯に肉菜《にくさい》を投じて薄粥《うすかゆ》を作り、強いて二椀を啜《すす》る。隊商は常に米食《べいしょく》せず、麦粉を茶で捏ね素炊の肉の塊に塩を附けて食い、野菜を用うることも少ない。夜寒くして深更《しんこう》雪あり、蝙蝠傘を書笈の枕に翳して飛雪《ひせつ》の降りかかるを避け、睡《ねむ》っては醒め、醒めては睡り、絶えず怪夢に襲われるのであった。

二、石柵を経て最初の村落へ

九月二十三日朝、見渡す限り峰も原も一面の銀世界と化して居た。ヤクは露営の周囲に白布の上に炭の塊を並べた様に横臥して居た。その背にも雪が積もって居った。牧笛が鳴るとぞろぞろ起き上って今日の労役に就くのである。一行は北西に渓原を行き尽して、その細流に別れ正北《せいほく》に向かって小さな嶺を越えた。行手にはまた一つの渓原が開け、唯だ見る石の柵が野を横ぎって、その両端は高く左右の峰に連なり、通路には関門を設けてある。石柵の高さは一丈にも達するであろう。厚さは三尺ないし一間ばかりである。これは今を距る六十余年前（？）ネパール（グルカ族）が西蔵に対して開戦した時、蔵軍が築き上げた防塞で、グルカ軍を防戦した遺跡だと伝えられて居る。石柵を越えて低い原に下れば一つの流れがある。これに沿うて数マイル北上すると、左岸の山の裾に二基の霊塔を見る。傍らにクシラカという小部落がある。これ予が最初に目撃した西蔵の村落である。対岸に渡るには低い木と石とを用いた橋がある。その橋の畔に数人の土民が居って、予の一行を認め家屋内に導く。土民の家は相列ぶ霊塔の傍らに密接し、一見石壁で築き上げた台地の如き観がある。而してその平屋根の上には芝土を並べ、十戸足らずの一村が各壁を接して建てられてある。屋上に凸凹なく、家々の区画が明らかでないから、数町を隔ててこれを望めば、ほとんど人家あることに気付かないであろう。石の門を潜って屋内に入ると、土間には蓆《むしろ》を敷き、一方には厚さ四、五寸の四角の座蒲団を並べ、更にその上に長方形で畳大の絨氈《じゅうせん》を敷きて座席となしてある。

三、秘密入蔵者監視

この家の主人は正席に座し予を次席に据え、従僕は単に蓆の上に座せしめて訊問《じんもん》を始める。主人は即ち西蔵政府派遣の国境官吏、ウルンゾン駐在の商務官程には権力を有して居ないが、猜疑心を挟まず、すこぶる好意を以て予等を待遇し、訊問といっても唯だ入蔵の目的と今日までの旅程を問う位なもので、比較的に無頓着な官吏である。しかし一般の旅客に対する警戒は極めて厳重である。彼の座席の背後には厚い壁を穿ちて小さい硝子窓を造ってあって、予との談話中もしばしば振り返って外界の動静を監視するのである。その窓からは彼の渓流に架せる橋が一直線に眺められた。タシラカを経由する旅人が橋を渡らずに通過しようとせば、必ず渓流を横ぎらなければならぬ。水深は僅かに腰を没するに過ぎないけれども、秘密の通過はかなり危険である。為に印度方面から秘密に入蔵を試みる外人等は、往々この地方の国境を選んでも、ウルンゾンとタシラカを避けるものが多い。サラト・チャンドラ・ダス氏の如きもウルンゾンを訪うことを止め、海抜二万フィートのカンラチェンラ峠を越えてタシラカ附近に出で夜間この部落を通過するのに非常な苦心を費した。

四、怪支那人の行方

この国境吏は数日前ウルンゾンを逃走した例の怪しい支那人を捜索中で、昼間は特に橋の袂に見張番を置き、夜は数疋の番犬を配して監視を怠らないのであるが、二人は巧に通過して仕舞ったものか、それともティプラの嶮《けん》で野《の》倒死《たれじに》でもしたものかまだ何等の手がかりがないと言って居った。予はこの村で乗馬と荷馬の供給を得んが為めに、一両日の休養を兼ねて国境吏の舍宅に宿泊することとなった。九月二十四日。前日来の疲労は全く恢復したが、戸外で運動する時はまだ軽微な山暈を感ずる。ここは海抜一万五千二十フィートの高地で、樹林なくわずかに牧草の原野連なり、赤裸《はだか》の山腹には杜松の矮樹《わいいじゅ》を見るのみである。しかしながら近い峰の紫褐《しかつ》と秋の空の紺青《こんじょう》との間に、遠く連嶂が白銀の光を放てる眺めはまた得難いものである。村の渓は半ば凍って低い岸は瑠璃の如く、水禽は悠々と流れに浮かんで居る。晩秋の野原には桔梗に似た小さな青い花が黄いろい芝の上に叢《むらが》って咲いて居る。これを摘んで書籍の中に挿み入蔵第一日の記念とする。

五、塔下の野営

九月二十四日。宿の国境吏は予の入蔵を長官に報告して指揮を仰ぐ為と称し、未明に長官の所在地サルに向かって出発した。サルという駅はこの地から普通二日程の北方にあるのだが、払暁《ふつぎょう》駿馬に鞭《むちう》てば夕景到着することが出来る。この日予の目的地もまたサルと定めた。しかし予等に供給された馬が容易に揃わなかったので、出発は午前十時過となり、途中一泊の覚悟で進行した。予等主従は馬に跨《またが》り、荷物は別に一頭のヤクに積んだ。この馬とヤクとは旅券の命ずる所に従い国境官吏の公給せるもので、賃銀を払う必要はないのである。斯くてタシラカの渓原を北上すること数マイル、左手《ゆんで》の山の峡に廃屋の残壁を眺めて、更に広漠たる高原に出る。何方を眺めても樹木の影さえ見えず、裸巌の上には銀塊の如き白峰連亘《れんこう》して眼界を繞り、疾風砂塵を捲き来って物凄じい光景は胡地の特色を発揮する。やがて高原の中程に一基の霊塔が立って居る所に着いた。時に日は西に沈み、月は東嶺の氷の上に静かに軋《きし》り出た。この日は西蔵暦の八月十四日に当たり、黄昏の寒風は膚《はだ》を裂くばかりである。そこで塔下に風を避けヤクの糞を焚いて夕食の仕度をして居ると、朝から行を共にした七頭のヤクより成れる隊商も来合わせた。而して荷物を積み重ね、塔の壁を応用して完全な露営を作って夜風を防いで呉れたので熟睡することが出来た。

六、ニラ峠よりサル駅に

九月二十六日。隊商が出発の準備に取り懸かったのは月落ちて東の空の白む頃であった。今日正午サル駅に着く予定で出発を急ぐとのことである。後に居残って小人数の旅行をなすよりは彼等と同行する方が得策なので、予等も直に支度して隊商に従い、北西に進む。夜来の寒風はなお吹き頻り、吐く息はたちまち凍って面を包む毛皮に附着き、不快云うばかりない。馬上は寒気を受くることが甚だしいので、下馬して数マイル歩行するうちに旭日はようやく照り始めやや暖気を感ずる。そこでまた馬に騎して海抜一万七千八百余フィートのニラ峠に通ずる緩やかな阪を登る。頂上に達して馬を下り急阪を直下すると、附近には荳科に属する矮草《わいそう》が紫の花を開いて叢生《そうせい》して居るばかりで一本の樹さえ見えない。何処まで行っても同じ巌と草ばかりで緑の色は眼に入らない。頂上からほぼ千数百フィートばかり下った山腹に赤壁の山寺があったが、人影は見えなかった。住僧の有無は知る由もないが、多分西蔵仏教の古派に属するものであろう。山麓に近づくと、耕作地があって疎らに麦の穂が抽き出て居る。周囲には高さ三尺位の石柵を繞らしてあるが、これはヤクや羊などの侵入を防ぐ為めである。麓に下り尽くせば新たに広濶《ひろびろ》とした渓原に出で、始めて楊柳《やなぎ》の緑林もあり沃野も連って居た。この麓に戸数四、五十を抱ける村が即ちサル駅で、タシラカの国境吏所謂上官が駐在せる所である。

七、土民部党の標本

西蔵内地の典型的な村落はサルに至って始めて観察することが出来た。人家は皆平屋根で、十中の八九は二階作り、三階作りである。建築には土石を混用して居るが木材の部分は極めて少なく、家屋の壁と内部の仕切とは石材が主で練土が従である。天井と柱のみは木材を使用してあるけれども、樹木の乏しい地方とて極少数の楊樹《やなぎのき》を除けばヒマラヤ地方から遥々運んで来た長さ七、八尺の甚だ粗悪な木材に過ぎない。しかし外壁は多くは石材を用いてあるから外観はやや宏大で、斯様な胡地の民家とは思われない程立派に見える。これに引き替え内部は狭隘で薄暗く且つ不潔である。土間の一方に低く座席を取ってあるけれども雑物小屋同然である。民家は山麓の傾斜面にごちゃごちゃと建て詰まって居て画然《かくぜん》たる街区をなして居ない。家と家との間に径《こみち》を通じ、所々に石段を設けてある。而して数知れぬ土《ど》犬《けん》が人糞を求めてうろつきまわり、乞食を見れば吠えつく。旅人が来れば飛び懸かる。村内に入って宿を尋ねるにはまず群犬《ぐんけん》の封鎖線を突破せねばならなかった。季節は既に乾燥季に入って毎日快晴続きで、朝夕は寒冷を覚ゆるが日中は温暖であるとのことである。予等の休憩せる宿の平屋根の上には女は羊毛を紡ぎ、男は裘《かわごろも》を縫いながら、風もなく小春の様な長閑な日の光に浸って世間話に余念ない体であった。

八、官費の旅行券

予はまず先着の国境吏を訪うた。彼と長官との間には最早協議が整うて居たので更にこの地より内地に入る新旅券を下附してくれた。予の持参して居た旅券は国際間に使用せらるる普通旅券と等しく、単に通過の許可と相当の援助を望む旨を記してあるばかりで、別段具体的の要求を明記してないから内地の旅行に幾多の不便を感じたが、サル駅駐在官吏から下附せられた新旅券を見ると、旅人に支給すべき馬匹の種類、頭数、宿泊の条件等を明記し、通過地に於いてこれを要求するの権利を認めたものである。この種の旅券はラムイクといい、普通の旅人には料金と引換に交附し、公務を帯びる官吏等に対しては無料で下附するのである。予は既に所持せる旅券に基いて無料で下附せられた。その文面には主従各乗馬一頭へ駄馬一頭ずつを支給し、且つ駅毎に換馬を供給すべきことと、無料宿泊権を認むべきことを記《き》し、これに同官吏の捺印がある。元来西蔵内地には専業の旅人宿は稀で多くは農家や酒店の兼業になって居る。そして政府指定の旅舎はラムイク持参の旅人には席料《せきりよう》、薪炭灯油《しんたくとうゆ》代等を請求することを許されない。旅人は通例各自糧食を携帯して居るので、この旅券さえあれば無料で数日間滞在するの権利があるのである。予等は午後二時頃馬匹四頭の供給を受けたので直にサル駅を発し、タヤツァンポ河流域の広々とした渓原《けいげん》を東に向かい、行くこと四、五マイルにして一小駅に着し馬匹を取り換える。これを土語《どご》サジェと云い「駅換」の意味である。なおも東行を続け、夕方タヤツァンポ河の左岸に渡ったが、水幅僅かに十間余で水深はようやく馬腹に達するに過ぎない。砂原から草原に入り、数マイル駛走する間に日は全く暮れて、とある駅の指定宿に辿り着いた頃には、明月が東の空の雪山に懸かって居た。

九、雪嶺の眺め

九月二十七日。新馬に快き鞭を呉れて渓原の左側に沿うて東北に向かう。右手《めて》には幅数マイルの原を隔てて赤裸々の山系東西に走り、その彼方にはネパールとスィキムの国境をなせるヒマラヤ山が白雪を被って長空に連亘して居る。その壮観はダージリンより見たるヒマラヤに数倍して居るけれども、山光の秀麗に於いては遥かに劣る所がある。彼の海抜八千五百フィートのタイガーヒルに佇んで、下は海抜僅かに一千余フィートの低きランギイト渓の翠微《すいび》から、上は二万八千余フィートのカンチンジャンガの白峰に至り、中景にダージリンの景勝を横たえ、層雲の脚下より湧き上がるのを眺めた美観は、このタヤツァンポの渓原海抜一万三千フィートの地点から南を顧たる眺望の遠く及ぶ所ではない。唯だ氷雪美の壮観を以て彼を凌ぐばかりである。

一〇、県域ティンギゾン

馬に委せて過ぎ行く所は草原か麦畑で、土民はあちらこちら刈り取りに忙わしい。その「秋の収穫」を歌う調律は何となく祖国の節に似て居る。三マイルないし五マイル毎に必ず村落がある。村毎に馬を換えつつ北東に進む。このあたりに野といわず道といわず、無数の孔を穿って、孔から孔に通うツィピという臆病な小兎が凄んで居る。一見鼠《ねずみ》の様《よう》、毛並は灰色で耳は短く、ちよこちよこと飛び廻る。地上の落穂を拾い草の根を噛じり、人が近づくと、いよいと小孔に隠れ、行き過ぎるとまた出て遊んで居る。或る駅で地方長官の一行に出会《でくわ》した。長官はかねてから予の入蔵を承知して居た様子で、これからティンギゾンに同行せんことを勧められる。そこで一行馬を連ねて小さい嶺を登り右手に紺青の湖水を瞰下《みおろ》して、峠を下り盆地に出る。盆地の中央に小高い巌《いわ》の丘がある。丘の上に城砦が聳《そび》えて居る。即ちティンギゾンの県城である。彼方の山腹に宏大な寺院があって小市街の様に見える。やがて城下に着いて長官の指定せる公宿に行李を解く。長官というのはこの地方一県の知事で、ラッサ政府の任命にかかり、土語ゾンプンと呼ぶ。「城主」の意味である。ゾンプンは租税を課し裁判事務を掌《つかさど》って居るが兵権はない。昔封建時代には一国の城主として政権と兵権とを併せ得、隣国に対抗して攻争を行ったものだが、今は中央政府から一定の期限の下に任命せらるることとなって居る。

一一、知事を訪う

九月二十八日。巌の丘を登り石段を踏んで、城砦にゾンプンを訪問する。小綺麗な一室に通されて会談約一時間茶菓の饗応があった。茶は西蔵の牛酪茶で、菓子皿には印度から輸入した糖菓を盛り、乾葡萄、胡桃等の果実をも添えてある。ゾンプンの席には厚い座蒲団の上に西蔵製の綺麗な毛氈を敷き、その前に机を据え、机の上には銀製の茶托と蓋のある茶碗が置いてある。室の真中に列んで居る二本の角柱は、朱塗で上部と下部に彩色を施してある。天井を仰ぐと縦に大きな梁を渡し、横梁が約五、六寸置きに列び、その間には細い丸太棒を縦に密接してあるが、一面に緑の絵具を塗ってある所、なかなか風雅で朱塗の柱に対し美観を添えて居る。これらの木材は大部分幾十マイルを隔てた遠いヒマラヤ地方から難路を運ばれて来るので、樹木の乏しいこの地方では非常に高価なものである。これと反対に石材は豊富で、この城郭の如きも五階作りの宏壮《こうそう》なる石造である。ゾンプンの着衣というのは濃い海老茶色の羅《ら》紗《しゃ》で西蔵の羊毛を織ったものである。その形は日本の筒袖を大きく寛《ゆた》かに仕立たようなもので、その上に赤い絹地の兵《へ》児帯《こおび》を締めて居る。頭は弁髪であるが、支那人のそれとはやや趣を異にして居る。而して耳の一方には筆形の耳飾を垂れて居る。ゾンプンと話して居ると、その妻らしい婦人が時々予の様子を見に来る。女の着物も男のとほぼ同型であって更にゆったりと仕立て、前懸を垂れ、頸に半楕円形の框型の飾を附け、それには珊瑚、トルコ玉、真珠などの宝石を鏤《ちりば》めてある。主人は書記と覚しい一人の家従を呼び、筆紙を取り寄せて何か文書を認《したた》めしめ、書き終ると一応検閲して自ら印を捺し、「これを持参して居れば、次の州城までは無事に着くことが出来ます」といいながら予に手渡したのは例のラムイクであった。斯くてゾンプンに謝意を表して城を出で、内門から石段を降りると、四頭の乗馬と荷馬にそれぞれ鞍を置いて馬子が待って居た。直に飛び乗って城門を出た。

一二、怪支那人捕わる

従僕は「この間の怪しい支那人はここまで来て捕縛せられ、今この城内の獄舎に繋がれて居ます。一人はラッサ駐蔵大臣の護衛軍附参謀部員で、今一人は同じ護衛軍の御用商人です。奴等は支那政府の命令を伝える為にラッサに行こうとしたのだそうです。近頃印度境から入蔵するには、カリンポンを経る本道が英国の為に厳重に閉じられて居るので、ネパールからやっとここまで潜り込んだが、到頭捕まったのです」と物語った。目下支蔵両軍の弋を交えて居る折柄、支那人の身で西蔵の内地へ密行するなどとは冒険極まる話で、獄に投ぜられたのは寧ろ寛大な処置で、ラッサ附近では、見つけ次第殺されて仕舞う。予は途中で幾度か支邦人と疑われ、為にしばしば旅券を示して弁解せねばならぬ場合があった。しかしまさか旅券を胸に貼附けて歩く訳には行くまいから、万一の変を恐れて、内地旅行中は努めて土人の体を装うた次第である。

一三、ツォモテルドゥン湖

ティンギイゾンの城下から北に向かい沃野を過ぐ。麦の刈り入れに忙わしげな農夫や麦の穂を運ぶ驢馬《ろば》は坐ろに秋興を催さしめるが、楊柳の緑なお深く野の草もまだ青い。周囲三マイル内外の小さい湖があって、浅瀬に鳥の群が餌を漁って居る。鴨《かも》の様な形で、翼の赤褐けた、嘴の黄いろい水禽が多い。土語これをガンパという。やがて道は湖畔を離れて峠に通じ、緩やかな山路となる。頂上から行手を望むと広い野原が展開し、ツォモテルドゥン湖という大きな湖があって、漫々たる瑠璃色の水を湛え、紫褐色の連峰はこの平原を取囲んで、ところどころに雪白の峰が青い空に懸かって居る。峠の麓から湖畔までは広い裾野となって居て、雑草が一面に生茂《おいしげ》り、灰白色の兎は暖かい日光を浴びて飛び廻って居る。湖畔には麦が豊かに実のって居る。多くは大麦で、幾部分は小麦、大豆、馬鈴薯、大根等の畑である。湖水の西端かと思わるるあたりを過ぎて北東に進むと、山嘴《やまはし》の湖中に突出せんとする所にタシディンという村がある。山麓の高地に拠り湖岸に臨んで景勝の位置を占め、楊柳の遊園などこの地には公立の宿泊所があって設備もやや整い、農家の旅宿に比べると遥かに優等である。日が落ちかけると、遠い空に雪の峰も一様に紅《くれない》に染み、間もなく虹は紫となり、紫は黄となり、黄は灰白色と変じて、次第に暮れて行く。この夕栄が鏡の様な湖面に反映する景色は何とも言えぬ美しさであった。夕食には始めて羊肉の美味を饗せられたが、西蔵産の羊肉は臭気がなく、その味は鳥の肉に似た所がある。羊の種類に由るものか、但しは高原特種の牧草に育った為めか、他の外国産の羊に比べて頓と風味の違う所があった。

一四、西蔵内の他国領

九月二十九日。タシディンの山嘴を越え、湖の北岸に沿うて東《ひがし》する。このゾモテルドヴン湖は周囲三十余マイル、海抜一万三千数百フィートの高原に横たわって居る淡水湖であるが、乾燥せる汀《みぎわ》の土砂の中には多量の曹達《ソーダ》（?）を含んで居て、一面に白紛を散らした様である。少しく湖岸を遠ざかったあたりから馬を正東《まひがし》に馳せてドプタゾンに着く。ここは嚮《さき》にティンギイゾンの州知事から下附せられた旅券の効力の極限地であると同時に、西蔵政府の勢力範囲外に属する地域に入らんとする所である。即ちドプタゾンの一州はかつて西蔵政府からスィキム国王に附与した土地で、西蔵の国内にあるも実はスィキムの領土である。故にこの州城内にては西蔵政府の旅券は効力を有せず、単に領内の通過を許さるるのみで、何等の援助をも与えない。已むを得ず二人の苦力を雇うて荷物を持たせ、予等主従はヒマラヤ越えの健脚を揮《ふる》うこととなった。これより道は北東に向かい、テリン、ニェツェの二つの村を経て、リンギ村というのに着く。まだ午後三時頃であるけれども、行手に二日程の無人境を控えて居るから、この駅に宿することにした。

一五、麝香鹿の群？

九月三十日。午前四時出発、小さな流れに沿い北東を指して山峡を進む。渓《たに》は半ば氷結して居て、寒流の咽《むせ》びが晨《あした》の空寂《くうじよう》を破る。風は無いけれども寒気は肌に喰い入る様である。歩を速めて自ら体温を高めつつ行く間に、旭日は西方の峰をパッと照らす。けれども東の峰高くして日光は容易に峡《はさま》の底に届かない。時に小鹿の一群が、人影の近づくを知って逃げ去る。麝香鹿《じゃこうじか》であろうという者もあったが確かではない。やがて数人の旅人が薪を蒐《あつ》めて、朝飯の用意をして居る渓畔《けいはん》に出た。彼等は竈《かまど》を築いて焚火を始めようとして居た。予等もこの地に休息する。折柄旭日はこのあたりを照らし始めた。彼等の中に一人のラマ僧《そう》が居たが、西蔵後蔵の都シガツェに志すもので一頭の乗馬を伴れて居た。これが賃借を交渉して快諾を得たから、朝飯後予は乗馬、彼は徒歩で出発する。二日間の無人境突破に要する賃銀僅かに一円五十銭で山巓《さんてん》の難道や山暈に苦しむのに比ぶれば誠に安価といわなければならぬ。

一六、月下の強行軍

これより一つの嶺を越え、また渓原に出る。一河流これに沿うて南下し、原野は幅数マイルに及び、その延長は一寸目測することが出来ぬ位である。小径は四方に通じて居るが一行は流れと共に北上する路を取り、原の中程に達して昼飯にする。燃料とすべきヤクの糞に乏しく飲料水もない。渓流の水面は断崖数十尺の下に在り、これを汲もうとするも路が判らない。余儀なく附近の沼沢中より溜り水を求めて茶を煎じ、やっとのことで昼食を終わった。斯くて午後の旅は三時より始まり、五、六マイル進むと早や日が暮れかかり、早々露営の支度に取りかかる。暗くならぬ間にと諸方を駈けまわってヤクの糞を拾い集め、夕食後も焚火を続け、暖を取りつつ寝床に身を横たえた。ところが当夜は隊商と同行した時と違って円陣を作る荷物はなし、烈しい夜風は容赦なく枕辺を侵し、その上雪さえ降り始め安眠など思いも寄らない。残《のこ》んの火も滅尽《きえつく》して寒気《かんき》がいよいよ加わる。そこで夜行して自ら暖を求むることに決し、一行勇を振って再び前進を始めた。まだ初更であったが幸いに雪も歇《や》み、下弦の月影は行手を照らす。緩やかな阪を上り浅い流れを横ぎり、行進約五マイル、一行へとへとになって疲労の極眠気を催し、予の乗馬もまた進まなくなった。路傍の巌陰に寒風を避けて少憩を取ろうとし、毛布を敷いて腰を下すや否や、一同は申し合わせた様に睡《ねむ》りこけた。ややや暫くして寒気の為めに自ら目を覚まされ、また行進を始める。

一七、沼水の中毒

十月一日。渓原はますます上り阪となって遂に山峡に入り、また峡《はざま》を出でてラグルンラ峠を攀《よ》じる。峠の絶頂は海抜一万六千三百フィートの高度にあれども、路上に氷雪なく砂や礫ばかりで昇降ともに甚だしい困難を覚えなかった。やや嶮しい路を下り尽くせば、草原の盆地となり、犬の声の聞こえるあたり、薄闇の裡に遊牧民の天幕が唯だ一張り仄《ほの》かに望まれた。一渓と伴うて北を指して下ること数マイル、東の空の白む頃、予は腹痛を感じ、一行に請うて巌の間に休息し、毛布を展べて仮睡する。一行も直に熟睡に陥り、予が腹痛と下痢に悩めることを知らない様であった。約一時間ばかり経て目を覚すと彼等も銘々下痢したことを語る。疑いもなく前日昼飯に汲《く》んだ溜り水の中毒である。斯くて午前十時頃まで下山を続け、山腹の小さい渓に通ずる清泉の傍で朝食し、正午頃沃野連る大渓原を貫く河流を渡る。水深くして馬腹を浸し、徒渉した従僕等は大いに困難した。この河はヘイチュといい、流域の原野能く開け、村落各所に散在し、数字の寺院さえ眺められる。この様な開けた地方に於いて橋も渡舟も無いのは不思議な程である。

一八、闇夜のギャリン越え

右岸の山麓に古教紅派の壮麗な山刹がある。五百の僧徒があるとのことである。ここから遠からぬ処に、ヘイゾンという大部落がある。この附近一帯は後蔵《ツァン》のタシラマ法王の私領に属し、直接西蔵政府の所轄でないから、予の旅券の効力も薄いであろう。地方官を相手に望みの尠《すくな》い交渉に時間を費さんよりは更に前進して明一日の徒歩旅行を我慢すれば、後蔵の都シガツェに到着する故、この村を素通りにするがよかろうと従僕は切に勧告する。至極尤もの義《ぎ》と考え、少憩中同行の喇嘛僧に乗馬を返却し、彼等一行に別れて北東に向かえば道は沃野の間を過ぎてまたしても山峡に入り、荒寥たる草原の中稀に遠く遊牧民の天幕《テント》を望み野犬の遠吠を聞くのみ。一行は予等主従の外に二人の苦力を伴へるばかりで、一人の伴侶もない。夕景のギャリン峠越えは実に物凄かった。この峠は登路の容易であったのに引き替え北面の下り阪は絶壁を成し、二千余尺の嶮路《けんろ》を下らねばならぬ。途半にして日全く没し、星影《ほしかげ》淡く崖路《がけみち》を辿るべくもない。露宿せんとすれども薪水《しんすい》を求むるに由もない。幸いにして一片の雲なき晴夜《せいや》、群星の光ようやく強く、闇中模索して岩径を探るの望みがないでもないから、山旅に慣れた苦力を先達とし、そろりそろりと歩を移せる折しも闇中の渓《たに》に微《かすか》に犬の声が聞こえる。人家の近きを知り、一行これに勇気を得てようやく山麓に辿り着く。犬の声は手に取る様だが、サテ漆《うるし》の様な闇で所在が判らない。従僕が声張り上げて喚くこと両三度にしてこれに応ずる女の声がする。従僕はまず灯《ともしび》を求め、投宿の意を告げると良《やや》あって一人の男松明の如き篝火を点して予等を農家らしき家に導きて、別に離れた小屋を貸してくれた。時に午後九時、気温高く夜間裘《かわごろも》を重ぬる必要がない位である。

第七章　後蔵の都シガツェ府

一、終に後蔵の都に入る

十月二日。未明渓流に沿うて曲り紆《くね》った山峡を北東に下る。下るに従い渓間《けいかん》は広くなって帯形の地形となり、耕野流域に連なり、麦畑が殊に多い。或る農家に立ち寄って朝食を認め、柳の緑清流を縁取る野辺を、春の様な暖かい日光に浴しつつ行く間に、何時しか流れを離れ、道は広漠たる沃野に出る。遥かに紫紺色《しこんいろ》の連嶂《れんしょう》に囲まれた原野の裡、城郭の様な民家遠近に散在し、柳や桃の緑林が点綴《てんてつ》して居る。その間を突切って低山系の峠を越えると、更に広い野が展開して人家と緑樹とは一層多きを加える。とある山麓に宏壮なる寺院の高い壁が城砦の如く聳え立つを見る。これぞ西蔵有数の名刹タシルンポの伽藍であった。人馬の往来賑わしいタシルンポ寺の前面を通過して、その建築の壮麗なのに驚く。五基の金屋燦然《きんおくさんぜん》として日光に輝き、微妙の楽《がく》は虚空より落ち来る。紫紅《しこう》の法衣を纏える数百のラマ僧《そう》の出入が絶えない。禁苑の楊柳はまだ翠色《すいしょく》滴らんばかりである。囲壁に沿うて左方に廻ると、見よ巨城の巌上《がんじょう》に聳ゆるを。これ後蔵の都シガツェ城である。その市街は城の裾に隠れて眼界に入らない。斯くて城下の広場に面した一旅舎に投じたのは午後四時であった。

二、「我が僧正」の生家

少憩の後従僕を派して彼の日本留学生たる「我が僧正」の生家を捜索せしめたが、容易にその所在を知ることを得。従僕は僧正の母に面会して来意を告げると、直に予を案内し来れとて家従一人に乗馬を附けて迎えに来たから、旅舎に宿ることを止め、「我が僧正」の生家に向かう。シガツェの南一マイルばかりの所に楊柳の森に取り囲まれた石造三階の大きな家があって、テレラプテンと呼ばれて居る。即ち我が僧正の生家、現に僧正の父母が住まって居る所である。南面せる正門を潜り磐石《ばんじやく》を鋪き詰めた中庭を通って三階に上り導かれて一室に入ると、肥太った五十歳余の上品な婦人＝僧正の母＝が慇懃に予を迎えて、意外の面会に驚き且つ喜び「貴方の入蔵に就いてはかねて僧正から聞いて居りましたが、今日ここに来られようとは思いませんでした。この間僧正から青木さんは斯々の風采の方だと承わりました。その時の想像と今の御様子とは大変違って居りますが、長い旅にさぞ御困りなすったせいでございましょう」と犒《ねぎら》われる。

三、ダライ法王の消息

予は今回の旅行の性質上、公然濶歩《かつぽ》することの出来なかった事情から入蔵途上の一部始終を詳しく物語った。僧正の母は語って言う「今僧正はダライ法王の命を承けてラッサで支那軍の代表者と講和談判中です。法王は今ヤムド湖畔のサムディンという寺院に駐まって居られます。ラッサの講和談判が終われば、僧正は法王の行宮に引き返す筈ですが時日はまだ定まって居りませぬ。しかしその頃には行宮は多分チュンコルヤンツェという所に移されるでしょう。貴方の御旅程もその行宮に御伺候なさることになって居ります。ただ今主人＝僧正の父＝はタシルンポの政庁に出勤して居ますが、御目に懸かればどんなにか喜ぶでしょう。兎に角、当シガツェからラッサへは一週間で行けます。道中は少しも困難はありません。まァ御旅行の一段落がついた訳です」とて家従を呼び、特に予の為めに居室を用意せしめられた。

その室は同じく三階で北に面し、タシルンポ寺が正面に眺められる。八畳敷位の立派なもので、従僕室を附属して居り、来賓用に設けられた別室らしく思われる。間もなく僧正の父も帰宅したが、六十余の小柄な、しかも威厳を具えた老紳士である。タシラマ法王に仕えて宰相の高位にあり、日々政庁に通勤して居る。この老父母の間には現に三男一女あり、長子は三十五歳、父と同じくタシラマの政庁に勤め高級の職に就いて居る。次子は即ち我が僧正で、末子は今年（千九百十年）十六歳でまだ父母の膝下にある。また一女はラッサのダライ政庁にある一宰相に嫁《か》し、目下本宅には父母の外に長子夫妻と末子が住まって居るばかりで、大家にしては極小人数の家庭である。

四、西蔵流の園遊会

十月三日。シガツェ州の知事（僧官の方）は予の様子を探り旁《かたがた》当家に来訪した。予が会見の席上に於いて求めらるるままに二通の旅券を呈出すると、「実は貴方が到着すれば然るべき援助を与えよという命令と同時に、貴方の人相書が参って居りますので、多分カンバゾン方面から入蔵せらるることと思い、彼地のゾンプン（県知事）に依頼して置きました処、迂回して当地へ来られたので万事行き違いになりました。今後の御旅行については本官が総て御便宜を取計らいます」との挨拶である。暫くして知事去り、主人と長子とは政庁に出勤し、予は僧正の母と末子と長子の妻との案内で、数名の家従を連れて、郊外の遊山に出懸けた。西蔵では楊柳、ポプラなどの森を土石の牆で囲うた所をリンカと名づけ、この意味から転じて総て一区域内にある森林のことをもリンカといい、更に転じてその森林に遊ぶことにも同じ言葉を用いる。最後の言葉は我が国の園遊会または遊山というに相当するものである。リンカ（遊山）は毎年秋季に行われるので、大家《たいか》では各自所有の林園に天幕を張り、酒食を用意して遊興に耽る。目下当家では毎日リンカを催して居るので、今日もこれから出懸けるのである。

五、林間の清遊

僧正の生家から十町ばかり東へ、田畑や草原を行った処に一帯の森林があって、楊柳繁茂し、流に沿うた冷やかな木蔭を選び、二張の天幕を設けてある。一行は林の外で馬を棄て、天幕の中に入ってそれぞれ設けの席に着く。諸種の設備は本宅の室内と同様で、厚い座蒲団の上に絨氈《じゅうたん》や毛皮を敷き、その上に更に日本風の座蒲団を置き、茶箪笥から机まで整うて居る。家従等は隣の天幕に在って、リンカ番が予め用意して置いた茶菓を主人側の天幕へ運び、酒を嗜む人の前には別に玉盃《ぎょくはい》をも供えられる。昼食には支那風の卵製饂飩《うどん》の饗応があった。予は食後彼の末子と共に林間から河岸を散歩した。この林園はニャンチュ（甘水《かんすい》の意）という河に沿い、更に一支流のこれに注ぐ合流点にあり、南と東の二方が岸に接し、遊園地としては好箇の位置を占めている。主従の婦人連は支流の浅瀬に浴し、男子連《おとこれん》は本流に游泳を試みる。予は印度出発以来積り積もった垢を甘水の清流に洗い去って無上の爽快を覚えた。寒冷身を切る様な西蔵高原の中でも海抜一万三千尺未満のシガツェ附近の低原になると、中秋十月の初はまだ多少の残暑を感じ、水泳するには時機を失しては居なかった。ポプラや楊柳が黄葉するにはまだ時日がある。午後四時頃夕飯となり、支那料理の美味に舌鼓を打ちつつ日没頃後片付を二、三の家僕とリンカ番に託し、予等は馬を飛ばして本宅に帰った。一体リンカは一年中彼等の最も愉快とするものの一つでしばしば知友を招き、盛大なる宴を張り余興を催すなど、重要なる社交機関ともなって居る。今日は単に家族的の遊山で別に余興の催しはなかったが、予に取っては入蔵以来最も愉快な一日であった。

六、唯だ一つの不平

十月四日――七日。僧正の母は主人が政庁に出勤した後、毎日の様にリンカに出て行く。用事のない予はこの機会々利用して、彼の末子に就いて西蔵語の実習に没頭し、当家に着いてから、僅か四、五日間に、リンカで学び得た語学の進歩には我ながら驚いた位である。而して印度境を発してから三週間余に亘る旅行の疲労は、連日の林遊で全く回復せられた。僧正の母は異国人たる予を家族同様に好遇し、三度の食事には必ず食膳を共にし、苟《かり》にも悪感情を起させるようなことは毫もなかった。主人もまた政庁から帰宅すれば一緒に夕飯の席に着き、夜更くるまでくさぐさの物語をなして、語学の練習をさせて呉れた。唯だ一つ予が不平に思うのは、骨肉を分けたものに対する様に親切を極める彼等が予の自由外出を許さないことである。それは予が単身シガツェの町や郊外を彷徨し、万一無智な土民の為に支那人と誤られ殺害せられる様のことがあってはならぬとの心配から出た好意的の束縛であった。しかし遥々胡地の旅を終えてこの都に安着した予は、タシルンポの大寺院やシガツェの城砦などを見物せずには居られないので、一日主人に懇願した末、両三名の家僕の案内で素通りの見物を為すことを許された。

七、大名刹タシルンポ

タシルンポの寺院は西蔵国中最も大なる寺院の一つで、六千の僧徒を有し、その建築の宏麗なる点に於いてはその右に出ずるものはない（尤もレボン寺の如き、これより規模の大なるものはあるが）。山に拠りて傾斜面に建てられた幾百の僧舎、数重の伽藍は壁を接して相連なり、層楼の屋蓋は互いに相重なり、あたかも一市街の観を呈して居る。もし前面を海と仮定すれば、小香港《ホンコン》というよりも、寧ろ船上から見た亜丁《アデン》港といった趣がある。背面の山は仏徒の所謂須弥妙高山《しゅみみようこうざん》に似たる所ありと称せらる。この寺の開祖はその山名に因んで、寺のタシルンポ（栄勝山）と名づけた。紀元第十四世紀の末葉より第十五世紀の初期に亘りて西蔵の仏教は改革の実を挙げ、古来未曾有の隆盛を来し、聖ツォンカパの宗風が全蔵を風靡した時、その高弟中にゲンドヴンルプという智徳兼備の高僧があって、後蔵に於ける仏法弘通の中心としてこの勝地を卜し、一宇の大寺院を建立した。これ即ち今のタシルンポである。

八、タシラマ法王

その後タシルンポ寺院はパンチェンリンポチェと称する大僧正の相承する所となり、遂に今日のパンチェン、ロプサン・チゥキゲェンツェンという大僧正の代となった。タシルンポに居るラマ大高僧であるから、外人はタシラマと呼んで居るが、西蔵人はこれをキャムグン・パンチェン・リンポチェとも、または単にペンチ・エン・リンポチェとも称える。蓋し「キャムグン」とは救世主の意で、「ペンチェン」とは大パンディト（大博学師）とて梵語と蔵語との合詞、「リンポチェ」とは大尊者の義で、通訳すれば大救世主ペンチェン尊者となる。タシラマといえばダライラマと共に西蔵に於ける二大活仏であることは世人の熟知する所である。何方もラマ教徒の崇信措かぬ大法王であるが、西蔵王国の主権はダライラマに在って、タシラマは一部の領土権を有するに過ぎない。西蔵教徒の信仰によればダライラマは観音菩薩の化身でタシラマは阿弥陀仏の権化である。観音は阿弥陀仏の分身（慈悲の化現）であるから、道理の上からすればタシラマはダライラマの上に位する訳であるが、西蔵は観音菩薩の教化すべき刹土であるが為めか観音の化身が主人公となり、阿弥陀の権化が客分たるの観があって、昔その主人公が国の主権を握って居た風が今日まで伝わったものである。予は阿弥陀仏の信奉者として、面のあたりその化仏《けぶつ》の宮殿を眺めながら、その光顔《こうがん》を拝する因縁の熟せざることを遺憾に思うた。

九、後蔵の中心地

タシルンポ寺院の北数町の所にシガツェの市街が城山の麓に横たわって居る。シガツェは西蔵第二の都会で人口二万、ツァン州、即ち後蔵の首府として古来宗教、軍事及び商業の中心地となって居る。シガツェとは正しくいえばシカツェで「里の峰」あるいは「郷里の峰」の意味であるが、古名はサムルプツェ（志成嶺《しせいれい》）という。十四世紀の中頃からこの方、群雄互いに攻伐を事《こと》として居た時代に於いて後蔵に覇を称えるものは多くはこの地に拠ったのである。その地形を按ずるに、市街の北方を東に流るる大江ヤルツァンポは北蔵より来る敵を阻み、南東方ギャンツェ平原から流下するニャンチュの急流は前蔵よりする敵を防ぐに足り、また栄勝嶺《タシルンポ》に連る嶮峻な山脈はシガツェの背面を擁護して西よりする敵を喰止め、前面には実に広漠たる南原を制し、真に謀《はかりごと》を立つるに適せる要害の地である。背面の山脈から岐《わか》れた一座の嶮山に、その頂の巌を削って厳然たる石楼の聳ゆるもの、これを「志成嶺《サムルプツェ》」と名づけ、当年覇業を誇ったシガツェ城である。今日ではこの城はラッサのダライラマ政庁より任命せられた後蔵総知事（チィゾン）の駐在する所となり、僧俗の両官が協同で知事の職務を取って居る。また後蔵軍司令官もここに駐在し、一千の兵を擁して後蔵守備の根拠地として居る。この地はまた商業上枢要の位置を占め、後蔵に於る物貨の集散地であるが、千九百四年英国がギャンツェに印蔵貿易に関する商務官を駐紮《ちゅうさつ》せしめ、護衛軍を置く様になってから、繁栄の中心は漸次シガツェからギャンツェに移らんとする傾きがある。目下シガツェの主なる商品は羊毛製品（西蔵羅紗《らしゃ》、絨氈《じゅうせん》）、銅、真鍮製器具などで、貿易品としては多量の羊毛を輸出する。而して印度方面からは各種織物、雑貨、日用小間物、金属類を輸入する。商店は市内に散在して居るばかりで市街を成して居ない。城下の広場では毎日市が立ち、いろいろの露店が出て賑やかである。

一〇、天外の恩人

十月八日。ラッサの僧正からその父母に宛てて一通の書信が来た。これに依って彼の動静とダライ法王の旅程とを知ることが出来た。そこで予は法王が新たに移らんとするチュンコルヤンツェ寺院の行宮《あんぐう》に向かい、明日を以てシガツェを出発することに定めた。明くれば九日。慈愛深い僧正の父母に別れ、再び行旅の人となった。しかし旅装は以前の様な見すぼらしい土人姿ではない。西蔵羅紗《らしゃ》の優等品で仕立てた西蔵服に、帽子も靴も皆新調品揃いで立派な中流の西蔵紳士が出来上った訳である。この服装は皆僧正の両親から恵まれたものである。また法王の行在所に至る四、五日程の旅券は総知事から下附せられた。今回のラムイクは従来のものよりも便利で、途中の小駅で一々換馬をする必要がない。これをゾンケルといい、各ゾン（県城《けんじょう》）の所在地または大駅のみで換馬すればよいので、途中無益なる時間と面倒とが省ける。而して僧正の両親からは特に家僕一名を供に立たせる外に、途中の糧食として白米、麦粉、肉類、支那パン、菓子類を一駄分贈与せられた。旅装、糧食から従僕まで添えて一外人たる予の旅路の安全を図ってくれた彼の老夫妻の親切はほとんど感謝の辞を知らぬのである。

第八章　ダライ法王の一行に会す

一、大江に沿うて

馬首《ばしゅ》を連ねてデレラプテンの僧正の生家を辞した一行五名は、シガツェ市街の一端を通り、タシラマ法王の離宮デチェンポタンの傍を過ぎ、甘水《ニャンチュ》に架せるサムパシャー（東橋《とうきょう》）を渡り、志成嶺《サムルプツェ》の古都に別れを告げた。甘水《ニャンチュ》の河幅は約一町内外であるが、橋の全長は二町もある。橋幅は二間余、三十余基の橋台を築き、各橋台の間は長さ二間余の木材を並べてその上に土石を敷く。橋基《きょうき》は石塊《いしころ》と板岩とで積み上げ、上の方は幅一間、長さ二間であるが、河床に接する所は著しく拡がって居る。極めて原始的な不揃いで無雑作な所に一種の雅趣がある。刈り取った麦を満載せる農夫の革舟、橋上を来往する人馬は古い昔の俤を止めて居る。甘水《ニャンチュ》に沿うて南東に向かう道はギャンツェに通ずる街道で、更に北行して大江ヤルツァンポに出るのはラッサに至る直通路である。予等はラッサの本街道を取り、東橋《サムパシャー》より北進してヤルツァンポの岸に出た。この大江は即ち西蔵に於けるブラマプトラで、東流して印度に入りベンガル湾に注ぐものである。

その流域は広漠たる渓原を成し、その南と北には東西に連亘する諸山系が並行して居る。河幅はこの地方ではほぼ一マイルあって、水幅は三町ないし八町に達し、水域の拡がる所には大きな中洲が出来て居る。両岸は砂原または草原で、ところどころツェマという刺《とげ》の多い灌木叢《かんぼくそう》を見る。山裾《やますそ》に近づくと、沃野開け、農作に適当する土地が多い。斯くて右岸に沿うて東に向かい、十数マイル馳走《しそう》した後、午餐を取る為に或る村の林園内に少憩する。新しい旅行券では面倒な駅換の必要がないから、一気に十余マイルを伸ばすことが出来る。馬の乗心地もすこぶるよい。道はこれより嶮岨《けんそ》な崖を伝い、河は山麓に沿うて流れて居る。やがて再び広原に入り、砂丘の起伏せる荒寥たる地を過ぎ、黄昏、或る村に着く。この日の行程約三十五マイル、通例二日程の処を一日に突破し得たのは新旅行券と良馬の御蔭である。

二、ロン山峡の道中

十月十日。鶴の群がところどころに落穂を啄《ついば》み、鵲《かささぎ》が巌の上を乱れ飛んで居るなど、旅情を慰める朝景色であった。約十マイル馬を進めると道は山腹の断崖に通じ、脚下幾百尺の谷底には奔流滔々、雪を噴いて居る。間もなく崖路は東南に折れ、ヤルツァンポ河の流域を離れて右手《めて》の峡《はざま》に入り、ロンチュという支流の左岸に沿うて次第に高地に入る。峡を出て暫く砂原を過ぎ、一部落に着いて、公宿《こうしゅく》に投じたのは午後四時であった。この日の行程二十マイル。

十月十一日。昨夜の宿から南東数マイル、ロンチュの渓流に臨む山峡に景勝の地があった。清流裾を洗う山嘴《さんし》の頂きに石城の聳えて居るのが、別に小渓《こたに》を隔てて丁度渓底《たにぞこ》から突起せる独立の巌の様に眺められる。渓《たに》の汀《みぎわ》にはまだ緑の濃い楊柳が冷たい風に靡《なび》いて居た。そこから一旦谷底に下り、更に巌を攀じて城下の公宿に休憩の上馬を換える。この駅はリンプンゾンといい、ロン山峡の道中にありて古来枢要の地として聞こえ、軍事上、交通上相当の価値を有して居る所である。

三、東西両京の連絡路

由来西蔵本部を二分して東部を前蔵といい、西部を後蔵という。所謂ウュというのは前蔵で、ツァンというのが後蔵である。ウュの中心はラッサ、ツァンの中心はシガツェである。この二大中心を連絡するには二条の道路があって、その一つをギャンツェ経由の迂回路とし、他の一つをロン山峡経由の直通路とする。東西両京を往復するものは通例この直通路を取るのである。ギャンツェ経由の迂回路は単行九日もしくは十日間を要し、途中海抜一万六千フィート以上の峠を二箇所も越えねばならぬのに引き替え、直通路は七日もしくは八日間を要するのみで、唯だ一つの峠を越ゆればよい。で時日の長短からいっても、行路の難易からいっても、ロン経由の直通路が東西両都の連絡上本線となって居ることは云うまでもない。しかし約五十マイルのロン峡道にも諸所に天嶮が横たわって居て、万夫不当の要害を成して居る。

四、中古覇業の跡

第十五世紀の末葉から、西は後蔵の諸雄を攻め、東は前蔵の諸侯を脅かして、覇業の礎を打ち立て、遂に十六世紀の後半に至ってシガツェに出で、西蔵西部の王者と仰がれた彼のリンプン侯は、その初ロン山峡の天嶮《てんけん》に拠り、勝算が立てば攻勢を取って東西に転戦し、形勢の不利な時は難関を恃んで守勢を持して敵勢を悩まし、諸侯をしてその猛威に辟易せしめたものである。リンプン城は斯様な重要の位置にあるとはいえ、何分山間の僻地で、物資の供給が豊でなく、活動の余地に乏しいから、昔は覇者創業の地として一時的の根拠地とせられたが、到底永久の計を立つべき土地ではない。今日、中央集権の世となり諸侯なるもの廃せらるるに及んで、終に振るわざる一村邑と化したのは決して不思議ではない。予は前日来の疲労と駅換の都合上、この地に休養を取った。

五、駐蔵大臣幽閉

十月十二日。リンプン城を去って南東方に向かえば、或る山の麓に大弥勒寺《チャムチエンゴンバ》という荘厳なる寺院がある。僧徒三百余人、後蔵タシルンポの伽藍を模して建立せられたものと伝えられ、本尊に弥勒仏の大像を奉安《ほうあん》してある。これから暫らく耕原《こうげん》の間を過ぎて再び隘路《あいろ》に入ろうとする所に、数張の幕営を見る。旅人を取調べる為に西蔵兵十余人駐屯して居た。上官は僧と俗と一名ずつでその僧官の方はかつて予が印度カリンポン滞在中面識があるので、一行は無論取調べを受けずに通過を許された。予は上官の天幕に少憩して茶菓を喫しながら、彼等のこの地に駐在せる理由を尋ねると、彼はダライ法王の一行に加わり、印度から帰蔵してサムディンの行在所に着いた所が、折柄ラッサの戦地にあった支那の駐蔵大臣がラッサを逃れて出蔵せんと企て、途中蔵軍の為に捕虜となってこの山峡のランバという一村に幽閉せられることになったので、外界との交通を遮断するの目的で当所に派遣せられたのであると語った。斯くて幕営を辞してランバに向かう途中、日暮れ、小村の農家に投ずる。

六、山峡道の分水嶺

十月十四日。未明ランバの部落に入り支那の駐蔵大臣を幽閉せる家の前を過ぐ。警護の西蔵兵はまだ幕営を閉じ誰何《すいか》する者もなかった。やや急な山径にてまた数張の小さな幕営があった。西蔵兵十余人は朝寒を厭うて無法にも横臥したまま天幕の戸口から残灯を突出して一行を誰何する。斯くて六、七マイル馬を馳せて峡澗《きょうかん》の奇勝《きしょう》に入る。旭日は千尺もあろうと思われる高い崖の頂を照らして居るが、光照《こうしょう》はまだ谷底に届かない。渓は半ば凍り、寂寞《せきばく》の裡に唯だ鉄蹄の響、怪鳥の声を聞くばかりであった。渓を出ると、広濶としたやや坦《たい》かな原野となり、真東に向かって右側の山裾を進むこと数マイル、渓流は街道より離れて右に曲り恒氷嶺《こうひょうれい》の麓に通じて居る。この水源は氷河に発するので、今予が所持せる地図には更に東進してヤムド湖にその源を発して居る様に記してあるが、実地は然うでない。やがて渓流に分かれて正東に上ると小さな淡水湖がある。その附近にある氷河の諸泉が集まったもので、その水の捌口《はけぐち》は東岸にあり、東の方に流れてヤムド湖に注いで居るらしい。この地はロン峡道の小分水嶺で、この湖から東の泉流は一つの渓となって東《ひがし》し、西の分では北西に流れてロンチュをなすのである。流に沿うて東に下れば、間もなく、その流の末がヤムド湖に注ぐ処に出る。湖岸を北東に廻る道を取って南の方を顧ると、湖畔にナガルツェと称する古城が屹立している過般《かはん》、ダライ法王が駐輦《ちゅうれん》して居たサムディンはその東二マイルの山蔭にあってここからは見えない。

七、ヤムドの大湖

この湖山の風色は恐らく西蔵に於ける絶勝の一つであろう。漫々たる碧水は際立って濃く、四囲の山々は静に紫の影をひたし、片雲は点々と白い影を落して居る。ペーテの古城は高く湖を抽《ぬ》いて聳えて居る。この湖はヤムドユムツォという。「高牧野の瑜湖《ゆこ》」と訳する。高原に牧野が多いからヤムド、正しくいえばヤルドックといい、水の色がトルコ玉に似て居るから瑜湖《ゆこ》と名づける。西蔵語でトルコ玉のことを「ユ」と呼び、湖を「ツォ」と称し、「ユツォ」は音便で「ユムツォ」となる。湖の形は丁度蠍の様で湖中には大きな島かと疑わるる奇形の一半島が突出して居る。周回約一百五十マイル、水面は海抜一万四千九百フィートの高度にあって、水はやや塩分を含んで居る。これは周囲の連峰と一部高山の氷河から鉱質を溶した水が集注し、唯だ蒸散するばかりで、他に水の捌口がない為である。東南部は碧水淼々《びょうびょう》、海洋の観を呈して居るとのことだが、今予の通過せる部分は大半島の西面で、水幅は三マイルないし五マイルに過ぎない。岸線湾曲してすこぶる変化に富み嶽麓碧潭《へきたん》に逼《せま》って居るが、断崖を成す所は尠《すくな》い。水禽《みずどり》は汀に群って餌を漁って居る。やや久しく佇んで見たが帆影を一つだも見出すことが出来なかった。さてペーテに着いて湖畔の旅舎に投じた。夕暮疾風起こり、砂塵天に沖し荒浪山の如く、凄壮《せいそう》の気は暮色《ぼしょく》と共に逼《せま》るのであった。

八、最後の峠を越ゆ

十月十五日。風止み天晴れ暁《あかつき》の星淡し。山はまだ夢の裡にあり、ヤムド湖は磨き立てた瑠璃盤の様であった。湖畔を行くこと数マイル、岐路を取って左手の峠に懸かる。ラッサに抵《あた》るには、更に湖岸に沿うてカンバ峠を越ゆるのも、またこの岐路を取るのも行程には大差なく、道路の難易もほぼ等しいので、旅人は季節その他の都合で便宜の方向を選ぶことになって居る。この峠をニャブソラといい、湖水面より約二千尺の高度にある。その絶頂は一万七千フィート位であろうと思われる。数町登ったあたりから俄に急阪《きゅうはん》になる。乗馬を労り徒歩する間に、暫らく忘れて居た山暈が襲うて来た。峠からは山背を伝う良い道がある。この辺からヤムド湖を瞰下《みおろ》した景色は殊に佳い。曲浦の翠いよいよ深く、空山《くうざん》の紫影《しえい》いよいよ滑《なめ》らかに、氷嶂は波濤の如く遠方の空に連なり、大江ヤルツァンポは低く水銀の曲線を描いて、脚下四千尺の深渓《しんけい》を縫うて流る。麓の人家、緑樹点々として手に取る如く、その風光の佳なることは到底筆舌を以て尽し得るものでない。この峠はやや東方のカンバ越えと共に印度からラッサに向かう旅人が最後に越ゆる峠で、どちらか一つを下れば、大江を渡って一挙にラッサに向かって突進することが出来る。予はこの最後の峠を越えて、衷心無上の愉快を満たされつつ急いで滑り下った。

九、農村から江岸へ

麓に近い所に数張の大天幕《テント》があって、一小隊足らずの西蔵兵が駐屯して居た。通路の両側には哨兵が二名ずつ銃剣を持して立ち、外に数名の官吏が居って旅人を検問し、怪しい者は容易に通過させない。思うにダライ法王の行在所に近い要所要所には悉く哨兵隊を特派してあるのであろう。山麓から裾野一帯の江畔には沃野連なり、胡桃、楊柳などの森がところどころに繁茂し、桃林また多い。桃の実は極めて小さいけれども味は悪くない。麦畑は既に八分方刈り尽くされ、野菜畑は尠い。刈り入れた麦の穂は乾いた地上の塵を払うて積み重ね、周囲に石の牆《かき》を繞《めぐ》らし、その内に四、五頭のヤクを放ち、百姓が一人その中に立ち、これを逐うて麦の穂を踏ませる。斯うして数時間輪を描いて廻らせると、実は悉く離れ落ちる。それを牆の外に持出して唐箕《とうみ》で篩《ふるい》をかけるのである。二、三の農村を過ぎてヤルツァンポ河の岸に出ると、ここにも幕営があって哨兵十余名、渡河地点を守備して居た。このあたりでは大江は約半マイルの水幅で滔々と流れて居る。この渡河点を距る幾マイルかの上流、一山系を突き破る所に於いて激流をなし、巨巌に砕けてその末渦巻となり、全く舟楫を妨げて居るから後蔵と前蔵との間を往返するには必ずロン峡道に依らねばならぬのである。

一〇、法王の行在所

予はここから一隻の革舟を雇うてヤルツァンポ河を下り、ダライの行在所に向わんとするのである。革舟というのはヤクの皮を木の框《わく》に貼つけた箱型の軽舟で、重荷さえなければ一人の水夫と六人ないし八人を搭載することが出来る。予等は船体の傾かない様に陣取ると、舟は中流に出で箭《や》の様に奔流を下る。江流は或る時は海の様に広く深く緩やかとなり、或る時は急湍瀧の様に逸奔する。また幾多の分流をなして狭く浅く洲の間を過ぐることもある。漕ぐこと二時間余で十数マイルの下流に達し、左岸のチュンコルヤンツェに着く。同じ名の寺院が山麓の斜面にあって、前面に林園を設け風致に富む。層々《そうそう》楼を重ぬる伽藍の中央正殿ともいうべき本堂が今ダライ法王の行宮となって居るのである。伽藍の下、高壁の外の路傍には護衛軍の天幕が列んで居り、人馬の来往が盛んである。そして道路の要所には漏れなく哨兵を配置し、警邏の巡吏は絶えず旅人を誰何して居る。予はチュンコルヤンツェ寺の正門前で旅券を示して行宮内に入り、まず我が僧正の存否を問い合わせると、彼は二日前この地に着いたとのことに、直にその旅寓を訪うた。

一一、玉殿下の一夜

僧正が日本語で一別以来の経過を語るのを聞くと、天外で同胞の親友に邂逅《めぐりあ》うた様な懐かしみを感ずる。僧正は「日本を去ってからもう十月になるので、日本語も大概《おおかた》忘れました」と謙遜して、優しい京言葉に時々西蔵語を交えて、ラッサに於ける蔵支講和談判の一部始終を物語り、結局支那軍が西蔵を引揚ぐることに定まって既に調印を了し、某月某日を以て一切の武器を西蔵軍に引渡すことまで約束が整ったと多少誇り顔に告げた。予は一旦宿舎に就き、夕飯には僧正の宅に招かれ、尽きぬ懐旧談に夜の更くるを覚えなかった。予の宿舎に充てられた僧舎は、僧正の宅から少し上手に当たり、行宮の内門に接近した所にあって、ヴェランダに出ると、玉殿の窓に射す明かりが直ぐ頭の上に仰がれ、舎内の設備も僧房だけに質素で清潔であった。疲労せる身体を寝床に横たえたが、万感蝟《ばんかんい》の様に集まって容易に眠れない。三年来の空想は将に現実にならんとし、入蔵の努力は今日始めて酬《むく》いられ、法王の玉殿下に旅装を解く。予は限りなき歓喜に今更仏恩の高大なるに感謝せざるを得なかった。

第九章　法王の行宮に於ける三ヶ月

一、侍従長の慰問

十月十六日。早起。窓の扉を開くと、旭日はもうヴェランダを照らして居る。南の空には昨日絶景を賞した南嶺一帯の山々東西に横たわり、革の舟で下った大江は滾々《こんこん》として東に流れて居る。折柄聞こえる護衛兵の集合喇叭《らっぱ》は何となく祖国の兵営にあるの想を抱かしめる。整列の方法、銃の持方、号令の調子は日本軍隊の旧制に酷く似て居る。元来西蔵軍の教官は支那人の将校で、その教官は元と日本兵式の訓練を受けたものであるから、その系統を引ける西蔵の兵式に日本風が仄見《ほのみ》ゆるのは怪しむに足りない。行宮の朝景色に見惚れて居る所に、僧正が突然来訪して「今日は法王が貴方に謁見を賜うことになって居ります。その前に侍従長がここへ見えます」と告げた。朝食を終わった頃、果してダライの侍従長兼侍医が数名の従者を引連れて来訪せられた。印度で面識のある高僧である。侍従長は慰問品として白米一俵、羊一頭、牛酪《バタ》一貫及び被服地の羅紗《らしや》と支那絹若干に西洋書簡用紙、封筒をも添えて贈られた。これらの品々は室の一方に堆《うずたか》く積まれた。予は西蔵語で挨拶をすると、侍従長は予の語学の進歩に驚いた様子で、甚く今日の会見を喜ばれた。「午前十一時頃に法王から謁見を賜う筈ですから、十分程前に本職の事務所まで来て下さい」と告げて彼は去った。

二、日蔵関係と法王

予定の時刻に僧正に伴われて、予は侍従長の事務所に出頭し、暫くすると、少年の侍僧が「唯だ今謁見を許さる」と知らせに来た。法王が予を引見せらるる私室はこの事務所から僅かに一間を隔てた客殿である。導かれて謁見室に入ると、ダライ法王は高壇の玉座の上に平服を召して足座して居られた。今日の謁見には西蔵風に仏式に則りチャツェルといって、五体を床上に着け、稽首作礼《けいしゅさくれい》すること三回に及ぶ一種の最敬礼を行うた。法王は右の手を予の頭上に置きてチャワン（冥福力）を賜わる。恭しく頭を挙げると、法王は印度に駐輿して居られた当時よりは遥かに肥え太って居られた。法王はまず僧正に通訳を命じて、「今回の入蔵は困難であったろうと思う。道中は無事であったか」と犒《ねぎら》われる。その言葉は僧正の通訳を待つまでもなく、容易く了解し得たけれども、当時予は未だ法王に対する敬語に通じて居なかったので、矢張り僧正の通訳を煩わして「三宝の冥護に依り安着することを得ました」と答えた。すると「要用は追て相談する。差し当たって不自由なことがあればすべてこの僧正に申出ずるがよい。出来ることならば何なりとも便宜を取り計らわせる」と優握《ゆうあく》なる御言葉があった。予はこれに対し感謝の意を表し、且つ予の入蔵に由って本願寺との関係がいよいよ密接となったことを喜ぶ旨を述べると、法王は日蔵両国の関係を単に西蔵政庁と一本願寺の関係に止めず、日本の各宗派と帝国政府との間にこれを拡充せんとの希望を明かされた。斯くてこの日の謁見は約二十分間で終わった。

三、若き蔵軍総帥

帰宅後間もなく僧正と同伴で来訪した法王側近の一青年があった。この青年は印度仏蹟巡拝中に於けるダライ法王の随行員で、釈尊入滅地（クシナガラ）の初対面から数箇月の間親しくした人である。彼は法王が支那兵の追撃を受けてラッサを退去せられた時、大江の渡河点《とかてん》なるチャクサムという所で見事に敵軍を喰い止め、その間に法王を無事落ち延びさせ、その後法王が印度滞在中、一年ばかり前に帰蔵するや、各地に於いて支那兵を駆逐した動功赫々たる青年で、今年二十五歳の血気盛である。法王唯だ一の寵者《ちようしや》で近侍頭を勤めて居るが、一面過去の戦功に依って蔵軍総司令官の栄職に就きザサグという高い爵位までも賜わり、今や法王無二の股肱《ここう》となって居る。今日は予の入蔵を慰問する為に来訪したのである。予はこの青年が数年間に斯様に異数の昇進をしたことも知らず、また今日ダライ法王に従うてこの行宮に在ろうとは夢にも思わなかったので、最初彼を一見した時何者かと訝《いぶか》り、僧正の委しい話によって初めて当年の侍僧その人と気付いたのである。

その頃彼はやっと丁年に達したばかりで頭を丸めて出家姿をして居たが、今見ると還俗して髪を蓄え、体格も発達し、数年前の彼とはどうしても思われなかった。彼は予の秘密入蔵に同情し、「御荷物が届くまでは万事不自由であろう。西蔵品で間に合うものは私が差上げますから、遠慮なく仰って下さい。西蔵は私共の国ですから何事でも無理が利きます。その代りに私共が日本に参りました時には貴方がたの御世話にならねばなりません」となかなか如才がない。彼は従僕に持参させた西蔵服一揃いを予の前に置き、「差し当たり西蔵ではその風習に従うて、相当な服装をせねばなりません。私共が印度に行けばヨーロッパ人の風を真似るのも同様です。なお私の従卒の一人を御手許に差上げますから駐蔵中の従僕に御使い下さい。この男はツェリンゴンポといって今年二十六で、目下兵籍にあります。各地に転戦した経験もあり、かなり役に立ちます」と、従僕まで添えて贈られた。

四、支蔵の戦闘再開

ダライ法王がチュンコルヤンツェの新行宮に移られたのは予の到着に先だつ数日前であった。そしてここに一週間ないし十日ばかり滞在の後、ラッサに入城せられる予定であったのだが、突然変更せられて、当分淹留ということに定《き》まった。その理由は曩《さき》に我が僧正が支那の軍使と講和を締結し既に調印を了した上は支那軍は至急ラッサを引払って印度に出ずべき筈であったにも拘らず、彼は撤退期日に至るも条約を履行せず、蔵軍その罪を問わんとするや、却って戦闘行為に出で、再び両軍の衝突を見るに至ったからである。支那軍は講和当時ほとんど戦闘力を欠いて居たが、約一箇月に亘る談判進行中、密かに兵器、弾薬、糧食等の補充を行いたるものと見え、猛烈に蔵軍の陣地逆襲を試み、目下ラッサ市街の一端に於いて激戦中である。法王の宮城は今の所無事であるが、危険区域に属するから法王の帰城が延期せられたのは当然である。この行在所からラッサまでは僅かに二日程約五十余マイルの近距離にある。予は一日も早くラッサに入り、少々危険を冒してでも国都の光景を一見し、兼て両軍の交戦状態を視たくて堪らなかった。しかし法王庁では誰も予の希望を容れて呉れなかった。斯してラッサが再び平静に帰するまで、法王の一行は全部この地に留まって、形勢を観望することに決定したのである。この際我が日本人にしてラッサ市内で親しく支蔵両軍の戦闘を見物して居ったのは力行会員《りっこうかいいん》の矢島泰次郎氏のみであった。

五、炭鉱脈の踏査

或る日法王は予に対し彼の青年司令長官を経て、チュンコルヤンツェ附近に於ける炭鉱脈の有無を探査することと、日本より石炭の標本を取り寄せることとを命ぜられた。現在西蔵で用いて居る燃料はヤクの糞と、芝土の様な泥炭と、極少量の薪炭とであって、いずれも火力の乏しいものばかりで、諸種の工業を起こすに足るべき燃料は発見せられて居なかった。そこで法王はまず西蔵に石炭が産出するや否やを調査せんが為に如上の命令を下された次第である。予は司令長官と共にこの地を中心として数日間炭鉱脈の探検に必死となったけれども、斯業の智識なき予の苦心は結局徒労に帰し、注文の石炭の代りに石墨の廃鉱に出会《でくわ》したに過ぎない。この石墨坑は以前何人かが採掘した形跡が明らかに存在して居た。次に法王は一ネパール人に対し、約二箇月の予定で更に広大なる区域に亘り、石炭の有無を踏査すべき旨命ぜられ、彼は多くの助手と共に調査に着手したが、彼等の獲物の中には黄銅鉱、大理石、劣等の褐炭等があった。法王はその下等の褐炭を発見したことに満足せられたけれども、何分産地が遠隔で運輸の便がないから実用上の価値が伴わなかった。また日本より石炭の見本取寄方については、印度カルカッタにある知友に依頼し、日本郵船から若干貰い受けて献上することを約した。これは後日のことであるが、四箇月ばかり経《た》って見本が到着したので、法王は早速例のネパール人に日本炭の見本と同様のものを探査せしめ、終にこれと等しい石炭を発見することを得たけれども、矢張り産地との交通が不便で運搬の困難なるにすこぶる失望された。しかし斯くの如き努力に依って、兎に角西蔵に石炭の産出することだけは明瞭となった。

六、日本の兵制と蔵兵

当時ダライ法王が最も切に希望せられたのは、西蔵の新制軍を訓練すべき教官を日本より招聘することであった。それは現時の蔵兵訓練に採用せる支那兵式は、その源を日本の兵制に発して居ることに意を留められた結果である。予は日本政府が直にこの要求に応ずべきや否やは疑問であるが、ダライ法王の希望としてその筋に報告することは差し支えなき旨を述べた。すると法王から日本の陸軍にて使用して居る各種の教範操典類を全部揃えて寄贈せよとの依頼があった。予は直に某方面に注文を発し、その等が全部法王の手許に達したのは約五箇月の後であった。而してその中第一に翻訳を始められたものは歩兵操典であった。当時チュンコルヤンツェには法王の護衛兵として一箇中隊の蔵兵が幕営して居た。これらの兵士は今回初めて新式の教練を受ける者のみであって、法王は毎日の様に錬兵場に出懸けて兵を閲せられる。彼等蔵兵の訓練は極めて幼稚なもので規律もなく軍装も一定して居ない。日本人の眼から見るとほとんど批評の価値さえないものであるが、それでも西蔵ではこれを唯一の最新制軍として誇って居る。

七、兵銃と軍旗

一日西蔵兵の実弾射撃を参観することを許された。標的は二百メートルの距離に置かれ、兵は諸種の姿勢を取って各一弾ずつ射撃したが、一中隊の兵員中的中したものは僅かに二名で、最後に試みた司令長官の射撃を加えて圏的内にようやく八個の弾痕を止むるに過ぎなかった。これは無論兵員の訓練が足りない為め射撃の要領の如き全く眼中になきに由るのであるけれども、銃器弾薬の不完全なことも確かにその一原因である。彼等の所持せる武器は一定して居ない。その最も多いのは支那（漢陽兵工廠製作）の五連発銃で、次はドイツの旧式軍銃である。当時露国の軍銃といえば完全無欠のものであったが、これは極少数しか用いられて居なかった。演習の結果は斯様に不成績に終わったが、ダライ法王は今後の奨励の為に讃辞を吝《おし》まず、且つ隊長以下にそれぞれ物品を下賜せられた。而してこの日始めて新定の軍旗を使用したが、その模様は下半部に富士山形の雪山を描き、唐獅子の図を配し、上半部即ち雪山の上には地色を黄くして日本の軍旗の半分を写し取った様な旭日を置き、その片隅に月を小さく銀色に描いてある。これらの日、月、雪山及び唐獅子は西蔵の記号で、司令官と予が戯れに図案を作って見た紙片が図らず法王の目に止まり、当分仮にこれを軍旗に採用せられることになったのである。この新軍旗は時々風に翻る調子で日本の軍旗の様に見えるので、更に改定する筈であった。因に旧軍旗は三角形の赤地に唐獅子と雪山とを大きく描き、日月を上部に小さく遠方からは見えない位に附加えたものである。

八、西蔵のシムボル

西蔵の記号として唐獅子を用うるのは、西蔵は仏《ぶつ》の予言に基いて建設せられた仏教国であるから、仏の十方獅子吼《ししく》に因んで、国威を発揚するの意を示したるものに外ならぬ。通貨や郵便切手などにもこの記号を応用してある。日月を描くのは仏の光照遍く世界を覆うて衆生を摂取する光益《こうやく》の作用を仮に日月に喩えたものである。また雪山《せっさん》の記号は実に西蔵独特のシムボルとするに最も適切なるもので、「世界の屋根」といわるる高原の内にも外にも周囲にも白雪《はくせつ》の峰を仰がぬ所はない。而して仏の懸記《けんき》にも西蔵のことを「雪有国」と記してある所から、西蔵の雅名としては常に雪有国とも雪邦とも書かれる。今仮に西蔵の唐獅子を以て我が菊花御紋章に比ぶれば、雪山は桜花にも比すべく、日月は日の丸に相当すべきものであろう。尤もこの外に西蔵の記号としでは菊花をも採用して居るけれども、花弁の数は十六枚とするものと八枚とするものとの二種あり、また花と葉と併せ描く場合もあって、我が御徽章の如く一定して居ない。

九、郵便制度創設

行宮駐輿中に法王が計画した事業として特筆すべきは、初めて西蔵に郵便制度を実施したことである。それはラッサの戦地とチュンコルヤンツェの大本営との連絡が動機となったので、ラッサに本局を置き、ラッサ、チュンコル、ヤンツェ間の要地に支局を設け、約五マイル毎に郵便脚夫の交替所を建て、両地間五十余マイルの距離を三十余時間で一往復するものである。その取り扱い郵便物は普通郵便、書留郵便及び為替小包等の数種である。これに使用する切手は中央に獅子の紋を描き、二銭五厘、五銭、七銭五厘、十銭、十五銭の五種としそれぞれ着色が違って居る。鉄片に極幼稚な彫刻を為し、自国製のインキを用いて自国製の紙に印刷し、唯だ形式は外国風に模した以外、材料としては全部自国品を用いた珍物である。而して郵便制度創設の主任となったものは数年間印度に留学して居た西蔵青年数名で、その実施されたのは大正元年の十一月中旬であった。

一〇、日英露に留学生

なお一つ特筆すべきは外国留学生の派遣である。我が僧正が僅々九ヶ月間日本に留学して無上の好成績を挙げた事実に鑑み、更に数名の留学生を選定し、まず五名の少年を英国に派遣せられた。昔から支那や印度に遊学した西蔵人は多くあるが、ヨーロッパ留学は恐らく今回が嚆矢であろう。この外露国に留学すべき候補者二名と、日本留学生二名（一名は我が僧正、他の一名は貴族の子弟）は当該国当局よりの回答を待合わせ中であった。その後露国留学生はまず蒙古に赴き次で露国に至ることとなったが、日本留学生はその筋から何等の回答がなかったので自然中止となった。またダライ法王は留学生を海外に派遣する一方、内地に於ける一般国民教育に関する新制度を定められることとなり、その範を日本の制度に取る為め予に対し現在日本に於いて採用せる普通教育に関する書籍と小中学の教科書全部の取寄方を依頼せられた。本件についてもその筋に交渉するの手段を取ったが、これまた無効に帰したので当時印度カルカッタに滞在中であった藤谷精氏の尽力を煩わし、その後五箇月余で全部法王の手許に着し、予はラッサ滞在中初等学制創設の任に当った。斯の如く法王は首都に於ける戦闘未だ終局を告げざる時に於いても、文武両方面に対し並々ならぬ苦心を払われたが、思うにこれは過去二年間印度に滞在し西欧の文明について幾らか学ぶ所があった結果で、もし清軍の侵略＝印度避難のことがなかったならば西蔵はまだまだ世界の文明に接触する機会に遭遇しなかったであろう。

第十章　西蔵の首府ラッサに入る

一、支蔵の平和克復

十二月上旬に至り、支那政府から一通の長文暗号電報がダライ政庁に達した。それは大総統袁世凱からダライ法王に宛てたもので、その要旨は清朝亡びて中華民国新たに成れるを告げ、清軍が西蔵を侵せし非違《ひい》を悲しみ、速やかに西蔵内地の秩序を回復すべきことを約し、終わりに中華民国の善政を布くべきことを誓ったものであった。これに対して法王政庁は返電を発して、西蔵領土内に於ける支那兵全部の撤退を要求し、内政に就いては他の干渉を許さざる旨を述べ、今後支那と西蔵とは友邦的親善関係を結ばんことを希望する旨を答えた。当時ダライ法王には確乎たる西蔵独立の志を抱かれ、最早支那に対しては従属的関係を断ち、国政復興の企図を実現せんと期せられた時であるから、袁世凱に対する回答中にも自ら傲慢不屈の句調が見えた。斯くて十二月末になるとラッサの支那軍は弾薬、兵糧共に尽きたので、今度は本当に蔵軍に和を乞い、いよいよ武器を譲り渡して撤退することとなり、文武諸官より商工業者に至るまで、西蔵帰化人を除くの外は悉くラッサを去り、ロン山峡に幽閉せられて居た駐蔵大臣連《れん》氏と共に西蔵を出て、印度から海路支那本国に帰還することとなった。そこで法王は司令長官をラッサに派遣し、支那の勢力が果して全滅せるかどうかを調査せしめられた。而して司令長官が彼地の秩序を回復し了り、平和克復の実成れる旨を法王に復命すると同時に、法王には千九百十三年（大正二年）一月十二日を以てラッサ帰城の途に就くべき旨仰出された。この際関係列国に対しては右の趣を通牒し、我が国に対しては個人の資格で、本願寺法主宛に発信せられた。

二、法王の大行列

斯くていよいよ発輿の当日、一月十二日となる。予は未明先発部隊に加わり、チュンコルヤンツェの行宮を辞し、長江の左岸に沿うて東に向かった。本隊の行列は約三マイル余に亘り、大臣以下僧俗百官悉く玉輿《みこし》に供奉《ぐぶ》し、護衛兵その他の従員を合する時は総勢一万に近く、乗馬のみにても三千頭に及ぶという。道筋の両側には拳大の白石を布き列べ、村落またはその附近では両側に一町位の間隔を置いて、高さ五、六尺、円錐頂を有せる宝塔型の大香炉を設け、幾百千の男女老幼は僧俗の別なく、盛んに香を炷《た》いて、奉迎《ほうげい》の準備を急いで居る。チュンコルヤンツェから遠からぬ所にある石造の大宝塔の下を過ぎ、更に十マイル進めば大江の右岸にチャクサムの寺院を望む。そこから今は遺物となれる鉄鎖の吊橋を遠く眺めながらチュシュの荒城の下に達する。巉巌《ざんがん》幾百尺、大江の碧潭《へきたん》を抽《ぬ》いて聳《そび》え、その麓にわずかに人馬の通路を開く。東西両都連絡線上の一つの要関で、また印度方面に通ずる本道上軽視することの出来ない地点である。その巌上に聳ゆる廃城は昔封建時代の戦乱に覆えされ、その代りに新しい城がこの難所を越えて東の方に拡がる広原の咽喉に当たれるチュシュ駅に築かれてある。

三、喜水に沿うて

大江はこの地に於いて、ラッサ方面より来れるキチュ（喜水《きすい》）を合して東流するのである。喜水の流域は幅三マイル内外の平原をなし、チュシュ駅以東は暫く沙漠の光景を呈し、耕野樹林を見ず、村邑寥々《そんゆうりょうりょう》として地勢荒寂を極めて居るが、今日は行人征馬《こうじんせいば》路上《ろじょう》を塞いで凄壮の気を認めない。ツァパナンの小駅を過ぎ、ジャンの村落に至れば、田畑ようやく多きを加え、人家もまた多く渓原に散在して居る。喜水が断崖に接して流れて居る。嶮路を越えた所に、また一つの広野が展開し、美しい大きな天幕を取り巻いて数百の幕営を設けてある。中央の大天幕こそ当夜ダライ法王が旅寝の夢を結ばる幕営である。予等先発隊の一行はこれより更に一マイルのナムという駅に抵り随員用の幕営に一泊した。翌日は朝寒を冒して出発し、喜水《キチュ》の支流山に逼り、懸崖碧潭に臨む所を過ぎると、ネタンの高原に出る。ネタンの公宿に立ち寄って、朝餐を喫した後、予は先発部隊に分かれ一両時間の暇を得て、附近の古蹟を訪ぬる好機会を捉えた。

四、聖僧アティイシャ

西蔵の歴史、殊に仏教史を繙くものの著しく注意を惹くものの一つにネタンという地名とアティシャという人名がある。西蔵の仏教は中世このアティシャと呼ぶ高僧に依って改革振興の基礎を造られたもので、彼は印度より来たり西蔵に在ること十余年、多くはネタンの地に於いて法を説き、示寂したのもまたこの地である。紀元七世紀の初め西蔵に伝来した仏教は一時隆盛を極め、九世紀の中頃になりて西蔵本部に於いて俄然衰滅を来したが、その後東西両辺境の各地方から再び隆運を挽回した。然るに初期に行われた似而非仏教の余波として甚だ奇怪なる堕落宗風が弘まり世上に害毒を流布した。そこで西境なる信仏主義の国王が大いにこれを歎き、純正仏教を研めんが為に直接印度に数多の留学生を派遣し、高僧に就いて仏の真法を学ばしめ、帰国後西蔵仏教の弊風を一掃せんと試みた時に当たり、その指導者として招かれたのが即ち印度の聖僧ディパンカラ・スリジュナナ師であって、西蔵では普通チョオ・アティシャとも、ペンデン・アティシャとも呼び、原名を用うることは稀である。後の世の偉聖ツォンカパ師の唱道せる黄帽派の新宗が全蔵を風靡するに至ったのは実にアティシャの所説に根ざして居るのである。

五、陀羅女神堂

今歴史を辿りてアティシャの祠堂を訪い、旅の趣味津々たるを覚える。まずルマハカンという祠殿に入ると、所謂アティシャの遺跡として記念すべき一つの古い建物がある。そこには彼が西蔵僧を集めて仏の正法を説いた講座が残って居る。その傍らに彼の生前模写したと伝えらるる肖像を安置し、その他当時の遺物と称せらるるものが数種大切に保存されて居る。殿堂は石造で既に半ば崩壊に傾いた所もある。彼が西蔵に入国したのは六十歳の高齢で、その後約十七年間駐蔵したという説に従えば彼の示寂したのは多分西暦九百九十八年頃であろうと思われる（千五十二年とする史家もある）。その右隣に二十一軀の陀羅《タラ》女神像を奉安せる神殿がある。陀羅とは蔵語ではルマ（正しくいえばドルマ）といい、解脱女《げだつにょ》の意味を有し、西蔵人が信仰する有名な女神である。聖アティシャが守本尊として幼い頃から信仰した神はこの陀羅女神で、彼が西蔵王から招かれ、いよいよ印度のマガダ国を去って入蔵するという決心を固めたのはこの神託に由ったものである。故に西蔵にある間も常にこの本尊を奉じ、その講座に隣って女神殿を特設せられたのであろう。今日西蔵人はこの二つの祠堂を総称して「ルマハカン」と呼ぶ。訳して陀羅女神堂と為すも、史的に命名すれば聖アティシャ祠堂というのが適当であろう。

六、クンフムハカン

ルマハカンの正門から前方に数町行くと別に一つの祠殿がある。「クンブムハカン」という、十万軀神殿の義を有すれどもその名の由来は明らかでない。殿内に二基の墳墓があって、どちらも宝塔の型をなし、高さ一丈余に達する。番僧の説明に依れば、向かって左は聖アティシャの遺骨を納め、右は某西蔵高僧の納骨廟であるという。中央の高壇には真中に釈迦の尊像を奉安し、その左右に聖アティシャ師及びロム師の霊像を配してある。このロムというのは印度の名僧、聖アティシャ唯一の高弟で、先師の教法を普く全蔵に伝播せしめた人である。もしこのロム師の努力がなかったならば、アティシャの宗旨が後世の黄帽派として発展するの道がなかったであろうとまで讃仰せられた人である。彼と先師アティシャとの間柄は単なる師弟関係ではなくして、神霊的兄弟の約を結んだという伝説から察する時は、二つの墳墓の中一つはロム師の遺骨を納めたものではなかろうかと思われる。

七、いよいよ目的地へ

ネタンから南西約二マイルの山峡にチュゾン（法城）と名づくる廃址《はいし》がある。彼の聖《セイント》ツォンカパ師が仏道修行中アティシャの宗風を慕い、幾たびかネタンの地に聖跡を訪い、庵に入って仏学を研鑽した所と伝えられる。この附近にはまだ両三箇所探尋《たんじん》に値する史蹟があるけれども、今日は既に予定の時間を費したので思い止まり、馬首を北東に向けて前進した。喜水右岸の原野に連れる荒空山系《こうくうさんけい》を左手に眺めて一つの山嘴を過ぐる所、北東に面せる巌壁に巨大なる仏像を彫刻せるを見る。そこから数マイル行った所に二重屋根の大天幕が一張路傍に設けてあった。これはこの日法王が昼餐を召される所である。更に北東に進むと原野はますます広くなり、その幅は六、七マイルもあるであろう。喜水《キチュ》はその間を縫うて西南に流下して居る。これより原野は東に向かいて展開し幾十マイルの遠山長空に連なり、あたかも一大平原の観を呈して居る。その中原とも思わるるあたりに、二つの大きなピラミッドの様な丘が相列んで屹立せる光景が目に入る。右の丘はチャポリと称する霊丘で、左の丘こそダライ法王の宮城なのである。ラッサの市街はこの二つの丘の陰になって居ってその一角すら認められない。予は思わず馬を止めてこの景色に見入り、幾年か夢寐《むび》に通うた目的の地に、今日初めて近づき得たる無限の喜びを告げんとするに友とする同胞のなかったことを遺憾に思うた。同時にこの時の感慨を吐露するに適切なる詞《ことば》をも見出し得なかった。

八、ラッサを眼前に

この地点から駿馬に鞭打てば、二時間ならずして「我が最終の目的地」に到着することが出来るのである。しかし法王の一行は今日ツァクリンカの離宮に入り、そこにまた十日間駐輿せられる予定なので、予もまた眼の前に聖都を眺めながら、首を長くして入城の日を待ち焦れるより外はなかった。離宮は本街道より左に入り喜水《キチュ》の支流ティ河に沿い、楊柳の枯林に囲まれた所にある。禁苑《きんえん》の外には大小の天幕が何百という夥しい数で、奉迎の諸官、先着の随員等は皆法王の着輿を迎うる準備に忙わしく、人馬雑沓し盛んに黄塵《こうじん》を揚げて居る。そこで馬を下って内門を入ると、右に便殿《べんでん》、左に寝殿、その傍の引っ込んだ所に奥殿があって、法王の御座所はその奥殿の階上に設けられてある。而してその傍に司令長官の本部に充てらるる幕営があって、その隣に予の為に特に天幕が準備せられてあった。兎角する間に日没一時間程前に法王一行は全部この離宮に到着した。法王はここに駐まること十日間、その間しばしば予に謁見を賜い、ラッサの政庁に居残って居た諸官、各大寺院の高僧を始め一般庶民にも拝謁を許された。

九、法王ラッサへ凱旋

千九百十三年一月二十二日。西蔵暦の癸丑《きちゅう》十二月十五日を以て法王はいよいよラッサへ凱旋せられることになった。この日古来未曾有と称せらるる盛大の長行列は玉輿を挟んで離宮を出で、本街道を進む。無数の群集は路傍に溢れ、大香炉より立ち昇る薫煙は天に漲り、供奉せる文武僧侶の諸官幾千騎、鉄蹄を轟かせてティ河の石橋を渡る。玉輿の金蓋は旭日に輝き、錦獅《きんし》の旌旗《せいき》は朝風に翻り、史的凱旋の光景は坐《そぞ》ろに「独立」の栄誉に充てるを想わしむるのであった。道筋は所々に並木を飾り、耕田は遠く連って居る。かくて喜水の岸に達し幾百尺の崖下を過ぎ、山上の荒城を仰ぎシンドンカルの村落を一瞥して、玉輿は少憩の後レボンの山下に到る。遥かに山麓を望むと、宏壮なる殿宇《でんう》伽藍《がらん》、一つの市街の如き観を呈して居る。これは八千の僧徒を有し、西蔵中最大の僧院として聞こゆるレボンの大寺院である。同寺の右下に当たり、同じ山麓に蕭条《しょうじょう》たる枯林《こりん》の中に金蓋の輝く殿堂が見える。ネチュンといってダライの法王位継承について託宣を行う所である。託宣所は他にも二、三箇所あるけれども、ここが最も有力且つ著名なものとなって居る。

ラッサへは最早五マイルの近距離にあって、長蛇の如き行列は広漠たる草原に通ずる道を一直線に東に向かい、法王はケェツェルテンで再び休息せられる。これより奉迎の群衆は頓に増加し、夏の離宮ノーブリンカの北方に及んで無慮二万と註せられた。不幸にして冬季流行する午後の一時的強風が俄然殺到し、沙塵濛々《さじんもうもう》と立罩《たちこ》めた為に玉輿《ぎょくよ》粛々ポタラ山上に登るの壮観を拝することの出来なかったのは奉迎者をして痛く失望せしめた。斯くて沙風吹荒るる裡に法王は無事宮城に入り、正殿に着座して百官の参賀を受け、荘厳なる拝謁式を行われた。法王が清軍来襲の難を避け、この宮城を遁れ出でて印度に赴かれたのは丁度三年前である。今や清軍全滅してめでたくここに凱旋し、再び玉座に着かれたダライ法王の感慨は如何であろう。

一〇、宏麗無比の宮殿

沙風の小歇《おや》みになった頃、予は宮殿を辞してラッサの本市に赴く。市街の全景は宮城より瞰下《みおろ》すことが出来、かねて想像して居たよりは小さい町であるが、多くは三階または二階で、割合に広壮なる石造である。その欧洲的なる市街の外観にはまず驚かされる。宮城正面の石段を下り、正門を過ぎ本街道に出て、城闕《じようけつ》を顧《かえり》みると、大空を裂かんばかりに厳然と屹立せる雄姿は流石に西蔵国王の宮殿として恥ずかしくない。折柄純白の大理石の様な石壁に日光の照射せる様は丁度氷雪に蔽《おお》われた高嶺を思わせる。中城頭は紫紺の高い壁で区画し、城の頂きに聳えた金蓋は燦然と輝いて居る。宏麗無比、荘厳無量、ローマのヴァティカン・サンペテロ寺院もその壮大なる点に於いては遠くこのポタラ宮城に及ばないであろう。唯だその美術的価値に於いてはあるいは遠くサンペテロの技巧に及ばないかも知れないが、しかも彼と等しく世界有数の大建築物たることは否むべからざる事実で、恐らく西蔵人の宇内《うだい》に誇るに足るべき唯一の傑作であろうと信ずる。

一一、ラッサの寓に入る

幸い過般の清蔵戦争にも宮城のみは何等の損害を受けなかった。清軍の山砲もこの堅城に対してはその威力を発揮することが出来なかった。城下から約十町東に行くと初めてラッサの市街になる。二条の道路があってどちらも楊柳茂る林園を取囲んで居る牆壁の間に人を導く。右の方の道路の咽喉部には堅固な石柵を築いてあるが、これは清軍の侵入を阻止した戦跡である。予は便宜上左の方の道を取ると、市街に近い所に二宇の大寺院が街道を挟んで破壊せられて居る。砲弾の為めにその壁は粉砕せられ、老楊の巨幹は切断せられ、残りの幹にも無数の弾痕を止めて居るなど戦いの日の惨烈を偲ばしめる。市街の取付に石造三階の大きな家がある。ヤプシィプンカンという貴族の家で、前代の一ダライ法王を出した由緒ある名家である。斯様な著名の屋敷が予の住居に定められてあろうとは夢にも想像しなかった。南面せる正門に廻り馬より下って中庭に懸かると、当家の家従が丁寧に予を出迎えて、三階なる主人の居間に案内する。ここで主人のティチ侯に初対面の挨拶を述べ、我が居間に充てられた西殿というように導かれた。大正二年

（千九百十三年）一月二十二日午後四時のことである。ああ予が幾年か空想を走せた目的地、総て予想外の状景に充てる天地、世界の探険家が死力を尽して接近せんと試みた外人禁制の都、「雪有邦土吐国《せつゆうほうどとこく》」の中心、「妙法刹土の称ある神仏の在せる聖都ラッサ」は、ここに予をして無上の満足を以てひとまず長途の旅装を解かしめたのである。（第一編完）

第二編　西蔵事情

第一章　西蔵地理概説

一、世界の屋根

アフリカも、中央もほとんど探険し尽され、昔は人類が近寄れぬと信ぜられた地球の両極からも、ほぼ踏査せられた今日、独り西蔵のみは中華民国の西南隅に位し、印度大陸の北方に横たわり、鉄道の最終点を距ること、僅かに五十マイル。内外の地に国境を有せる程、文明の地と接近せるにも拘らず、今なお太古に等しい未開の状態に放置せられ、国内の大部分は未だ文明人の足跡を印する所となって居ない。その原因は主として古来「外人禁制」という政治上の防柵《ぼうさく》が堅固に築かれて居たことにも由るが、また一つにはその地勢が然らしめたので、北方には新疆省との境に千古の雪を頂ける崑崙《こんろん》山脈あり。西と南の印度境には堅氷に鎖《とざ》されたヒマラヤの連脈を控え、更に東の方には甘粛、四川及び雲南三省との境に重畳せるカムの群峰がある。即ち四境を繞《めぐ》らすに海抜一万フィートないし三万フィートに垂《なん》んとする峻峰を以てするが為でもあろう。而して国内の地勢は自ら南北の二部に分かれ、北部の高地はチャンタン（北野《ほくや》）と名づけ一万五千フィートより一万六千フィートの平均高度を有し、東西の延長一千五百マイル、南北の平均延長五百マイルの平原を成し、面積約四十八万方マイルで、我が国本部のほぼ三倍に匹敵する。この高原は夏降雨季節に入ると一面に青草生じ、沼沢には清水《せいすい》を湛え、六、七、八の三箇月にはヤクや羊を逐う遊牧民の見舞う所となるが、冬は沍寒《ごかん》烈しい為に、牧草枯死してほとんど無人の境と化し、到底人類の常住し得べき土地ではない。西蔵本部というのは所謂チャンタンの南方一帯に横たわって居る地域で、面積二十万方マイルに及び、我が国の全面積に比べて大差を見ない。その地勢は山稟が縦横に連亘《れんこう》して平原と称すべき所は極めて少なく、多くは河川の流域である所の帯形の渓原である。その最も低い部分は海抜八、九千フィートの渓谷地方で、それから段々一万四、五千フィートの高度に達して居るが中には二万数千フィートに達する高山も珍しくない。世界の最高峰と称せらるる二万九千余フィートのエヴェレスト峰は西蔵とネパールとの国境に屹立して居るのである。

二、総人口二百万

河流の中で最も大なるものはヤルツァンポで、印度のブラマプトラ河の上流である。インダス河も楊子江も矢張りその源を西蔵に発して居る。ヤルツァンポの流域とカム地方とは西蔵の中で最も能く開けた地方で、全国の人口約二百万の大部分はこれらの地方に分布せられて居る。二百万といえば我が東京一市の人口をやっと凌いで居る位で、我が国に比べて数倍の面積を有せる西蔵としては甚だ僅少に過ぎざるが、これを実測すればあるいは更に少数に減ずるかも知れない。何分政府に於いて調査を行うた前例がないから、正確なる数字を見出すことは困難である。かつて清朝の実測した所に依ると、西蔵本部の人口は百五十万ということになって居る。これに北蔵及びその他辺境地方に散在せるものを約五十万と推測して、漠然ながらほぼ二百万という概数が出るのである。

三、著名なる都邑

大江ヤルツァンポの流域に在っては前蔵後蔵及びその附近を主要なる地方とする。後蔵《こうぞう》の都シガツェは人口二万を有し、大江の支流の甘水《ニャンチュ》に沿えるギャンツェには一万の人口あり。同じくその支流の喜水《キチュ》に拠れるラッサは西蔵の首府として四万を数え、また東方の江岸にはツェタンの大邑《たいゆう》（人口五千数百？）がある。更に大江の流域を東《ひがし》すると、タグポ・コンポの両地方があって、人家も多く、森林と沃野にも富んで居る。而して一方東境のカム地方にはチャムドの巨邑あり、リタン・バタンの諸邑《しょゆう》もまた名高いが、今はほとんど支那の勢力範囲に属して居る。なおまた西境にはガルトグ、ルトグの二邑がやや聞こえて居る。中部の南境ではパリ及びチュンビ渓の諸邑が著名である。北部に至ってはナクチュカの一邑を除けば重要なる部落あることを聞かない。国内の気候は各地方により多少の差違があって、一様に論ずることは出来ないが、概して寒気が強い。しかし前後両蔵地方に於いてヤルツァンポに近い区域は寧ろ温和に近く、チャンタン高原は寒気最も酷烈である。

西蔵全般に亘る人文に関しては、遺憾ながら予はこれを記述するの資格を欠くけれども、通例西蔵といえばその本部を指し、また本部に於いても殊に前蔵及び後蔵に限らるる様である。而して予が三年間滞在した前蔵のラッサは西蔵唯一の大都として、また中央政府の所在地として、すべて人文の標準となれる所であるから、予は諸種の考察の中心をこの地に置き、必属的に各地方の事情に及ばんことを期し、若干の項を分かちて説明を試みよう。読者はこれに依ってほぼ西蔵事情の概要を学び得ることと信ずる。しかしその前に西蔵の国際上の地位並びに対外感情につき一言を費して「現今の西蔵」なる概念を今少しく拡張して置かねばならぬ。

第二章　西蔵の対外関係

一、清朝の鎖国主義

遠き昔の対外関係は他日の所論に譲るとして、西蔵がその独立を失うて、支那の領土に編入せられたのは紀元千七百二十年で、清朝が二人の駐蔵大臣《アンドン》を任命しこれに一定の兵政両権を授け、属国の実を挙げんと試みたのはそれより四年後である。爾後清朝は西蔵を以て自国の西門と見做し、これを防備する為に、元来排外心に富んで居る蔵民を駆りて、ますます鎖国主義に傾かしめた。千七百九十二年隣邦ネパールの強兵が西蔵に侵入した時、七万の清軍はこれを邀撃し、国境キロンの嶮を越えて敵を追撃し、進んでネパールの都カトマンドゥ附近に抵《いた》り大勝を博したが、当時清朝はネパール兵の侵蔵は英国の教唆に基づき、且つ英国は西蔵に対し野心を抱いて居ると信じて居たので、いよいよ西蔵の封鎖を厳重にし、国境の各要所には堅固なる要塞を築き、専ら印度方面よりの侵入に対する防御に努め、英国人、印度人を始め外人に対しては一切国内に入るを許さなかった。殊に千八百九十年英国がスィキム王国を併合して以来清朝の警戒は極度に達し、西蔵を封鎖することにほとんど全力を尽したのである。

二、排外的の西蔵人

西蔵人というものも元来異人種、異教徒を排斥するの民族で、二、三の例外を除けば、外人をして一歩たりとも一国内に侵入せしめることを欲しなかった。彼等の排外主義は支那人の様に単に領土的観念のみに拠るものでなく別に宗教的信念に由来する所が多かった。即ち彼等は自国を以て「仏法相応刹土」と信じ、現に諸の神仏在して冥護を垂れ給えるを以て、我が「仏国」は常に泰平無事の裡にあり、たとい災厄来るとも立ちどころに芟除《せんじょ》せられ、万民等しく安穏なる生活を享受し得るのである。故に異人種が足を踏み込めば、神聖、清浄なる仏国はたちまち彼等の汚す所となり、国民は冥罰《めいばつ》を蒙って幸福なる生活と離れ、永劫に悲惨なる境遇に堕在するであろうと堅く信じて居る。この迷信が彼等の排外思想の根本となって居るのである。即ち斯してこれら支蔵両様の鎖国主義は巧に相一致して、外人禁制の目的をほぼ完全に成し遂げしめたので、外人がこの秘密国を探険するということはなかなか容易の業ではなかった。

三、探険家の苦心

古来各国の探険家が多大の艱難と危険を冒して入蔵せんとせる実例は一朝一夕に述べ尽くす所ではないが、今彼等の用意の一端を挙げると、周到なる探険家はまず西蔵境に近い地点に留まって両三年間西蔵の言語、風俗を研究し、土人生活にも慣れてから、西蔵辺境の商人または蒙古人などに変装し、地図の製作に必要なる諸種の測度器は二重底の行李中に秘めてその道連と称する従者に持たせたものである。行路の距離を測量するが如きは割合に易々たることではあるけれども、また最も発覚し易いものであるから、すべて歩数を以て距離を測ることとし、これを計算するには仏教徒の珠数を利用した。西蔵人は僧も俗も各階級を通じて、常に念珠を手離すことなく、「オム、マニ、ペメ、フム」の呪文を称え珠数を爪繰りながら歩いて居る。この風習を利用して距離計算の方法を案出したのである。普通の珠数は百八個であるが、彼等探険家が所持せるものは百個の特製のものである。而して彼等は百歩毎に一つの珠を算え、百個の珠を算え尽くすと一万歩となる。すると念珠の一端にある二十個の小珠から一つの珠を繰り上げ、斯して総計二十万歩まで計算し得ることとなって居る。

四、宝輪内に手帖

次にはこれを記入して置く物が必要で、同時に経過した地方の状況を書き留むべき手帳がなくてはならぬ。そこで彼等は手にせるマニと称する、宝輪筒の内部に巻き付けてある所の長さ数十尺の半切形の紙に密かに書き込むことを考えた。マニは西蔵仏教徒の祈念用具として欠くべからざるもので、彼等はしばしば旅中といえども一方が空手の時には必ず宝輪筒を廻転し、彼の呪文を打ち誦《ず》んじながら歩いて居る。この輪筒の内には心棒に箝《は》め込んだ細い管に幅二寸余の半切形の紙に印刷もしくは手写せる巻経を巻きつけてある。然るに探険家が片手に持てるマニ輪筒の内部には経文の印刷してない白紙を用い、これを控帳の代用と為し、不十分ながらも実際調査した結果を文明人の眼に示すことに努めたのである。また探険家は巡礼の杖に他人の気付かない様に巧に一種の度盛《どもり》を施し、完全な物差として使用した。中には杖の中身を空虚《がらんどう》に造って、本式の尺度計を這入るだけ詰め込んだものを用いるものもあった。彼等はその携帯せる数箇のボロ天幕の中一つは無蓋となし、破れ目は殊更に繕わずに望孔として利用した。彼等は常に日没前に幕営を張り、夜が更けるとやや隔った所に移して、強盗の来襲を避ける一の手段とした。彼等はまた若干の商品を携帯した為に、却って多大の便宜を得ることがあった。

五、入蔵せる探険家

彼等探険家が西蔵内地の主要なる部分を悉く探険せんと希望せることは勿論であるが、その最終の目的地は一様に首府ラッサであった。而してラッサを距る一千マイル以上の遠隔の地から第一歩を起こして、大胆不屈、堅忍持久事に当ったものが多い。彼等は皆それぞれ何程かの結果を収めたが、目指す聖都に到着し得たものは主として東洋人で、ヨーロッパ人は極めて少数である。有名なるスウェーデン人スウェン・ヘディン氏は千九百一年シベリアのブリアト蒙古人に変装してラッサの北西約百五十マイルの所まで近づいた。米人ロックヒル氏は千八百八十九年から千八百九十二年に及び、ようやく入蔵の目的を達してラッサの北方百余マイルのテングリノル附近まで潜行した。その他英仏独露等の著名なる男女探険家の多くはラッサを距る一週間程内外の地に到達したが、しかも終に聖都を一瞥することも出来なかったと自白して居る。ところが東洋人中には印度政府の命を承けて入蔵した印度蒙古人種（?）のナイン・スィング氏は千八百六十六年に、クリスナ氏は千八百七十八年にいずれもラッサに入り、最も有益なる調査を遂げた。即ち初めてラッサの経緯度を測定したのはナイン・スィング氏で、その後更に精確なる実測に成功したのはクリスナ氏である。その他西蔵学者として有名なる印度人サラト・チャンドラ・ダス氏は千八百八十二年ラッサを訪問し、探険及び語学上多大の効果を収めた。なお日本人では千九百二年に河口慧海氏がラッサにあり、その後寺本婉雅氏及び矢島泰次郎氏も同地を通過して居る。

六、探険幇助は重罪

前述の如く東西の探険家に侵入せられた西蔵人の恐怖と警戒とは非常なもので、少し怪しい旅人は直に国外に放逐し、敢えて反抗するものがあればこれを殺害するを厭わなかった。探険家の中には無謀にも土民に抵抗を試み、あたら生命を失った不幸の人も尠くない。西蔵人でラッサなどに到着した外国人を、それとは気付かずして援助を与えたことが後に至って発覚した為に、厳罰に処せられた者も無数にある。チャンドラ・ダス、河口両氏が入都に関連して処罰を受けた蔵人の中には、官職位階を褫奪《ちだつ》せられ、幽閉もしくは流刑に遭ったのは最も軽い分で、甚だしいのは生きながら眼球を刳抜《くりぬ》かれたり、手足を切断せられたり、水中に投ぜられたり、または火に炙られたり、言うに忍びない程惨酷な刑罰を与えられたものがあったと云うことである。西蔵を封鎖するに清国政府も全力を尽したが、西蔵人自身もまた如何に鎖国の方法に苦心したかは右の一例に依るもほぼ想像することが出来るであろう。しかしながら勇敢なる探険家は自然と人為の危険を冒して倦《うま》ず撓《たゆ》まずに踏査を繰り返した結果、不完全ながら西蔵の略図が作製せられて同国内の事情がやや判明するに至ったのである。

七、英露爪牙を露わす

各国探険家の苦心によって西蔵国内の事情判明するや、列強は西蔵に対して食指を動かす様になった。まず英国は内々侵略の目的で西蔵と通商を開かんとし、露国は親交を看板に一気に併呑せんと企て、また独仏両国は直接利害関係がないから、専ら文化の考究上に便宜を得んが為に関係を結ばんことに腐心した。当時現在の西蔵国王ダライ法王はまだ丁年《ていねん》に充たなかったが、時の執権を廃し王政を復古したので、従来執権と共謀して専横を極めて居た支那の駐蔵大臣《アンバン》の権勢は俄然地に落ちて、清朝の威望ようやく衰え、ここに隣強に乗ずるの機会を与えた。英国は清国政府に対し公式に交渉を開始し、終に一種の西蔵通商条約を締結した。然るに西蔵はその条約を実行せず、印蔵国境の清国官吏中にもまた違反行為を敢えてする者があった。そこで英国は一方、西蔵政府の意を迎うる為め、数次ダライ法王に対し直接に書信を通じて見たが、一回として返答のあったことはない。英国は別に清朝に交渉し、西蔵をして条約を履行せしめんことを要求し、再三再四実力ある約定を為さんことを逼った。これに対し清国政府は容易にその要求に従わず、言を左右に託して荏苒《じんぜん》日を送ったので、英国側は北京政府の指定に基いて、駐蔵大臣と会見の上直接談判を行うこととし、両国の全権委員は西蔵内地のカンバゾンに会合することとなった。

八、英使喰わさる

英国の全権大使ヤングハズバンド氏は約束の期日にカンバゾンに赴いたが、支那側からは駐蔵大臣は勿論その代理官すら来て居ない。のみならず彼等一行が近々来るという風説さえ伝わって居ない。地方長官も住民も徒に狼狽するのみで、特使の一行は交渉せんにも相手がなく、全く途方に暮れた。早速北京政府に打電してその罪を詰《なじ》ると、同政府からはその不都合を謝し、直に駐蔵大臣に出発を命ずべきにより、なお数日間カンバゾンに滞在せられたしとの返電があった。特使は正直に待《ま》ち設《もう》けて居た。ところが予定の数日は瞬く間に過ぎ去ったが、支那の特使の来そうな模様がない。その後一箇月経っても二箇月経ってもその姿を見せない。ようやく四箇月目に来たものは意外！支那の特使ではなくして、三千に近い西蔵の大軍であった。彼等は理不尽にも英国特使に向かい、速やかにカンバゾンを撤退せよと要求し、承知しなければ鏖殺《みなごろし》にするぞと脅かした。英国側は僅かに二百人の護衛兵を有するに過ぎないからどうすることも出来ない。早々旗を捲いて印度に引き返した。英国はその時既に西蔵と開戦するの意があったので、戦略上カンバゾンに道を取らず、チュンビの渓道より侵入することに決定した。大英国をして戈を執って起たしめた直接の理由は、清朝が約定を無視せる不埒な行動と、西蔵政府が突然正当の理由なくして敵対の態度に出でた不法行為であるが、それよりも一層英国をして憤怒せしめたのは露国の陰謀である。清朝が常に英国に反抗するのも、西蔵が無闇に英国を敵視するのも、皆露国が黒幕から操って居るからである。この事実を確認した英国政府はもうどうしても我慢することが出来なかった。

九、黒幕の蒙古怪僧

露国の手先となって懸命に働いて居た有名な役者はドルジェフといい、シベリアのバイカル湖に近いブリアト産の蒙古僧であって、英国が印度に於いて西蔵との関係をつけようと苦心して居る間に、早くもラッサにあって西蔵と露国との手を握らせた。彼は露本国に於いて文明の教育を受け、ラッサに入って西蔵仏教を学ぶに当たり非凡の才能を発揮したので、遂に選ばれてダライ法王の顧問となり、或る筋の内命を受けて法王の指導に努め、法王庁を我意のままに操作し得る様になった。彼は仏徒の「西方極楽浄土」説を引用して、その西方浄土とは地球上では西蔵より遥か西方にあるロシア本国のことで、露国皇帝は阿弥陀如来の化現である。西蔵は阿弥陀仏の分身たる観自在菩薩の化土で法王は観音の権化であるから、露国と西蔵とは不二不離の関係にある。故に露国は西蔵の要求に応じ、指導開発すべき先天的義務を有するのであると言葉巧に附会けて、世界の事情に暗く、迷信に凝り固った愚昧の西蔵人を誘惑した。彼が西蔵政府を教唆して英国に反抗せしめるが如きは案外容易の業であったに相違ない。

一〇、露国に魅せられた支那

一方清朝にあっては脆くも露国の術中に陥って一図に英国を疑い、その侵蔵について警戒を怠らなかったが、露国に対しては新疆、甘粛の二省が清国の領土である間は露国は決して西蔵を侵略することは出来ないと軽信し、たとい露蔵両国がどんなに深い関係を結ぶ様になっても、その領土を失うが如き危険は起こり得べくもないと油断して、露国が為すままに放任せるばかりでなく、却ってこの両国の関係を利用して、英国に対する牽制策たらしめんと試みた。露国は支蔵両国に対し盛んに英国に対する防御の急務なることを説き、所要の武器を供給すべきことを約し、直に本国より蒙古を経て数百頭の駱駝に小銃及び弾薬を満載し、難なくこれをラッサに運び入れた。これらの事実より推せば英清交渉が始終不調となり、毫も要領を得なかった所以と、英国が武器を取って起つに至った必要とを了解することが出来るであろう。

一一、英軍西蔵に迫る

さりながら大英国ともあろうものが貧弱なる小国西蔵に対し開戦を宣告したとあっては不名誉の誹りを免れないから、表面は西蔵政府に直接談判すべき所ありと称し、ヤングハズバンド氏を全権大使としてラッサに派遣することとしたのである。斯くて特使派遣という名義の下に三千の精兵と七千の従員を以て編成し、約一箇師団の実力を有する遠征軍は旗鼓堂々《きこどうどう》として西蔵に向かった。千九百三年の冬十二月、欧州ではバルカン問題危機に逼り、極東では日露関係が漸次険悪の徴候を示さんとする頃であった。斯くてチュンビ渓道を取って侵入した英軍は連戦連勝の勢に乗じ翌年八月ラッサに着したので、ダライ法王はドルジェフ顧問に擁せられて蒙古に逃れ、それより支那五台山に赴かれた。英使はラッサに於いて法王がラッサ出発前印璽を授け、適宜和を講ずべき大権を委任した西蔵王に対し、講和談判を開きたる結果、通商条約を締結し、西蔵内地のチュンビ及びギャンツェの二箇所に英国商務官と護衛兵を駐在せしむることを同意せしめ、且つ償金《しょうきん》五百万円を要求し、今後英国の同意を経るにあらざれば、西蔵は自由に諸外国と関係を結ぶべからずとのことをも誓約せしめた。次で千九百六年には英清協商を完結し、千九百七年には英露協約を締結して西蔵問題はここに一時終局を告げたのである。

一二、英国の最優越権

しかしながら西蔵はまだ開放せらるるの機運に至らず、依然鎖国の状態を継続して居たが、千九百四年九月初旬調印せられた英蔵条約の第九款には、

—西蔵は英国の同意を経ずしてその領土を外国に売り渡すこと、貸与すること並びに担保と為す事を得ず。—如何なる外国たりとも西蔵の政治または政務に関係することを許さず、官吏たると非官吏たるとを問わずこれを西蔵に派遣することを得ず、西蔵の公務を指導援助する為に外人をして西蔵政府に奉職せしむべからず、道路を開き鉄道を通じ電信を敷設し鉱山を発掘することを許さず等。

とあり、英清、英露の各協約にもこれと同様の意味を規定し、西蔵に於ける英国の最優越権を認め、同時に支那は今後西蔵に対し単に宗主権のみを有すべきことを保証した。これより西蔵の実権は清朝を去って英国に移り、露国の勢力も自然に消滅した。蔵人は最初英国を敵視して居たけれども、その後その指導宜しきを得た為に、彼等は漸次親英

に傾き常に清朝の意に従わなかった。この傾向は終に清朝をして西蔵討伐の挙に出でしめたが、その作戦はダライの王位を奪い、一気にラッサを屠《ほふ》らんとするにあった為め、法王以下諸官をして熟慮反省の余裕なく、急遽国都を脱して印度に遁れ、英国の懐に入らしめたのは清朝の大失策であった。のみならず支蔵戦争の結果は支那軍の敗滅となり、支那の勢力は西蔵本部より全然駆逐せられ、終に千九百十三年に至りダライをして支那と分離して独立せしめたのは、支那に取って最大不幸といわなければならぬ。加うるに同年印度シムラに於ける支蔵講和は不調に帰し、西蔵は自衛上英国と密約を結び、その後援を恃んで支那に反抗し、目下現に西蔵の東境に侵入せる支那軍に対抗し、これが撃攘に務めて居る。

一三、露国の西蔵拋棄

西蔵経営に最も大なる野心を抱いて居た露国が英軍侵蔵の際全く沈黙を守り、風馬牛《ふうばぎゅう》相関せずといった様な態度を取ったのは不思議の観があるけれども、実際露国は西蔵を顧みるの暇がなかったのである。即ち極東に於いては日本と戦って連戦連敗し、近くのバルカン問題も対岸の火災視する訳に行かず、これらの為に非常の窮境に陥って居た場合であるから、西蔵を援《たす》けて強英に対抗せんなどとは思いも寄らなかったのである。もし日露戦争が起らなかったならば、西蔵に於ける英露の衝突は避け難い事態であったであろう。露国はその後西蔵に対する野心を放棄した代りに、蒙古及びペルシャ方面に於いてますます積極的の方針を取るに至ったのである。要するに今日の西蔵は英国の独舞台で、彼は支那に代わって着々保護指導に努めて居る。未だラッサに代表者を派遣するまでには至らないが、既にラッサを距る百四十五マイルなるギャンツェに根拠地を得て、商務官を置き、兵営を築いて商権を握って居る。最近予が接手した情報に依ると、西蔵東境のカム地方では支蔵両軍の戦闘いよいよ酣《たけなわ》で、その勝敗を予知し難いとのことであるけれども、支那が勢力を回復することは容易でなかろう。さあれ今後英支蔵三国の関係及び英露の関係等は如何に成り行くであろうか。

一四、対外感情の一変

以上述べた様に、初め西蔵は極端なる鎖国主義を持して居たが、二十世紀に入ると共に、国事ようやく多端となりて外人に接する機会頓に増加し、前後二回の外患は法王を駆りて蒙古、支那に遊ばしめ、次で英領印度に於いて泰西の文明を学ばしめた結果、初めて世界の大勢に通ずるに至り、異教異種の外人たりとも決して妄に排斥すべきでないということを悟り、延いて対外感情に一大革新を来し、寧ろ外人の入蔵を希望するが如き反対の現象を生じた。同教徒、同人種の日本人を歓迎すべきは推して知るべきである。今や西蔵は自国の開発指導について日本及び英国に向かって盛んに要求しつつある。これに対し英国は各種の条約に抵触しない範囲に於いて巧に勢力の扶殖に努力して居るが、我が国の当局者は徹頭徹尾西蔵に関係することを避けようとし、同国よりの交渉、依頼等に対しても回答すら与えない。また西蔵は独仏の諸国と多少公私の関係はないでもないが、まだその国情に通じないから、進んで親交を結び援助を求めんとする程でもない、しかし旧来の諸条約は依然効力を有して居るから、外人は自由に出入することが出来ない。世界の秘密国たることは昔も今も著しい変わりはない。

第三章　ラッサ及びその起源

一、ラッサの眺望

そもそもラッサとはどんな所かといえば、まず我が国に於ける京都の様な土地で、今より千三百余年前吐国《とこく》の都と定められ、現に西蔵の首府としてダライ法王の宮城と中央政府とがある。人口は僅かに四万に過ぎないが、この国最大の都会である。市街本部の面積は一マイル平方に足りないが、その附帯地域を合する時は約二平方マイルに及ぶであろう。市街の南方には、京都の鴨川よりはやや大きい喜水《キチュ》が横たわり、東方の山峡より発した清流は滾々《えんえん》として西方に流れて居る。ラッサの市街はこの河の北岸に近く、キシュ平原の中心ともいうべき景勝の地を占める。四面に連峰を繞らす処が何となく我が平安の古都を偲ばしめる。この平原の高度は海抜約一万二千フィートに達して居るから、富士山の頂上に広漠たる高原を置き、そこに四万の人口を有せる一つの市街を建設したものと想像すればよい。四囲の諸嶺は高原より更に二千フィートないし四千余フィートを抽いて海抜一万六、七千尺内外に達するものが多い。山面を掩うものはすべて倭草《わいそう》と灌木ばかりで、鬱蒼たる樹林は絶えて見ない。但しキシュ平原には楊柳の森林が点在して居る。一平原の中程にはポタラとチャポリの二つの丘が聳えて居て、ポタラ宮城は黄金と紅玉と白銀との光彩を放ち、ラッサ小富士とも名づけたいチャポリ丘と相列んで、キシュ平原に趣致を添えて居る。石楼大厦《せきろうたいか》、軒を列ねるラッサの町の中央には、大聖殿の金蓋《きんがい》が燦然たる光を放って居る。

市外に出ると荒寥たる廃壁の遺趾は古ローマの郊外を連想せしめる。喜水は鉛碧の曲線を画いて、南方の山々の裾を洗いながら西に流れ、十マイルの下流に至って南西に折れ、終に大江ヤルツァンポに注入するものである。平原の一角に立って四顧する時は、山系を以て囲繞せられた地域の様に見えるけれども、実際は喜水《キチュ》の流域に依って成れる帯形の平原で、所謂キシュ平野として眺めらるる部分は東西三十マイル、南北三、四マイルより六、七マイルの距離を有し、不規則な長方形を成して居る。地球上に於けるラッサの位置が初めて測定せられたのは千八百六十六年、印度の探険家ナイン・スィング氏入蔵の際である。その後も時々測定を行った結果、今日では大凡北緯二十九度三十九分、東経九十一度六分と定められて居る。我が国同緯度の地を求めると、九州の南方、遥か洋上に散点せる七島附近に当る。

二、ラッサの気候

ラッサの気候は予期した程に寒くない。予が滞在中或る期間に於いて実測した所に依ると、最も寒気の強いのは十一月より二月に至る四箇月で、暑気を感ずるのは六月と八、九の二箇月である。七月は大抵雨続きで冷涼を覚える。この季節を通じ約二十五インチの雨量があり、一年間の全雨量は三十インチないし四十インチ位である。

降雪は案外少なく、冬期十数回これあるに過ぎない。しかも六インチ以上に積もったことは三年間を通じて一回も見なかった。六インチに達する積雪もその日の正午過ぎには悉く消え失せ、幾日も地上や屋上に残って居ることはない。而して四月頃には毎朝の様に落花の地を覆う程の淡雪がある。七月の雨季に入ると平原は雨であるが、四方の山々は銀の冠を着けたかの様に薄雪に蔽われ、その山腹から麓に懸けて草木が新緑を競う様は他国に類の少ない景色である。厳寒に於ける最低温度は華氏の零度（摂氏零下十八度）まで下降し、夏の最高温度は華氏八十三度（摂氏二十八度）に上昇する。華氏零度という極寒い日でも、正午過ぎに寒暖計を日光直射の石壁に掛けて置くと華氏九十度以上に上る。また最高八十三度の暑い日でも夜間は五十度以下に降る。故に冬季の夜は激烈なる寒冷を覚え、夏の日中にはやや苦熱を感ずる。しかしどちらかといえば、ラッサの気候は寧ろ温和に近い方である。降雪が稀で快晴の多い暖い日光を吸収する南向のラッサの家屋には特別の防寒装置を為す必要がない。唯だ冬季最も不快に感ずるのは、ヒマラヤ以北の高原特有の疾風が砂塵を伴うてしばしば来襲することで、毎年秋冬の交と冬の末とに午後から夕暮に懸けて猛威を逞しうし、夜に至って止むを常とする。なお詳細なる日々の天気状態については別に観測表を作って見たが今ここに記述するは余り微細に過ぎる嫌がある。

三、市街の体裁

比較的に狭小なる地域に建ち並んだラッサの家屋も、その意外に宏壮なるを見ては一驚を喫せざるを得ない。多くは石造の三階または二階建で、平屋はほとんど見当らない。石造の外に土造若くは土石混造のものもある。土造には煉土を用いるが、この煉土は我が煉瓦に似て遥かに大なるものもある。屋根は特殊の建物の外は悉く平蓋で、周辺に柵壁を築き、蓋の上はルーフガーデンの様な形になって居る。目貫《めぬき》の町の幅は約五、六間あって体裁も悪くない。一寸《ちよつと》イタリアの田舎町を見るの趣がある。しかし小通りは狭い上に不潔で、我々が平気で通行し得る所ではない。塵埃と人や家畜との排泄物とで臭気鼻を衝く。支那の土人町も不潔であるけれども、ラッサの横町は更に甚だしい。昔から車の交通のない所で、往来は、歩行でなければ馬か騾馬《らば》を用いる。最近ようやく数台の自転車と騾馬車が貨物を運搬して居るのを見るばかりである。その上いずれの街路もひどい凹凹で、雨季になると泥濘と溜り水に満ち、乗馬でなければとても通行が出来ない。

四、ラッサとは「神地」の義

そもそもこのラッサという町は何時頃、如何して建設せられたか、ここにその由来の概要を説明しよう。今を距る千有余年前、紀元第七世紀の初には現在市街のある所にオタンという一つの湖があった。当時の西蔵国王はソンツェンガンポという英邁《えいまい》の君主で三人の西蔵婦人の外に、ネパールの王女と、支那から来た唐の太宗の王女文成公主というのと都合五人の王妃を容れ、威力を国外にまで発揮した仏教王である。その頃支那及びネパールでは仏教が盛んに行われ、西蔵には魔神を崇拝する土着の邪教しかなかった処、この明君《めいくん》が外国の王女を迎うると同時に吐蕃の胡地に初めて仏法伝来し、仏聖の諸尊像も西蔵に入って来た。従ってこれらの尊像を奉祀すべき殿堂を建築するの必要が起こった。ネパールより来た王妃は国王に請うて仏殿建立の許可を得たが、その地所の選定に迷った末、天文易学に精通せる文成公主に卜占を請い、彼のオタン湖の位置に建立することに決した。そこで数多の山羊を集め、これに土石を運ばせて湖水を埋め、新たに地面を築き上げ、印度のその寺院を模して伽藍を建て、本国ネパールより迎えた仏像を安置した。この新陸地は山羊が運搬した土を以て成り立った土地であるから、ラサと命名せられた。蔵語で山羊のことを「ラ」といい、土地のことを「サ」という。ラサとは即ち「山羊地」という意味である。然らばこの山羊地という名がその後何故に「ラハッサ」Lhasaという字に転化したかというに、文成公主が支那より迎えた有名な釈迦の仏像が、最初は彼の王妃が建立せるラモチェの殿堂に祀られてあった処で、その後或る事情により山羊地の伽藍に移されたので、山羊地は大聖仏の在す霊地としてこれを「ラハッサ」即ち「神地」と称するに至った次第である。「ラハ」とは天とも神とも訳するが、ここでは聖または仏というのが適当である。「サ」とは前同様に地の義である。依って「聖なる仏の在す土地」即ち神地または仏地というのが今日世人の所謂ラハッサの字義である。更にこの地名の発音を厳格にいえば、ラッサの都人はこれを「ルハッサ」と呼び「ハッサ」と強く発音する前、舌の先端にてL字の音を用意し一声に〝L-hasa〟と発音すれば正音となるのであるが、邦人が唯だ漠然と〝Lhasa〟と発音すれば、古名の〝Rasa〟と誤られ、現在の市名としては通じない。原名を知れる識者は了察するけれども、元来古書以外には文章口語、いずれにも用いない死詞《しし》であるから、一般日用語としては通じないものと思わなければならぬ。

五、仏教伝来の記念

サテ、ラッサの市街はこれらの仏殿とほぼ同時に建設せられたもので、その年代は正確に言明することを躊躇するが、支那から文成公主が入蔵したのは紀元六百四十一年であるから、その後両三年間に必ず殿堂が建立せられたに相違なく、且その殿堂の周囲に人家が建築せられたのも多分同時代であると推測し得るから、今より約千二百七十年前とすれば大差はなかろう。勿論教王ソンツェンガンポ王が、ポタラ山上に宮殿を築いたのは更に幾年か以前で、即ち千三百三十余年前と伝えられて居る。該教王は八十二の高齢を以て逝去せられ、仏教の伝来はその治世であるとのことだがその治世の何年目であったかは未だ考証して見ない。しかし最も確実なる仏教伝来の年代は文成公主の西蔵に着いた年、即ち紀元六百四十一年とすれば間違いはない。尤もこれより遥か以前に於いて仏教がこの国に伝来した事実はあるけれども、その際は単に仏典等を持来ったというのみで、これを信奉せるものなく、そのまま伝播せられずに幾十年か幾百年かを経過し、この時に当たって初めて具体的に伝来したものである。故にラッサの市街は仏教伝来の記念として建立せられたものと見ることが出来る。その後市街は宮城と共に幾多の変革があって、現存せるものは古代のものに比べて多少の相違を免れないが主要なる殿堂は昔のままで、後世屋蓋等に一部の増築を施した以外、位置及び方位には何等の移動がない。兎に角一応ラッサの起源を知れば、初めて西蔵に仏教が伝来した事相を尋ね、同時にこの野蛮国が渾沌たる伝説的時代を出でて、世界の通使と接触を保ち、吾人をして西蔵史に対し精確なる考査を為すことを可能ならしむるに、極めて重要なる一新紀元が開かれた事実に想到するであろう。

第四章　ラッサ観察記

一、珍奇なラッサの町

ラッサの様な小規模の都会に在りては特に見物すべき名所旧蹟は少ないものだが、ラッサは何分特殊の土地であるから、目に触るるもの、耳に聞くもの万事観察に値する。寓居に出て街上を行くと、不揃いの切出石を以て屋壁《おくへき》を頑丈に高く積み上げ、小窓のある家屋が不規則に立ち列んで居る様、あたかも古城の廓内に彷徨するの感がある。行き交う人々は、太く長い筒袖の着物の裾を膝の所まで短く着て、日本式に右前となし、兵児帯を締め、頭髪は一種の弁髪に結び、帽子を被って居る者もあれば、被って居ない者もある。足には革と毛織物とで製した長靴を穿ち、脛《すね》の上の方で紐を以て結び、球形《たまがた》鼓形《つづみがた》の玉石を連ねた首飾や腕飾などを附けて居る。我が国の太古を想像した歴史画がそのまま活動して居る様である。深紅の法衣を纏い蛮力《ばんりょく》を衒う僧侶、海老茶色の衣服に白、赤、青、緑等それぞれ好みの色合の太袖襦袢を着けた不潔な男女、残飯や人糞を争い、乞食に吠えつく野良犬の一団、積荷、空荷のまちまちな驢馬《ろば》、さては小馬や騾馬《らば》に乗って行くもの、乗らずに曳いて行くもの、純白のバグリ帽を大きく頭部に巻きつけたカシミルのモハメダン商人、小さい黒帽を頭の上に載せ坊主頭で西蔵服を着て居るネパール人——斯様に種々様々な人や家畜の群が狭くるしい街上に入り乱れて、行くのか、来るのか、判断のつかない聖地の町を分けて行くと、最も繁華な循環街に出る。

二、循環街の右廻り

循環街というのはラッサのパルコルといって、蔵人が唯一の神聖殿と為せるチョカン精舎を繞って市街の真中に循環して居る街道である。この循環街《パルコル》は長方形を描き一周約一マイルある。蔵人はここを必ず右に廻ることあたかも時計の針の回転する様である。これは仏徒の廻り方で、もし左に廻れば逆廻りとしてこれを忌み、たとい中途で逆戻りをする必要があっても、右廻りを続けて再び所要の地点まで循環する。偶に逆行せるものは大白帽の回々教徒《フィフィ》か、黒帽の印度教徒である。彼等は異教徒の外人であるにも拘らず、不思議にも聖都内の居住を許されて居る。多分その祖先が仏教徒として西蔵の仏教伝来当時に印度カシミル及びネパールより入蔵し、後世異教に改宗した後も祖先時代と同様に国内の出入及び居住権を附与せられて今日に及べるものと察せられる。殊に仏教の仇敵たるカシミル回々教徒が西蔵人と親密の関係を保って居るのは全く千有余年の歴史的関係の然らしめる所で、西蔵の標準語たる中央ラッサ語を純粋に使用し得るものはラッサの西蔵人ではなくして、このカシミル人であると聞いて予は茫然たらざるを得なかった。

三、循環街の書店

平日でも縁日の様な人出のある循環街に人と家畜の密集団が徐々と右廻りに動いて居る間に飛び込んで、予はしばしばこの街路を一周しつつ観察を恣にした。軒を列べる商店は家屋の最下層に設けられてあるが、多くはその店先に各自の露店をも附け加えて居る。その他の空地はパルコル以外の商店から来た露店商人が占領して居る。商品の中には織物類、小間物、日用雑貨品、宝石並びに装飾品類、家具類、五穀野菜、飲食料品等がある。食肉の売店は横町に引っ込んで居る。また書籍の売店は中央大聖殿の門前附近に多い。書店といっても一人の売子が百部内外の書物を担うて来て露店を張って居るに過ぎない。多くは仏書類で、印度梵本の古典式に模し、短冊形の紙片に木版の印刷を為し、単に積み重ねたばかりで、製本しないのが普通である。顧客はほとんど出家に限られて居る。一定の売店を構えたものとか、外国の書籍を販売する所は一軒も見当らない。

ラッサの本屋は言わば印刷兼発行人で、注文の書籍の持合がない場合は直に印刷する。版木のないものはその所有者から借用しその都度印刷費を支払う。版木が遠隔の地にある時は注文主は本屋に旅費を支払わねばならぬ。用紙は通例注文主が買い求めて本屋に渡す習慣であるから印刷費のみ支払えばよい。西蔵の書籍蒐集には斯様な面倒がある。絶版となって居る書籍は実際版木がないのだから、再版は極めて重要で且つ売行の多いものでなければほとんど絶望で、原本を手写する以外に方法がない。次にパルコルの露店の中に家具財宝等を一纏めにして売って居ることがある。富裕なる僧侶の遺産または抵当流れの財物を公売に附する所である。この種の露店に限り往々僧侶が法衣を着て珠数を手にしたまま商人と同じ様に働いて居る。また正装の僧侶が横町の生肉を鬻《ひさ》ぐ露店の俎台《まないただい》に倚り掛って、主婦を相手に値切った肉を垢染みた風呂敷に包み、腥《なまぐさ》い血の付いたのをそのまま法衣の懐に突込んで立ち去る光景を能く見かける。彼等の所謂「仏教相応刹土」の都、仏聖の在せる霊地にこの様なことがあろうとは全く意想外である。

四、チョカン大聖殿

歩を転じて「仏地《ラハッサ》」の起源をなせるチョカン大聖殿に向かえば、パルコルに於ける不快の念はたちまち去り、仏地の神聖を保たれた西蔵法土の黄金時代を憧憬せざるを得ない。チョカンというのは聖主殿という意味である。聖主とは大聖釈尊を指す。聖主殿は西蔵及び中亜諸邦の仏教徒は勿論、一般歴史家にも知れ渡って居る有名な伽藍で、ラッサの由来、仏教の伝来を説く時は必ずこの仏殿の名が出る。前にも少しく説明した様に、西蔵最初の仏教王ソンツェンガンポの一妃であったネパールの王女が紀元七世紀の中頃に印度の古ヴィクラマシラ伽藍を模して建立したもので、トゥナンツラカン（霊照精舎）といい、正門と内殿とは正面を西方に取り、王妃の母国ネパールの方に向かって居る。ラッサの建築物は寺院も宮城も民家も皆南面して居るのに、この仏殿のみ独り西面せることはやや注意に値する。聖主殿はその名の高きに似ず、外観はすこぶる貧相で、正門の体裁も引立たず何等の威厳をも具えて居ない。本殿の南、北、東の三面は普通の民家に取囲まれ、その外廓の屋壁も隣接せる民家の壁より少し高いという位である。後世になって殿上の屋蓋の上に更に支那風の屋蓋を増設し、黄金を覆うた銅の瓦で角蓋を葺き、金光燦爛、仰ぎ見る人をして崇高の念を生ぜしむるに至った。

五、「聖主の御髪」と石柱

正門前の庭は一面に板石を敷き詰め、大きな柳の樹と一基の石柱とを繞って短冊形の長い石壁を築き、循環街との境界を兼ねて居る。この柳の古木は聖主殿の本尊釈迦仏の頭髪が進化したものというので、チョオイウタ（聖主の御髪）と名づけられて居る。その北にある石柱は高さ約二間あって、昔時の支蔵条約文を刻んであると伝えられて居るが、ただ一部分壁上に現れて居るだけで文字も鮮明でない。あるいは康熙年間（第十八世紀の初）清朝が西蔵を平定した時に建設したものであろうとの説もあるが、予の見る所ではこれよりも遥か古代に属するものと信ずる。多分聖主殿建立当時か然うでなければその後二世紀以内に設けられたものと推定することが出来る。何となれば第九世紀の中頃に、排仏主義の暴君ランタルマ王がこの碑文を読んで居た時、一臣下の為めに射殺されたという事件があるから、石柱は遅くとも九世紀以前の建設にかかり、碑文は西蔵がまた清朝と対等に親交を結んで居た頃の支蔵関係を記せるものであろう。

六、痘痕面の石碑

高壁の前面、柳の枝垂れかかる所に一基の石碑がある。石と煉瓦の外廓を繞らし頂部は支那風の瓦葺《かわらぶき》と為し、その下の方には龍の蟠《わだか》まれる模様を彫刻し、アーチ形に造ってある。碑文は一面は漢字、他の一面は西蔵字で疑いもなく近世支那人の建設にかかるものである。天然痘が流行せる場合の心得を刻んであるとのことだが、いたずら子僧が石で根気よく碑面を叩きつけた為め、両面とも茶碗形を捺しつけた様に深く凹《くぼ》み、一見痘痕《あばた》同様で文字は大部分消え失せて居る。恐るべき天然痘の来襲に備うる為め、ラッサは無論のこと全蔵及び中亜の各地方より来る参詣人の必ず通過すべき仏殿の正門前に、斯うして一般の一心得を掲示した甲斐もなく、天然痘は猖獗《しょうけつ》を極め、ラッサばかりでも数千人の死者を出した。石碑に痘痕面を造った児童のいたずらは偶然にも、この悪疫の好記念となって居る。

七、正門前の礼拝

さて貧相な二層楼の正門に向かうと、数本の太い柱が立ち並んだ前面には、何時も数人の僧俗が「チャツェル」の礼拝を行うて居る。この礼法は予等がダライ法王に仏式の謁見をする場合に行うものよりはやや鄭重で、まず正しく起立し、掌を合して頭頂に捧げ、次に口の辺から胸へと三段に下し、そこで離掌して両膝を地に着け、全身を真直に前の方に伸ばして地上に正しく伏し額をも地に着け、同時に両手を突出して頭の前方で再び合掌しつつ祈禱を捧げるのである。この礼法は五体を地に着けて敬拝するものであるから「五体投地稽首作礼《ごたいとうちけいしゅさくれい》」と名づけ、仏に対する最敬礼の一となって居る。彼等信者は幾度となくこの拝礼を繰り返し、念珠でその回数を算え五百、七百、一千と進み、回数の多いだけそれだけ功徳あると信じて居る。彼等の中には一日二千回に及ぶものもある。仮に一日中食事と休憩の時間を除いて約十時間を作礼に費すとせば、二十秒間に一回の割合でこの難礼を繰り返さねばならぬ。予は自宅に於いてこれを試みたが、一日二千回は甚だ至難である。最初二時間ばかり続けると疲労を生じ、しかも三十秒に一回の平均となり、更に続けると一分間に一回としなければ到底堪えられなくなる。初めて試みる者が一日に五百回以上を繰り返すことが出来れば成績のよい方であろう。この門前に於ける彼等の礼拝ぶりを見ると、前に厚い絨氈を敷いて手足の負傷を防いで居るものもあれば、下駄の様な楕円形の板を両手に箝めて居るものもある。また業々しいのは特別に戸板の様な礼拝台を設けてその上で行うて居る。そして何も準備して居ないものは門前の板石の中で凸凹の少ない滑らかな所を選び、その石の上で一心不乱に拝礼を行うて居るが、その脂肪染みた衣服の為に板石は美事に磨かれて鏡の様な光沢を放って居る。幾百年間に幾十万の参拝者がその上を往来した敷石は自然滑かに磨滅して居る上に、更にこれらの信者によって毎日の様に拭われるので、丁度油を塗った床の様になって居てうっかりすると足を取られる。

八、グシカンの肖像と龍殿

聖主殿の正門を潜って中庭に入るとここも板石を敷き詰め、周囲の廻廊には木の柱が列んで居る。正面の玄関には「千灯」を供える祭壇を設け、左手の廊下には階段の附いた土台を高く造ってあるが、昔ダライ法王が法会に臨まれる時玉座を据えた所である。廊下には古い壁画があるが、その内注意に値するものは蒙古グシカンの肖像と称せられるものである。グシカンが西蔵を侵してほぼ全国を平げたのは十七世紀の中頃（千六百四十二年）で、その威光は蒙蔵のみに止まらず、ネパール、印度にも及び、殊に西蔵では内乱を鎮定し、且つ仏教の興隆に力を尽し、功績顕著なるものがあったので、西蔵人はテンズィンチゥケェル（持教法王《じきようほうおう》）と尊称した。この廊下から千灯祭壇の左側を通って、薄暗い内部の廊下に入る。これは本殿を取り囲める廻廊で、本殿の参拝を終わったものはこの廻廊を一周して門外に去るのが例になって居る。更にこの廻廊から正面に向かい、本殿に通ずる一層薄暗い廊下に入ると、その右側にルカン（龍殿《りゆうでん》）と云う小さい祠がある。昔オタン湖を埋めて陸地としたのは聖殿を建立する為めで、湖神の龍宮を侵す目的ではなかったというので、龍王の意を慰めんが為にここに龍殿を建てたものである。

龍殿の傍らにある長方形の大盤石は湖水の湧出孔を塞ぐ役目を有して居るとの伝説がある。龍王に供養を怠る時はその怒りに触れて、この泉の口より旧の湖水が噴出して、ラッサ市街はたちまち大洪水となり、昔時《せきじ》の如き一面の湖に復するものと一般に迷信して居る。龍殿と相対して左側にギャサィスゥタプとて支那の文成公主が使用した調膳室の跡がある。

九、チョカン本殿の内部

いよいよ本殿内に入ると中央には内陣があって、これには屋蓋がなく三階まで突通しに青空が仰がれる。周囲には彫刻を施した幾十本の木柱が廻殿《かいでん》と内陣を区画して居るので、廻殿は一種の廻廊に沿うて、正しく内陣に面し、その四周を繞って建設されてある。内陣の無蓋であるのに反し、廻殿もその廻廊も屋蓋がある（階上の廻殿等は皆階下と一致する様に区画してある）。本殿への参拝者は廻廊を右廻りしながら廻殿を一々巡拝することになって居る。廻殿には多くの祠堂が厚い壁で仕切り、各戸口があって諸種の仏像を所狭きまでに安置し、不断の灯光は薄暗い堂内を照らして居る。灯明に用うる油は種油ではなくして牛酪《バタ》で、その悪臭は鼻を衝くばかりである。

各祠堂の尊像の中にランチュンといって、玄妙不可思議の「自然出現」で自らその位置に祀られてあると信ぜらるる霊像がある。十一面観音像の如きそれである。その他大聖釈尊像、阿弥陀仏像、弥勒仏像、黄教開祖ツォンカパ師像、教王ソンツェンガンポ像を始め、無数の諸神像がある。

一〇、大聖釈迦の本尊

本尊は大聖主釈迦の尊像で、チョカン（聖主殿）及びラハッサ（地）の名の由って起こった淵源《えんげん》として有名である。この像は唐の文成公主が西蔵に迎え、ラッサの北部ラモチェの聖殿に奉祀して居たのを、王妃の死後間もなく、この「霊照精舎《りょうしょうしょうじゃ》」に移したので聖主殿《チョカン》と名づくるのはこの時に始まる。霊照精舎はもとネパールから来た王妃が建立したものであることは前述の如くであるが、今日では彼の文成公主の迎えた釈尊像をここに安置してある為に、西蔵人も外国人も往々にしてこの仏殿を目して文成公主が建立したものと誤解して居る。西蔵歴史の伝うる所によると、該釈迦像は釈尊十二歳の肖像を模し奉るとあるが、仏顔甚だ振るわない。また該像が印度から支那を経て来蔵する途中、終始同形体を保ったかどうかは識者間に多少の疑問となって居る。しかしながらその尊像の頭上を覆える天蓋といい、王冠といい、また仏体仏座に至るまで純金と塗金ずくめで、諸種の宝玉と貴石を以て仏体を飾ってある点より考うればあるいは所伝の如くであろうと思われる。

仏前に供えた灯明は我が国で仏飯を盛る器と同じ型のものに牛酪を充たし不断の光を放って居る。その数は大小合わせて十数箇皆純金製で、最も大きなものは一箇五千円以上の価格があるという。本殿内の灯器は合計六十余箇あって、この価格だけでも莫大の額に上るので、重要なる各祠殿の戸口に限り、頑丈な鉄の網を張り、番僧不在の時には入口を閉じて盗難を防ぐことになって居る。我が国の仏殿とは異なって参拝者は尊像の膝下まで自由に近寄って、仏膝《ぶっしつ》、仏足《ぶっそく》に自分の頭を附けることが出来るから、各祠殿内の器具は総て手の届く距離内に列べられ、番僧を置くか鉄網を張らねば如何に信者のみとはいえ紛失の憂いがないとも限らないからである。

一一、仏も魔も併せ祀らる

本殿二階の廻殿にはパェンデンマグソギェモという女神の奇怪な恐ろしい像がある。その顔色は純黒《まつくろ》で、忿怒の醜い相を顕し、死人の皮で造った服を纏うて騾馬《らば》に跨り、人間の頭蓋骨から脳漿《のうしょう》を摑《つか》んで食《くら》おうとする鬼形《きぎょう》を成して居る。この神を取り巻いて古い槍、剣、斧、弓、矢、甲冑等の武器が骨董店の様に列べてある。この邪神は人の最も忌む病、死、戦いなどの神とせられ、これを供養敬拝する時は災厄を免れるものと信ぜられて居る。

また別殿には同じ女神ではあるが温和な女性を顕した美神の像がある。頭、頸、胸、手に真珠や珊瑚や宝石を象眼した上に美しい錦襴《きんらん》の衣を纏うて居るが、ペーハモといって、愛の神または美の神として尊崇せられる。この外手《ほか》の多い怪神が女神と相抱擁せる立像もあり。仏殿とはいうものの善悪正邪の龍神魔梵《まぼん》をごちやごちや祀れる多神殿をも兼ねて居る。なお三階にはダライ法王が本殿参拝の時に使用せらるる室もあり、また議事堂ともいうべきカシャの会議場も矢張三階の一隅にある。本殿を取り巻く廻廊にはマニという宝輪筒が無数に列べてある。参詣人はこの廻廊を右廻りする際、一々これを回転しつつ徐行する。廊下の古い壁には全面に神仏聖者の画像、仏土天界曼荼羅の壁画を見る。これを一周すれば大聖主殿の拝観は終るのである。

一二、ラモチェ聖主殿

中央大聖主殿の正門から再び循環街に出て北西の方に行くと、ギャブンカンの祠堂がある。昔十万の支那軍を屠った記念として建立せられたものであるとのことだが、信憑すべき伝説とは思われない。ここから更に北に向かうと、市街の尽きんとする所にラモチェという聖主殿がある。彼の文成公主が大聖釈尊像を祀らんが為に建立した伽藍で正門も東の方支那本国に向かって居るのは、中央大聖主殿が西面せると好一対で、ラッサに於ける建築物中の異例に属するものである。今日ラモチェ伽藍の本尊にはネパール王妃が自国から迎えたミキュドルジェという釈尊像が祀られてある。支那とネパールから来た二王妃在世の当時には各々建立した殿堂にそれぞれ自国から迎えた聖主像を安置してあったが、二王妃の没後支那兵が侵蔵してラッサに攻め入ろうとした時、国臣等がこの二尊像を彼と此と移し換たまま遂に今日に至ったものである。ラモチェの伽藍も矢張り釈迦を本尊として居るから聖主殿（チョカン）と呼ばるることあるも、単にチョカンといえばラッサの中央大聖主殿のことで、ラモチェのはラモチェ・チョカンと名づける。ラモチェとは大きな牝山羊《めやぎ》の意味で、彼の山羊地《ラサ》という地名と関連するものであろうと想像せられる。この聖主殿の傍らにツェパハカンという祀殿がある。無量寿仏像を祀り、長寿を祈る為に参詣する信者が多い。

一三、場末、衙門、奇橋

ラモチェの聖主殿から正北に向かえばセラ寺院に至り、ここからやや北東に偏して山峡に入り、ペンポゴラの峠を越えると、青海蒙古を経て支那及び中亜諸国に通ずる街道がある。而して同聖主殿の北東を東西に通じて居るのは「ラッサ界環道」で、市街宮城等を含める地域を一周せるものである。ラッサの町の東部にカルマシャルという託宣所がある。年々西蔵の国運を予言し、且つ世間一般の人事をも占う所である。町の東部一帯は所謂ラッサの場末で、狭い、不潔な、不規則な通に下流民が集合して居るのは支那に於ける田舎の土民街同様である。これに反して中央及びその以西には大寺院を始め貴族名家の大厦高楼《たいかこうろう》が相並んで居る。余り振るわない建築であるけれども、ネパールの領事館とマホメダン代表者の事務所とは中央大聖主殿の南方に当たり市内に建設することを許されて居る。清朝の駐蔵大臣が威勢を振った衙門《がもん》の址《あと》は南西方やや隔った地点にあって、その支那式の建築に昔の栄華の名残を留めて居る。また中央大聖主殿の南を通ずる循環街を往ってこれを北の方に廻らずして、一直線に西に向かうと、過般支蔵戦争の為めに破壊せられた支那風の都門を過ぎ、左の方に衙門一部の廃址を眺め、ユトサムパと名づけらるる奇妙な橋を渡る。幅約二間、長さ十数間、欄干のない石橋で、別に石を積み上げて側壁を設け支那風に青瓦を葺いて、トルコ玉（瑜《ゆ》）の様な青光を放つ橋蓋があるので瑜頂橋《ユトサムバ》と呼ばれるのである。

一四、宮城直下の陋巷

瑜頂橋《ユトサムバ》から更に西に行くと、右側の破壊せられた家屋の残壁が惨憺たる戦争を偲ばしめる。斯くて両側に楊柳の園を仕切ってある土壁の間の道を行き尽した地点からダライ法王の在《いま》すポタラ宮城が視界一杯に出現する。ここからは法王の常に居らるる御殿の窓に懸かって居る黄色の日覆まで明瞭に仰がれる。宮城の真下に至る少し手前本道の傍に高さ二十尺程の石柱が一本突っ立って居る。その碑文は支蔵関係に就いて清朝の勅命を記したものである。その石柱と道を隔てて反対の側に二宇《う》の小さな堂があって、各一基の石碑がある。その一つは康熙帝の時（千七百二十一年）他の一つは乾隆帝の時（千七百九十四年）に発布された勅命を刻んである。宮城直下の前面はシュウといって、宮城附属の建物が並び建ち、その三方には望楼のある高い厚壁を繞らして城域の前面を防御し、望楼の下には各城門を設けてある。この城壁の外郭には街道に沿うて、石と土と混造の陋広が軒を接して細長い町をなし、浅い溝は汚い糞尿で溢れんばかり。おまけに囲壁は悉く崩れて居ってすこぶる不体裁である。神聖なる宮殿の下《もと》、往来繁き公道に沿う所であるから、今少しく清潔を保って貰いたいものである。

第五章　ポタラ宮城拝観記

一、観音菩薩の宮殿

ダライラマの宮城はマルポィリ（赤山）と称する一つの大きな巌山の頂に聳えてその南面を掩い、全周―宮城地域の全部を含み―約一マイルに及びその名をポタラ宮殿という。西蔵古代史にある伝説に従うと、西方極楽土に在《いま》せる阿弥陀如来は、一日彼の慈悲の分身である所の観自在菩薩に勅《みことのり》して、南瞻部洲（即ち印度の地）に降《くだ》り、無仏教地たる西蔵に聖法を宣布せよと命ぜられた。観音菩薩は勅を畏みて印度に降臨し、まずその宮殿として、印度の南端に突出せるコモリン岬の抱ける港湾を俯瞰する大きな巌上のポタラを選定せられた。それから観音菩薩はこの世界に於ける無仏の地たる「雪有邦土」即ち今日の西蔵に開教する為め、早速「北方の雪邦」に向かわれ、神変力《じんぺんりよく》を以て猿猴《えんこう》及び羅刹女《らせつにょ》より人類を創造せられ、遂に仏法弘通の機縁を得られたものとある。斯様な因縁から後世の一西蔵王に至り、キシュ平原にある「赤山《せきざん》」の巌山を選び、その上に宮城を設けられたのである。当時もしラッサの「喜水《キチュ》」が赤山の巌裾《いわすそ》に逼《そ》って流れて居ったとすれば、この巌は確かに印度コモリン岬に彷彿せる所があったに相違ない。且つこの宮殿は後世に及び観音菩薩の化現である所の歴代のダライラマの居城と定められた。依ってコモリン岬のポタラの名を借りてそのまま宮殿の名とし、赤山のことをまたポタラ山とも呼ぶこととなった次第である。

二、舟繋ポタラ

西蔵の古文書には稀に「第二舟繋ポタラ宮殿」と記されてある。「第二舟繋」なる語もまたコモリン港に因んで附けたもので、当時印度の南海を航行せる船舶は同湾を繋留場としたから、この巌山の宮殿を「舟繋ポタラ」とも名づけたものらしい。今もその名を取って「第二」なる番号を附けたものであるが、ラッサのポタラも昔は実際小舟の繋留場であったかも知れない。彼の喜水《キチュ》の流は今日では城山の前方約四町を隔てたチャポリの山麓に接して流れて居るけれども、その分流と認むべき一小流は城山直前約一町の所まで接近して居る。該支流の位置がもし昔の本流の跡とすれば城山の麓は碧潭《へきたん》をなして居って、喜水の舟繋ぎ場となったろうとは容易に想像せられる。因にモ一つ「舟繋ポタラ」の称を得て居る所は支那浙江省の東海にある舟山島のポタラ山寺である。

三、荘厳無比の赤王宮

ラッサのポタラ山上に初めて王城を建設した西蔵王は、有名なる教王ソンツェンガンポで、西蔵では第三十三代目の国君である。その建設の年代に就いては西蔵の歴史家によりて多少説を異《こと》にするが、大体は紀元五百八十一年頃というに一致して居る。しかし当時は決して今日の様な宏麗荘厳なる宮城ではなかった。第十七世紀の末、第五世ダライラマの代に執権のサンゲェギャムツォという偉僧があった。政治の実権を握って功績も多かったが、宮城の増営はその最大の一つである。現在人口に膾炙せらるるポタンマーポ（赤王宮）は王城の中央宮として、他の城塁から独立して高壁紫紅《こうへきしこう》の光を放ち、金蓋燦然《さんぜん》として天を摩せんとし、大理石の様な白壁の城郭と照映えて壮麗を極め、荒寥たる万里の山野を跋渉してラッサに入れる中亜及び蒙蔵の仏徒をして憧憬讃仰せしむるは彼の執権が畢生の努力の賚《たまもの》で、法王第五世の喪を発せざること十六年間に亘り、この間に非凡の手腕を振って庶民を鼓舞し、遂に第十八世紀に入ると共に遺憾なく宿望《しゅくぼう》を達し、世界無比の王宮を落成し得たのである。この宮殿は城砦を兼ねて居る上に、仏殿、霊廟、宝庫僧伽藍、官舎等をも併せ設けた特殊の築営である。

四、城郭内に入る

宮城に登るには数条の通路がある。法王が玉輿《ぎょくよ》に召して入城せらるる道は西面の阪路で、また半腹まで騎乗する者の為には背面（北面）に上阪《のぼりざか》が設けてある。正面（南面）からすれば東、西、南の三つの大門があって、その中南大門を正門とする。街道から直に一町ばかり北に進むと正門に達する。その構造は堅固なる石壁の楼台より成り、奥行は五間ばかりあって一種の洞門をなして居る。門内の中央には厚さ五尺ばかりの遮壁を設け、通路は二叉に岐《わか》れて、各《おのおの》凹字形に曲り通じて居るが、平時は扉もなければ、番人をも置いてない。東西両門の構造はやや簡単で、門扉も番人も置いてないのは正門と同様である。城内の内郭には宮内部または政庁の事務に関係ある俗官等の官舎を始め、仏像仏具、鋳造所、印刷所、倉庫、木工場、厩、牢獄等がある。宮城の本館区内には妻帯せる俗官の居住を許さない。女性は日出から正午までは自由に出入することが出来るけれども、時間外には特別の事情がある外は出入を許可しない。而して夜間は一切女性の交通を禁制して居る。

五、吉凶をトう飛降式

今宮城に上ろうとする所に碑文のない石柱がある。毎年正月二日、ここで宮城の上から縄を伝うて、飛降りる儀式がある。二百尺ばかり真上の城櫓から石柱の下まで太い縄を吊して置き、これを伝うて滑り下りるので、無事に着陸すると、その一年間は国内安穏の吉兆となし、事故を生ずる時は凶兆と判断するのである。飛降りる者を「神」と呼び「人」とは言わない。サテ飛降式は城櫓に於ける泰平祈禱式に始まり、飛降神は櫓の上から神酒を撒き、麦粉で造った神像を地上に投げて、平和の神に安全を祈りながら、胸には馬の鞍を結び付け、厚衣を着て命と頼む太縄に跨り、両手の擦傷を防ぐ為めに、一種の鞘を縄に巻き付け、これを固く握って墜落するが如くに滑り降りる。万余の見物人は彼の運命如何と固唾を呑んで、手に汗を握る間もあらせず、たちまち二百尺の地上に着く。而して飛降神が無事に着陸したと見れば一斉に歓声を挙げ、もし飛降神が縄に擦れた為に手足や胸に負傷するか、または着陸と同時に眩暈を起こして人事不省に陥る様なことがあると大いに悄気《しょげ》る。昔この縄を宮城の絶頂から城外の石柱の辺まで渡して神事を行った時代には飛降神が墜ちて惨死《ざんし》するやら、摩擦の為に途中発火して胸、腹、手足などを焼くやら縁起の悪いことが続出したので今日の如くその高度も距離も短縮されたのである。

六、銅を溶かし込んだ城壁

道は城内の石柱の側から石段を拾うて電光形《いなずまがた》に本城の門口まで登り詰める曲道の外方に面せる所には、身の丈程の高さに厚い壁を作って外敵よりの視界を遮って居るが、上の方にある壁は高さ約四尺に過ぎないから、城外の展望は自由である。曲道の中間で石段は左右に分かれる。右の本道を取って本城の門前に達すると、頑丈なる扉のある所に数名の番僧が居って出入のものを検閲する。入蔵者に対してはおもに服装に注意し、普通の風体をして居れば決して咎めない。怪しいものに対しては入城の目的を尋ねるが、規定の時間内には男女を問わず、自由に参観が出来るので、通券などの必要もない。斯くて門内に入り覆道の石段を曲りながら上ると右側の城壁に望孔がある。孔の形は楔状をなし外の孔口は細長く竪に短冊形に開き、ようやく銃口を上下左右に動かすだけの余地を存して居る。城壁の厚さはこの望孔から推測すると六尺ばかりであろう。山巌を深く穿ちて基礎を固めた裾の方の城壁は尠《すくな》くとも二間ないし三間の厚さを保って居るであろう。外壁と重要なる内壁は悉く石材を以て積み上げ、その空隙をセメントで詰めてある。殊に外壁は二重壁とし、その中の隙間には溶解した銅を流し込んで一重に合わせ、地震に対する抵抗力を強めてあるとのことである。

七、赤王宮を観る

覆道《ふくどう》の石段を上り詰めると広庭《ひろにわ》に出る。約四十間四方の広庭はアルカというセメントで叩き詰め、左右両側には廊下があって、正面には木造階段のある六、七層の高楼即ち本丸が聳え立って居る。この広庭では毎年歳の暮に仏教儀式の一つである所の舞楽会が催され、法王は百官を始め一般庶民と共にこれを観覧せられる。時には法王親ら舞技の脚本を考案せられることがあって、重要なる年中行事の一つとなって居る。本丸内に入れば薄暗い覆道や階段が上下四方に通じて複雑を極めて居るので、数十回往復した者さえ時々方向を誤って迷路にマゴつくそうである。所謂赤王宮《ポタンマーポ》には宮殿の外に霊廟、仏殿、拝殿等がある。玉殿は新旧二箇所に分かれ、旧殿には方十間ばかりの広間があって天井は割合に低く丹塗柱の大斗と梁とには草花の模様を画き、神獣などを彫刻した外に剪嵌細工を為し、極彩色を施してある。黄色の壁には神仏聖者曼荼羅、草花禽獣などの壁画がある。玉座は天蓋の下に高座を設け、錦襴《きんらん》、繻子《しゅす》、緞子《どんす》の類で厚さ一尺ばかりの台蒲団を置き、その上に更に座蒲団を敷き、また背後にも凭りかかる為に厚い蒲団を立て懸けてある。玉座の右側には机を置いてあるが、正面には何物をも据えてない。而して背後の壁には仏画を掛連ねて荘厳なる背景《バック》を成して居る。

八、華麗なる霊廟

この旧殿の東隣には新殿があって、内部の荘厳を極むることはほぼ同様である。この新旧両殿ともに拝謁または帰敬式を行わるる際に使用される所で、法王の常御殿《つねごでん》ではない。玉殿《ぎょくでん》の後方にある室は歴代の法王を祀れる霊廟の一部で、上階にある本廟の間に通じて居る。霊廟はいずれも卒塔婆形でその中に遺骨を納めてある。その最も大なるものは、法王第五世の陵廟で高さ三丈半、玉殿の後方に当る一室より上階二層を貫いて居る。その下部は卒塔婆の台と同じ型で祭壇に兼用せられる。而して塔は一面に塗金せる銅板（？）で蔽われ、種々の大きな宝石を鏤めてあるが、全く硝子製の模擬品かと怪しまれる程贅沢に飾り立ててある。供物には真珠の環やら珊瑚の珠数やらその他トルコ玉等の宝石を配し、塔の頂《いただき》より台の底に至るまで黄金と宝玉とに充ち、階上の廊下から拝すればその絢爛の美観は目も眩むばかりである。

九、善美を尽くせる廊下

巡拝者の常通路で一面に方庭を控えて居る廊下には朱塗の美しい柱が立ち並び、華やかな色彩の彫刻を施した梁は緑色の天井に横たわり、技巧を凝した大斗に支えられて居る。頑丈に造られた霊廟の扉は、鉄に巧妙な彫刻を施した上濃く塗金をなし、また木の部分は各種の塗料で彩ってある。厚壁は表面を薄黄地とし、下の方は床の上三尺内外の所を赤、黄、青の三原色で横に平行線を画き、中間の黄地の部分には草花の模様を画いた所もある。而して上の方は梁に接して袴の襞の様な形に深紅色と濃緑色で上下に画き分けてある。中間の壁画は善美を尽したものだが、あまりに濃厚に失して居る。また床は褐色の大理石を敷き詰めたかと思われるが、その実黒、白、褐色などの小石を埋めて磨き上げたアルカのセメント造で、二百余年間日々絨氈で拭うばかりでなく、幾千万の信者の柔かい履物の裏で擦り磨かれて鏡の様になって居り、柱も戸も壁も天井もこの床に反映して透き通って居る様に見える。

一〇、無二の観音像

この立派な廊下の隣に法王の拝殿があるが、優に五百の僧衆を容るるに足りる。法王親《みずか》ら導師となり祈禱礼拝式を行われる所で、堂内の装飾はやや華麗に過ぎ、神聖の感を薄くする嫌いはあるけれども、彼の霊廟といい、廊下といい、玉殿といい、またこの拝殿といい、流石に法王の宮殿として恥ずかしからぬ程結構を極めて居る。法王拝殿の上段に小さな祠堂があって純金造の観音像を安置してある。その尊像の内部には昔教王ソンツェンガンポが印度から迎えた仏教伝来当時に於ける観音の霊像が封じ込んであるということである。西蔵は観音の教化を垂るべき土地で、歴代の国王の多くは仏聖の化現、世々の法王は皆観音の権化であるとの信仰に基づき、西蔵人はこの霊像を最も神聖なものとし、ラッサの中央大聖主殿にある釈迦の尊像と共に崇仰《そうぎょう》措《お》かないもので、この宮殿に参拝するものは何を差措いてもこの観音像の礼拝は必ず行う事に定めて居る。

一一、摩天閣上の眺望

ここに逸することの出来ない所は、この祠殿の傍らからその屋根に出て直立五百尺の高楼からラッサや喜水《キチュ》の風景を賞するに屈竟《くっきょう》の位置を占めて居る、金蓋相並ぶ摩天閣上である。彼の数基の金蓋は下から仰ぐと、霊廟の直上にあって黄金の冠が高く碧空に浮ぶ様に見える。而してこの蓋上の広庭には差し支えのない限り特別参拝者の昇降を許可せられる。ポタラ山と相対して南西に聳えて居るチャポリ山の薬師仏寺は、呼ばば応うべく、城下を往き交う人々は蟻よりも小さく見える。四囲の連峰、喜水の清流、ラッサ市中の中央、ラモチェ両大聖主殿の上に輝く金蓋、緑翠《りょくすい》の樹林、白亜の山寺などその雄大なる眺望は人をしていよいよ王城の威容を想わしめる。ああこの摩天の楼閣上に遊歩を試みらるるダライ活仏——阿弥陀の分身である所の観音の化現、大救世尊者《だいぐせそんじゃ》——は五百尺の脚下に幾多の衆生を瞰下《みおろ》して天国浄土に在るが如き感じに打たるるであろう。

一二、法王の常御殿と政務所

赤王宮《ポメンマーボ》の東に隣してやや低く建設せられた玉殿は現法王の常御殿で、城外から宮城を仰ぐと何時も黄色の幕で覆われてある部分である。その真下の正殿で予は時々謁見を賜ったことがある。殿内の華麗なることは云うまでもない。床は板張の上に絨氈が布いてある。而して玉座が案外低く据えられてあることは現法王の謙遜なる性格の一端を現して居る。本殿の前面には広い屋蓋の上に空所があって、その一部分は僧官の参集所に充てられ、毎日午後四時または五時頃には僧官は全部集会し、トゥンチャといって各種の政務及び法務に就いて簡単なる通告や報告があって法王から一同に茶を賜わる（法王が離宮に居られる時は離宮の附属集会場で開かれる）。この外宮殿の一部として従前執権が政務を執って居た政殿がある。今日ではシュウシムチュンといってルンチェン（上三大臣）の政務所となって居る。ルンチェンの次にはシャペとて四人の次大臣がある。シャペの政務所はラッサ中央大聖主殿にあるカシャで、毎週金曜日には三ルンチェン、四シャペはここに集まってその週間に於ける政務の経過の大要を法王に上奏するの例である。因《ちなみ》に西蔵の風習では毎土曜日は休暇とし、日曜日から金曜日までを執務日と定めてあるから金曜日は最後の週日となる。

第六章　ラッサ附近の名所

一、宮城下の遊園

これより薄暗い覆道の廊下を過ぎて宮城の背面（北面）に出で、急阪《きゅうはん》を少しく下ると円陣の堡塁がある。今日ではこれを馬繋所に使用し、騎乗で登宮せんとするものの馬を乗放す所となって居る。阪《さか》を下り切ると、麓を東西に通ずる径《みち》を隔ててズンキョルカンという遊園がある。土石造の壁に囲まれた楊柳と胡桃の林園で、中央に池があり、その中に小島があって、石造四階建の小さな龍王殿というのがある。本尊は龍神でその他二、三の神を合祀してあるが、平常は木舟でこの島を渡り、番人に命ずれば楼上で茶菓を喫することが出来る様になって居って簡単なる設備がある。毎年四月十五日には官民一同宮城内の聖殿を巡拝してこの遊園に来たり、官吏は龍王殿で茶菓を喫し、一般人民は園内で歌舞を楽しみ、池に革舟を浮べて霊殿を右廻するの例祭がある。園の正門の傍らに（象館《ぞうかん》）があって龍神に仕えしむるがために象を飼ってある。現今の象はブータン国王からダライ法王に献上したものである。

二、ラッサの関門

龍園から赤山《マルボイリ》の西麓を廻って本街道に出る。ラッサの町に通ずる本道はこれより都門《ともん》を潜って東行するのである。都門は卒塔婆を兼ね、赤山とチャポリ山とが麓を連ねて屏風の様に聳えて居る。巌壁の間を切り開いて関門を設け、その上に霊塔を築き、聖地《ラハッサ》の入口として異彩を放って居る。印度方面から入蔵しラッサに向かうものは、十数マイル西南の路上から右二つの丘を遠望し得るけれども、ラッサの市街はこの塔門を通過するまでは一瞥することさえ出来ない。この都門の名をバルゴカリン（間門関《かんもんかん》）といい、聖都に対する防塞《ぼうさい》となって居るが、この外には都城を囲繞せる牆壁もなく、また古城門の址も見えない。支那所伝の吐蕃史に依れば、ラッサは城壁を繞らせる市街の如くに記してあるものがあり、且つ今日その遺蹟と見做すべき部分が残存して居ないではないけれども、まだその確証を見出す事が出来ない。唯だ宮城直下のシゥウ区内のみが支那の都城を模倣してあるのかと疑われる。

三、チャポリ山の頂上

都門外の所で街道を横ぎり、チャポリの険阪《けんはん》を攀じる。頂上には宗医院があって本尊に薬師如来を祀り、医学を修める数十名の僧侶が居る。修業後は皆僧医となるものである。西蔵の医者は十中八九までは僧侶の兼業で、印度古来の医術を施し、薬草およびその他怪しげな薬剤を使用して居る。薬師殿はポタラ宮城の金蓋を凌がんばかりに高く中空に聳えて居る。この高い屋蓋の上に立って四望する景色は、宮城絶頂からの展望に似て居ってラッサに於ける一大壮観である。殊に厳麗を尽した天下無双のポタラ宮城を斜側面から鳥瞰した景色は筆舌の及ぶ所ではない。またチャポリの南麓は険崖喜水《キチュ》の分流に接し、巌壁の表面には神仏の諸像、呪文等を彫刻した上極彩色を施してある。東麓の急斜面も喜水の分流に臨み、崖の中程を削って二、三の小さな祠殿が立って居る。チャポリ山の東の方、喜水の支流を隔てて柳やポプラの森に囲まれた草園がある。宮城の前方数町に横たわり、シュテリンカと名づけ、古来宗教庭儀等の催さるる宮園である。

四、夏の離宮

チャポリ山の西約十町の所にダライ法王の夏の離宮ノルブリンカ（宝苑《ほうえん》）がある。喜水《キチュ》の一分流に沿うて高い壁を繞らし、樹林繁茂して居るので、外からは離宮の建物は見えない。東向の正門前には左右に哨舎《しょうしゃ》があってその側に二人の哨兵が日本兵の様な軍服に銃槍《じゅうそう》を携えて出入のものを監視して居る。用務を帯びたるものは自由に入ることを許され、特別の通券を要しないことはポタラ宮殿と同じである。苑内には更に一重の石壁を繞らし、その中に離宮の本殿がある。正門から本殿前の南向の門まで一町ばかりの石甃《いしだたみ》があって、両側には並木を隔ててやや遠方に侍従諸官と離宮部員の各官舎がある。なお右側には本殿の内壁に接した所に、広い方庭を造り三方に花壇を繞らしてある。夏秋の候ここに大天幕を張って、数日間御前芝居が催される。

五、法王の愛宮

離宮の本殿の正門にかかると、僧官と哨兵が居って（法王駐輦《ちゅうれん》の時に限り）猥《みだ》りに進入することを禁じて居る。玄関を過ぎると直《すぐ》に広間がある。離宮に於ける謁見《えっけん》帰敬《きけい》式《しき》はすべてこの室で行われる。法王の御殿は階上の別殿に設けてあって、屋蓋の露縁には鉢植の草花が無数に列べてある。露縁の傍にある御茶殿は、法王がかつて私式に引見を賜った所である。また本殿の西の方に少し離れて方形の池があって、中心の祠殿まで石橋を架してあるが、金蓋水に映じ、印度アムリツァーの黄金寺《ゴールドウンテンプル》を思い出さしめる。内苑の南西隅には御料の厩があって、法王の愛馬を飼養して居る。斯くて一巡離宮を見物し禁苑の外壁を出て西方の広い野に至ると、ここには新築の兵営がある。約一箇中隊の近衛兵が日本兵式に依って訓練を受けて居る。最初は力行会員の矢島泰次郎氏が教官をして居た。現法王はこの離宮の生活に無上の趣味を有せられ、夏はいわずもがな、冬もポタラ宮城からここに微行《びこう》せられ、止むを得ない宗務の外には本城に還御せらるることがない。而して国会の議事もしばしばこの離宮内に開かれるので、最近苑内の一部に仮議事堂を新設された。

六、ラッサの循環路

離宮を出て北に向かうとキャンタンという草原が横たわって居って、その端をラッサに至る本街道が東西に走って居る。堂々たる宮城の西廓《せいかく》を望みながらセラ河を渡り、ラッサのリンコル（界環道《かいかんどう》）に沿うて右廻りに進むと幾多の僧俗男女がマニの宝輪筒を右手に転し、念珠を爪繰りながら、「オムマニペメフム」の六字呪を連誦して通る所を見るであろう。また彼等に交って例のチャツェル（五体投地稽首作礼《ごたいとうちけいしゅさくれい》）を行い、一礼毎に自分の身の長だけ進み砂塵に塗《まみ》れながら苦行を意としない篤信徒をも目撃するであろう。リンコルはラッサ市街、ポタラ宮城及びチャポリ山等を含める地域を不正楕円形に一周する循環路で、リンコルとは、「界環」を意味し、そのまた「界」とはラッサ聖地の限界を指すものである。中央大聖主殿のマニ環廊をチンコル（内環）といい、大聖主殿を中心としてラッサ市中を一周するものをパルコル（間環）と名づける。而して一番外の環即ち全聖地を繞れるものをリンコル（界環）と称するので、その延長は約六マイルある。リンコルには風景の愛すべき所多く、郊外散歩には最も適当である。今この界環《リンコル》に沿うて赤山宮《せきざんきゅう》の北西を過ぎると、左の方に宏壮なる一家屋を見る。ハル公爵とて先代ダライ法王の一族が住まって居た所、今日の公爵はその家族の一人で西蔵の貴族中最高位に属する名家である。また宮城の背後、龍園の北側を過ぎて東行する時遥かに左の方の山々を望むと、約二マイル余を隔てた北山の麓に、セラの大寺院が白堊《はくあ》造りの市街の様に見える。

七、王女のローマンス

ラモチェ大聖殿の北側に近づき、林園の壁に沿うて行くと、小さな流れを横ぎろうとする所に一つの清泉がある。昔唐の太宗の王女文成公主が二年間佗住居の跡と言い伝えて居る。文成公主が教王ソンツェンガンポとの間に婚約が出来て遥々万里の山野を越え、凡ゆる危険を冒して、辛うじてラッサに安着し、いよいよ彼の教王の妃として、ポタラ山上の赤宮殿に入って唐の都の物語をしようと楽んだ甲斐もなく、俄に敵魔の呪詛に罹って不意に入城差止めとなった。たとい恥を忍び、再び天険を越えて帰国するとも、父王太宗の憤怒を釈《と》く術も無いと、若き王女の旅は千々に悶えて来ては毒を仰いで自害せんとまで思い詰めたが、日夜附き添える侍女に制せられて果たすことが出来ない。とどのつまりはここの清き泉の傍に庵を結んであわれな余世を送らるることとなった。斯くて二年《とせ》（？）を泣き暮した或る日の事、王女は近侍のものに命じ、久しく行李の底に秘めて置いた小琴《おごと》を取り出さしめ、自ら「悲しみの曲」を弾じ遺瀬なき情を幾分にても慰めんとした。その切々たる絃声《げんせい》と絶えては続く余韻とは聴くものの袖を絞らしめたが、事を聞いた教王は直に特使を馳せて王女を迎え入れ皇后とせられたというローマンスがある。

八、界環路に沿いて

文成公主の庵の跡から東に向かい、ラッサの北東の隅に当たれるミンルーの石橋を渡ると界環路は南に折れて市街の中に入る。但し環路の左側はラッサ界外として市内には編入せられてない。もとはほとんど草原であった所へ支那人が多く入り込んでから屠殺を業とするものが殖えたが、界環内に居住することが出来ないので、この附近に特種部落を形成ったものである。この部落に沿える環路を通る時、不快に感ずるのはヤク牛《うし》の角で牆壁を築いた屠殺場でヤク牛が屠られて居る現場を目撃することである。

市街の南に廻り、界環路を西行すると、喜水《キチユ》一帯の沿岸に緑の遊園相連なり、茶亭その間に散在し、現法王が父母一族の住宅に建てられた宏大なる御殿が界環路と林園地帯との中間に屹立して居る。現法王の父母は既に物故し目下はその近親数名が残って居るばかりである。その西隣には兵営があって一大隊ばかりの新兵が蒙古式（露国式？）の教練を受けて居る。これより界環路は喜水の分流の北岸に近く草原と灌木地域の間を過ぎ、林園を隔てて復たポタラ宮城の遥か前方を通じ、チャポリ山の南西面を攀じ、喜水分流の深潭《しんたん》を瞰下《みおろ》しながら巌壁に刻んだ聖像を拝して東北に急転すればチャポリ山の西麓を経てパモリの小丘に至る。パモリの丘上には支那風の寺院があり、観音の化身といわるるケサル神を祀ってある。その傍にクンデリンという寺院がある。彼の市街の西隣にあるテンゲェリン寺、ツモリン寺及び喜水の対岸にあるツェチョリン寺と共に、西蔵四大別格寺の一つとして名高い。ダライ法王の薨去後、次代の法王が即位して一定の年齢に達するまで、西蔵を統治する所の所講ケェルポ（国王）なるものは、通例これら四大別格寺の僧正の中から選定せられる。パモリの小丘から更に進むと界環路を一周することとなる。

九、セラ大寺院

ラッサの北方二マイル余の所にセラの大寺院がある。本街道を西に五マイルばかり行くとレボンの巨刹《きよさつ》がある。また東に三十余マイルを隔てた所にはガンデンの名刹がある。この三箇寺は後蔵のタシルンポと合わせて西蔵の四大寺院と称せられる。セラ寺院は偉聖ツォンカパ師の高弟シャキャエセ師が紀元千四百十九年に建立したものである。その頃「セワ」という「薔薇」の一種が夥しく境内に茂って居たので、セワの「ラ」（境内）という所から、中の「ワ」を略して「セラ」と命名したものと伝えられて居る。昔から何時も五千五百の僧徒があるといって居るが、その実数は六千以上に及ぶことがある。寺院の外観が一つの小市街をなして居るのは西蔵の大寺院共通の特色ともいうべきで、中央の本堂を大聚院といい、これを中心として縦横に通ずる小さな町を挟んで多数の僧院が立ち塞がり、いずれも堅固なる石造で規模すこぶる宏壮である。

一〇、寺制概要

セラ大寺院の組織に就て極簡単に述ぶると、大体に於いて宗学、宗儀、宗務、雑務の四部に分かれ、大僧正の統轄下にある。宗学部は仏教の研鑽と修道をなす所で顕密両派に分かれ、三個の大学院に一切の学僧を収容して居る。学年は十三期に分かち、普通二十五年内外で卒業することになって居る。而してこの課程を修了したものはゲセの学位を授けられ、天下の大導師となって、衆生に説法し済度することが出来る。その学徳の最も高いものはガンデンティパの栄職に推薦せられ、更に進んで「西蔵王」の天位に就くの資格を得るのである。宗儀部は顕密二教の儀式に関する宗務を司る所である。本宗では最も儀式を重んずる所から、種々の諸式を採用して、その実習に全力を注ぐ。特に宗儀部を設けて、荘厳なる儀式を行い、兼ねて司儀僧を養成する理由はここにある。宗務部は行政、司法、財政等を司る所である。また雑務部は諸般の雑務を司り、地方の寺領民を指揮し且つ寺財に関して生産的方面の庶務にも当たり、また各部より兵を選んで僧兵団を組織する権限もある。なお寺院の維持に就いてその資の一部を政府と民間よりの寄附に待つけれども、大部分は広大なる附属寺領より生ずる収入によるのである。

以上四部を通じて職員は皆僧侶中より任命せらるるが、雑務部の職員は俗務に従うので、法衣のまま百姓ともなり商人ともなり、また時には戦闘にも参加するという奇観を生ずる。寺院にはまたカムツェンというものがある。西蔵内地の各教区に従って組織せられた一種の講で、僧侶となろうと思えば各自の教区に属するカムツェン講の手を経て入寺の手続を済ませば直に許可せられる。しかし一度僧籍に入った以上は終生僧侶的生活をせねばならぬ規定で、容易に還俗することを許されない。元来西蔵では還俗を一大恥辱と心得、自ら進んで僧籍を脱するもののなきは勿論、破門の罪に陥る様な挙動を戒める。偸盗《ちゅうとう》、詐欺、喧嘩、飲酒等は寺法の制裁をこそ受けるが、破門の極刑に処せらるることはない。僧侶としての最大罪悪は殺人と犯淫《ぼんいん》とであって、殺人罪は往々正当防御等の理由ある時に僧籍剝奪を免れるが犯淫罪は絶対に破門となる。西蔵僧尼の還俗は殆んど淫欲の酬《むく》いと断定するも敢えて過言でなかろう。

一一、入寺と破門

一二、日本僧の入寺

セラ寺院は近時日本人と多少の関係がある。十五、六年前には河口慧海師が一箇年半ばかりここに住まって居ったが、宗学の研究に熱心であった事と、また名医の評判が高かった事とは、今なお同寺の老僧の口にする所である。現在では予の同僚多田等観師がこの寺で西蔵の仏学を研究中である。今後日本僧侶が入蔵する場合には矢張りこのセラ寺またはレボン、カンデン二箇寺の内に入らしむべく、ダライ法王は千九百十四年「日本僧入寺許可」の新法令を発布された。過般日本に留学した僧正もこの寺院に僧籍を置いて居る。

一三、レボンの大寺

次にレボン寺というのはラッサの西方五マイルの処にある巨刹で、古来七千七百（実数は八千以上）の僧徒ありと称せられ、西蔵中に於ける最大の寺院である。本寺もまた聖ツォンカパ師の高弟中最も博覧の聞こえ高いタシィペンデン師が紀元千四百十六年に建立した所で、その構造、組織等はほぼセラ寺と同じくやや規模を大いにせるものである。千九百三年英蔵戦争の導火線となったダライ法王の秘密顧問ドルジェフはこの寺院で修学し学士号を得たという。日本人としては寺本婉雅師で曩《さき》に青海蒙古を経てラッサに着し、暫く本寺に滞在して見学の後印度に出たと伝えられて居る。

一四、ガンデンの大寺

セラとレポンの二箇寺に比べるとやや小規模であるけれどもラッサの東方二日程の所にゴグパリという山上の勝地を占め、眼下に俗界を俯瞰《みおろ》して真に天上界の慨あるガンデンという名刹がある。寺の名は開祖が兜率陀《トチタ》（兜率天）に因んで「喜楽有《ガンデン》」と名づけたものである。その開祖は実に西蔵新教黄帽派の祖師ツォンカパ師その人で、師は旧教の腐敗堕落に奮起して宗風を一新し、この山上を開いて宏麗なる寺院を建立し、三千数百の僧弟を集めて、親ら説法指導をしたのは紀元千四百九年頃であった。彼のセラ寺といい、レボン寺といい、また後蔵のタシルンポ寺といい、皆祖師の弟子によりて開かれ、その宗光は旭日の如く全蔵に輝き渡り、他の各宗派を閉息せしめたものである。予は今回不幸にして地界に於ける「兜率天」（ガンデン寺）に上り「弥勒代官」（ツォンカパ師）が聖業の蹟を訪い、教化の遺風に接するの縁のなかったことを残念に思うて居る。なお以上の外に見落すことの出来ない旧跡はラッサの南東二日程の処、ヤルツァンポ河沿岸の古都サムエの霊跡、ラッサの北方約三日程のラティンの聖地等である。

第七章　西蔵の国柄

一、専政教皇国

太古悠遠の昔は幾多の酋長が各地方に横行し、遊牧民を駆りて互いに攻争を事として居たが、次で天祖降臨の代となり、初めて西蔵を統治するの国君を戴くこととなった。第一代ニャティツェンポ王というがこれである。下って第三十三代ソンツェンガンポ王に至り、西蔵はようやく渾沌たる伝説的時代を去って、第七世紀の中頃に仏教を伝来すると共にようやく東洋史上に顕るる様になった。爾来第九世紀末に至るまで王統連綿、前後四十三代に亘って西蔵を統一して居たが第四十四代以後王統分裂し、次で群雄割拠時代となり、戦乱相踵いで起こり第十三世紀の中頃よりは強大なる外国これに乗じ、蒙軍はしばしば侵入した。斯くて第十五世紀に及び初めてダライラマの出世を見たが、その四世に至るまでは単に法王というばかりで、君主的権勢を有しなかった。然るにダライ五世の代（第十七世紀の中頃）になって蒙軍また来襲して全蔵を平定した時蒙将グシカンは主権をダライ五世に附与したので、法王はここに初めて政権をも握ることになった。而して第十八世紀の初、西蔵は清軍の侵略を被って遂に清朝の領土となったので、ダライの政権は有名無実のものとなり、駐蔵大臣は法王庁の執権と共に国政を左右すること前後百有余年の久しきに亘った。法王第十三世即ち現ダライ法王の第十八年（千八百九十四年）政権を回収し、最近に至ってようやく支那の羈絆《きはん》を脱し英国の保護を求むる時代に達した。斯くの如き国情の変遷に連れ政体も一定しなかったが、概言すれば西蔵は上に国君として降生的にその位を継承せる教皇を戴き、聖教の為めには身命を顧《かえりみ》ない人民を有せる仏教国で、専制的教皇君主国と見倣すのが適当である。

二、法王位は降生的に継承

ここに降生的王位継承というのは前代の法王が次代に輪廻降生する事によって王統の継承が成り立つとの意味で、仏家の権化輪廻説《ごんげりんえせつ》に基いたものである。西蔵人は西蔵の建国は仏の予言に拠るもので、仏法を弘通せしめんが為めに、西蔵人種が創造せられ、仏勅に従うてその代官として観音の化身がこの国に臨み、衆生に法を説き、且つ仏教国として永劫に聖法を擁護せんと誓われた国柄で、世界中印度に次で神聖なる邦土であると信じ、自国をユンデンシン（法有刹土または仏法相応刹土）と呼んで居る。而して彼等は仏教伝来後の国君は皆所謂奉仏王で仏聖の化身、殊に歴代のダライ法王は皆観音の権化で、西蔵の国土が存する限り、その教化の恩恵に浴するものとの信仰を懐いて居る。故にダライ法王の尊称を「聖観自在」ともいい、たとい一法王が入滅するとも、死後四十九日を経過すれば再び赤子となって降生化現すると確信して居る。

初め数代のダライ法王は逝去の際自身が次の世に降生すべき地勢方位を予言したから、後継者を捜して、王位に即くることは容易であったけれども、後代に至り法王が予言をせずに逝去した場合があって、尠からぬ迷惑を感じたので終に後継者の捜索を神託によって行うこととなった。その託宣所として今日最も著名なのはレボン寺の傍らなるネチュンで、次はサムエ、ガトン、ラモの三寺である。これらの寺にはチュキョンといってそれぞれ「護法神」を祀り、法王がいずれの地に再現するかについて神託を仰ぎ、神使の宣告を待って決定せられる。神意は勿論唯一無二であるべき性質のものであるけれども、神意を伝達すべき「聖使」が四箇所に分かれて居るので、所謂神託がまちまちになって廻生せる法王の候補者が四人まで出現する場合がないとも限らない。唯だ一人ならば別に面倒な手数もかからずに直に王位を決定し得るけれども、もし二人以上の候補者が同時に顕れた場合には皆神託によるものであるから容易に取捨することが出来ない。すべて神聖なる法王子として周到な注意を加えて養育し、四、五歳に達するとその挙動によりて真仮の鑑定を下される。しかしまた識別の困難なる時は、法王子を皆ラッサに呼び寄せ抽籤で決定する。

三、所謂「西蔵王」

法王の抽籤《ちゆうせん》は従来の習慣に依れば、西蔵の王《ゲエルボ》以下僧俗の高官等の列席せる公会堂で行い、支那の駐蔵大臣も臨席の上各候補者の名札を入れてある金甕《きんがめ》の中から、目を閉じて「霊箸《れいちよ》」でその一つを撮《つま》み出し、これを開いて読み上げ、その当人を以て次代の法王と決定するのである。この法王子は、分別心の発達するまでは所属の大寺で特別の教育を施し、灌頂得度式を終わった上初めて宮殿に迎え入れて王位に即ける。歴代の法王が概して明主であったのは畢竟この特種教育の然らしむる所であろう。上記の如き王統継承法によるが故に、法王の逝去後数箇月間法王を欠くことがある。また後継者が決定しても、幾年間かは国政を執ることが出来ないから、臨時に法王に代るべき主権者を選定するの必要がある。そこで四大別格寺の大高僧またはガンデンティパの栄職にある大僧正中より国王の候補者を物色して国会の推薦等により所謂「西蔵王《ブウキゲエルボ》」の栄職に据え、ダライ法王の印璽を授けて所定の期間国政の全権を委任する。この王政は法王継承の際ばかりでなく、法王が外遊して統治の実を挙ぐることの出来ない場合に於いても行わるるもので、先年現ダライ法王が蒙古支那方面に旅行中ラッサには彼の王《ゲエルボ》が国君の位に就き、侵蔵の英国全権公使との間に条約を締結し、法王に代りて調印せしが如きはその一例である。

四、継承に関する陰謀

要するに降生的の継承法に拠る教王は、その国民の迷信が産み出した所の仮仏法王で、何等の血統的関係がない。而して、たとい迷信とはいえ、徹頭徹尾純正なる神託もしくは仏の告命によるものならば、継承という観念に幾分か神秘的の素因を含み、未開国民の行為として彼是非難すべき必要もないが、従来降生的継承の裏面に立ち入ると、決して迷信を以て一貫せるものではなくして、黄金万能主義のために厭うべき陰謀が盛んに行わるる事実を認むるであろう。即ち彼の護法神の託宣に就いて聖使を買収し、神意を左右せしめることもあれば、各国務大臣、支那の駐蔵大臣及びその他当路の要官に贈賄《ぞうわい》して神聖なる抽籤を胡魔化させることもある。斯くの如き手段が極めて秘密の裡に行わるるから、如何に降生託宣の形式が神聖であるとも、また如何に抽籤の公会が森厳《しんげん》を極むるとも、結局は最も巧に陰謀を運らし、最も多額の賄賂を投じたものの子が神意にも適い、当籤の勝者ともなり、一天万乗の教王として即位すべきことは容易に推測し得らるる所であろう。幸いにして法王自身が終生その醜事実を知らないのと、一般の国民もまた斯る陰謀が事実上存在せんとは思わないので、君臣の分乱れず、社会の秩序も無難に保たれて行くのである。しかしながら、斯様に迷信と陰謀とによって成立せる国体は、国民の智能が啓発されて欧亜の新文化に浴する暁には必ず革命思想を誘致して早晩何等かの変動を来たすであろう。

第八章　西蔵政府の組織

一、中央集権の形式

西蔵ではラッサに中央政府を置き、地方に州県庁を設け、大体は中央集権の形式に拠って居るが、一面に於いては今なお封建制度の遺風が残って居る。古代より中世に亘りては各地方の諸侯がそれぞれ領土を私有して居たが、第十七世紀末に及び初めて中央政府を組織し、大臣以下文武諸官を置くに当たり、諸侯を廃して貴族に改め、各自の領土を私有せしめたまま、一度これをラッサに集中せしめた上、百官の任命を終わり中央政庁に直属せしめるものと、地方に勤務せしめるものとの二種に分かった。大臣のごとき重職でない限り、各任期を定めて中央と地方との交代を行い、且つ地方州県の管轄区域と各自の私領とは成るべく一致せしめない様に任命するから、古来の封建制はほとんど破壊せられたけれども、旧領の私有を継続し得る点に於いてなお封建の余風を残せるものである。彼等が官吏として政府より受くる所の俸給が極めて僅少であるのはこの私領を継続所有する代償があるに由るのである。

二、封建制の遺風

故に中央集権といっても、私領地に於ける主権は矢張り或る程度まで旧諸侯＝新貴族の掌裡にあるから、地方長官といえども私領地の内事に立ち入ることは許されない。国用に関しても猥りに私領地域の人民に税を課し、公務を命じ、もしくは処分することを躊躇しなければならぬ。この種の必要を生じた場合は、中央政府に申請し、その領主である所の貴族に指令の下るを待つという順序である。古来、莫大なる資金を要する事業を起こしたことのない西蔵政府に取りては、国内各所に散在せる公領と固有の財産とによって国用を弁じて来たもので、特に一般人民より諸種の税を徴するの必要なく、所要あれば臨時に各領主に分担納付せしめたものである。但し兵役に関しては、平常よりそれぞれ領土の大小良否に応じて、徴兵の員数を指定し、奉公の義務を有せしめ、一朝動員の際は、兵糧、武器、弾薬、被服に至るまで大部分は自弁で、官給は僅かにその一部を充たすに過ぎない。

三、三首相四大臣

中央政府はデバシュンといって、新制によれば三首相、四大臣があって、中央及び地方の文武諸官を統率し、ダライ法王の旨を承けて政治を行う組織である。中古よりの幼稚な国法はあるけれども、法王の意志と、各大臣の手加減とでどうともなる未開の慣例的政治である。三首相、四大臣はどちらもその一人は必ず僧官を以てこれに充て、各幹部及び地方官も同様に僧俗両官を組み合わせて同一の任務に就かしめる。僧俗両官は各百七十五名（？）の定員であるとのことだが、実数は常に増減があって、最近数年間に於ける全員は僧俗合計約三百名である（僧官はめいめい生家を捨てたもので、間接に私領の恩恵を受けるものと、全くその恩恵を受けないものとがあるから、政府は僧官に対しては相当の年俸を支給する）。三首相といい、四大臣といい、職務上特種の部署がある訳ではない。政務は四大臣の合議を経て、更に三首相が合認することとなって居るも、その権能に於いては無論三首相が上位であるけれど、執務上必ずしも主従的関係を有しないことがあって、往々二個の独立幹部の存するが如き観を呈し、二部合同して直接法王の裁可を待つ場合がある。

四、大臣院と勅審院

三首相制は近代の新例で、現在のダライ法王が創設したものである。昔は一人の執権が四大臣の上に立ち、専制を恣にしたものであるが、現今は執権の位置にある首相を三名とし、且つ四大臣と協同せしめることになって居るから、政治上の弊害は比較的軽少となった。清朝の駐蔵大臣が西蔵に於ける位置は四大臣の上、執権とほぼ同等となって居って、法王に次いで最も有力なる一人であったが、既に駐蔵大臣なく、執権も廃せられた新制度では全くダライ法王の独裁となって居る。三首相の事は蔵語でルンチェンといって「大臣」の意味である。四大臣のことはシャペと呼んで居るが、これは「足蓮」の義で、仏聖の蓮華台足下（即ち法王）に仕候するものという意味である。三ルンチェンの政庁をルンチェンカン（大臣院）と称し、四シャペの役所をカシャと名づける。カシャとは元来「勅審院」の義で、国政の単純であった時代には、政府の事務は主として審査裁判に限られたものであるから斯く名づけられたものであろう。現今ではカシャで諸種の政務を執り、ルンチェンカンと協同して内務、外務、財務、軍務司法、農商務、教育、宗教等を司る所となって居る。

五、各部長官

四シャペ（大臣）の下にありて財務を司る長官をツィプンといい、その中官吏の俸給支出を取締る主任をポプンという。審査裁判を司るものをセパン、奉行の任にあるものをミプン、軍務部長をチンダといい、農商務はソナムトタンバが財務部長ツィプンの指揮を受けてこれを司り、教育、宗教に関してはそれぞれ適宜にツィトゥン及びトゥンコルを任命し、三首相もしくは四大臣に直属せしめる。また別にナンマカンという一省がある。宮内省といった様なもので、法王侍従長侍医を以て部長とし、三首相とほぼ同一の権能を有し、兼て僧侶中の最高位を占め、三首相――特にその僧官と協同して、教育、宗教に関する主権をも握って居る。なお法王直属の書記官長はトゥンイグチェンモといって宮内部長を輔《たす》け、宗教、教育事務をも司る。宮内取締役はドゥンネルチェンモといって受付、接待事務の主任ともなる。その他新設の逓信事務はダカントタンバの司る所でカシャの所轄に属し、内閣書記官長ともいうべきカトウンチェンモは新調の教育総監をも兼ねて居る。要するに西蔵の職制は従来の慣例と事務の性質により所要の職員を任命するので、統一も秩序もなく、これを組織的に論定することは甚だ困難である。

六、知事と総督

地方の行政は西蔵本部を五十三県に分かち、遠隔の辺境には東西に四州を設けてある。重要なる県にはゾンプン（県知事）を置き他はゾンラといい、ゾンプンの次官を任命し主県に附属せしめる。四州には総督を置いて辺境統轄の責に任ぜしめる。即ち北西辺境にはトウガルプン及びルトクガルプンの二州あり、東辺境にはマンマムタイチ及びニャロンチィキャプの二州があるが、東部辺境の支那に接近せる地方一帯は、既に支那四川省の一部に併合せられ、目下支蔵交戦地域となって居るから、該地方二州の総督は中止されて居る。ゾンプン（県知事）は僧俗各一名の官吏より成り、その県内に於ける収税、訴訟、審判、農商務等の事務を司るものである（県のことを蔵語でゾンといい、英語では常にジョンと誤って発音されて居る。ゾンとは県城または要塞の義で、封建時代に諸侯が根拠として築いた城塞であるが今は県庁に応用されて居る）。各州総督の任務もほぼ県知事に等しいが、その任地は中央政府より著しく遠隔せる重要地域であるから、多くは高級官吏を派し、或る程度までは兵権をも委任し、従って任期も長くしてある。

七、タシラマの領地

なお西蔵本部の南隅には直接にラッサ政府の指揮を受けない数県がある。即ち後蔵タシルンポにあるタシラマの直轄せる地域である。タシラマはダライと同じく仏教法王ではあるが、西蔵の統治上には何等特別の権勢を持って居ない。清朝は曾てダライの勢力を抑える為めにタシラマにも偉大なる権力を附与したが、予想した程効果が挙がらなかった。英国もまた一時この法王を利用して西蔵に対する野心を遂げんとして失敗し、今は専らダライラマに望みを属して居る。現在のタシラマは政治的覇気ある人物でなく、ダライ政府より分与せられた数県の私領を保ち、同政府の意に反せない様に一意聖務に全力を注いで居る方である。世人は往々この二法王の権力争奪を云為するが、未だその軋轢の事実を指摘し得る人はない。

第九章　西蔵の宗教

一、古代の梵教

西蔵古代の宗教はボンといって、後世になって仏教が伝来するまでは国教として君臣皆なこの教に帰依し、偉大なる勢力を有し、その伝播せる範囲もすこぶる広大なる区域を占めて居った。所謂梵《ボン》教とは一切の呪物魔神を崇拝する妖教の一種で、彼の中央アジアの北東部やシベリア地方に行わるるシャマニズムの様に、妖術によって諸の罪障を除き、常にボン神を祈って冥護を求め、死後は天上界に生まれて祖先と共に神的生活をなすを以てその極致とするものである。故に妖教ではあるが、また一種の祖先崇拝宗とも見ることができる。太古西蔵には無数の湖水があって、人類が居住する余地もなかったが、その後だんだん減水して新たに陸地を生じ、最初は中亜諸国から移民が南下して来たもので、梵教は当時これらの移住民族によって中亜からこの国に伝えられたものではあるまいか。勿論更に本教の由来と西蔵民族の始源を攻究した上でなければ有力なる想定はできないが、現時の梵教は著しく仏教化して、宇宙に対するすべての現象観並びに哲学的考察は全然仏教に準じて同類の名辞を引用し、これに梵教独特の解説を施して大いに教風を高尚ならしめて居る。しかしその邪法淫祠に類する教指が仏教に影響した点も尠くない。

二、神縄で天上へ

西蔵に最初の国君が出でた時代＝紀元前五世紀（？）から既に梵教は存在して居ったので、時代と共に変遷して行った宗風の区別が当時の伝説史上に明記せられてある。この時代に於ける歴代の国王は皆な梵教の篤信者で、死後は天界の神境に昇り、その祖先と共に天祖ボン神に仕えたが、その或る者は衆生済度の為めに神変力を以て再び人間界に降臨する。彼等が天上に人界を昇降するにはムタクと称する「天縄《てんじょう》」を伝うもので、ムタクは神縄《しんじょう》であるから魔法を悟得した心眼でなければ、普通の肉眼ではその存在を認むることが出来ないものと信じられて居る。今日ラマ教徒の屋上に張られてある七五三縄《しめ》は矢張りムタクと名づけ、全然梵教の風習を真似たものと思われる。そのムタクには通常五色の小旗に呪文を印刷し、一定の間隔を置いて無数に繋ぎ列べ、支柱として用うる枝附きの楊樹《やなぎのき》にも五色の布切を細長く短冊形に切り裂いて、花の様に枝や幹に結びつけて屋上の四周に飾り立て「天の神」を祀り、悪魔を払い家屋とその敷地内を清浄ならしめ以て安全を祈る方便として居る。旅者は印度ダージリン等のヒマラヤ地方にある西蔵寺院もしくは蔵民部落等に於いて林立せる幟とか路上や屋上に張られたる七五三縄を目撃するであろう。これらの多くは仏教徒の手に成れるものであるが、元来梵教の宗儀に基けるもので、西蔵内地に於けるムタグや小旗と同一の趣旨から出て居る。而して小旗や幟に印刷せられた文句は主に秘密仏教で採用して居る梵文呪句（陀羅尼《だらに》）で西蔵文の経文は割合に少ないようである。

三、国王の降臨と梵教

西蔵に初めて君臨した第一代ニャティィツェンポ王は印度方面から侵入したアリアン人釈迦種族の系統に属するということは歴史家の一致して居る説であるが、当時この国に土着せる中亜民族の梵教徒の信仰によると、該王は印度から来蔵したものとはしない。この王が突然ヤルン（高国《こうこく》）の天雪嶺に出現した事実から見て、これ必ず彼等の天祖が上界から天縄《ムタク》を伝うて同山巓《さんてん》まで降臨したものと信じ、直にこれを迎えて全蔵を統治するの国君と定めたのであると伝えて居る。梵教はその後第三十三代の国王に至るまで約一千余年間、勢力熾盛を極め、西蔵全国は云うに及ばず、南方遠く印度のヒマラヤ地方にまで伝播せられたものである。

四、仏教の伝来

次に梵教に代わって西蔵の国教となったものは即ち仏教である。そもそも仏教というものが初めてこの野蛮国に伝わったのは第二十八代トトリニェンツェン王の御宇《ぎょう》六十年で、多分紀元前三世紀頃であったろうと推測せられる。但しこの時代に於いては印度の或る仏学者が聖典、仏具等を齎《もたら》して開教を試みたが失敗に終わり、唯だ一人の信者をも得ることが出来ないで空しく経典等を遺棄して印度に引き返したのである。ところが第三十三代ソンツェンガンポ王の時代（紀元五百六十九年～六百五十年）になって印度、ネパール、支那などから仏法を求め、一般にこれを信奉する様になった。その後多少の盛衰を経て、第十一世紀から数世紀間に亘って宗教改革運動が起こり、第十五世紀になって改革の実成り、いよいよ未曾有の隆盛を来したのである。今日もなお当時の盛観を止めて居るが、その内容に至っては甚だしく衰微して居る。兎に角、過去千三百年間は仏教弘通《ぐつう》の世で、彼の梵教は西蔵本部から駆逐せられて、痛く衰退したけれども、その仏教に及ぼした影響は実に驚くべきものがあった。而して今日は遠隔の辺境に余勢を保って居るに過ぎないが、まだまだ侮るべからざる威力を有して居る。たとえ西蔵本部に於いては具体的に勢力を留めて居ないとはいえ、若干の梵教士が妖術を行い、仏徒の秘密宗儀、式典などに干与し、相当の地位を得て居る事実がないではない。

五、奇怪なる秘密数

前後千三百余年に亘って弘通せられた西蔵仏教は、その教風と時代とに応じて大体新古二派（または黄、紅二派）に分かれて居り、通常宗教改革以前を古派とし、以後を新派とする。第七世紀に伝来した仏教が具体的に弘通せられたのはその後約百年を経た第八世紀の末で、教運隆盛の基礎はすべてこの時に完成せられたのである。然るにその頃印度の北西辺境からペマサンバワという瑜伽《ゆがは》派の高僧が入蔵し、国王第三十九代ティソンデツェン王の帰依を受け、奇異なる一派の仏宗を開いた。彼の唱道した密教瑜伽宗は或る点に於いては偶然にも西蔵土着の梵教義と類似した所があったので、たちまち上下一般の尊信を受け旭日の如き勢いで流布せられた。彼は大いにその妖術的なる神変不可思議の宗致を発揮し、無我無念の観法を成ずる一つの手段として、大胆にも耽溺に陥り易い快楽を容認し、専ら心を愛欲境に集注することによって絶対止観の法域に達し、真理を悟得し、神通力を享くるに至る道を教えた。今日の梵教徒がこの高僧を天祖梵神と一緒に自宗の一祖師であるかの様に敬信し、その像を祀って居るところから見ればこの仏宗と梵宗との関係が如何なに密接なるかは想像するに足るであろう。

六、所謂秘密教の流弊

この奇怪なる仏宗は本来瑜伽《ゆが》の観法にその礎を置いて居るのであるが、ペマサンバワは西蔵に於ける当時の人心の傾向と人情の弱点に附け込んで一気に宣伝せんと試みたので、純密教理に附け加えられた彼の独創にかかる剣呑なる分子や誘惑的の素質が随分夥しかった。これはやがて後世の西蔵仏教を堕落せしめ、且つ社会に害毒を流さしめた原因である。彼が所謂無念無我の状態に住すべき方便とせる酒食淫慾を恣にするという快楽主義はその本来の精神から一変して止観の美名の下に猥りに本能的快楽を享けんとする様になったので、修道の実は失せてしまい、僧侶でありながら不義の酒色に耽らないものはなく、大聖仏陀の浄法もあたら腐敗の極度に達した。ここに於いて西蔵の北西辺境に拠って居た所の一仏教王は仏法の本旨を探らんが為めに、遥々印度に多くの留学生を派遣して、顕密二教を学ばしめ、中天竺ヴィクラマシラ伽藍の僧正アティシャを西蔵に迎え、ここに宗教改革の端緒を開いた。

七、仏教の大革新

斯くて高僧アティシャは北西の辺境から本部に向かって真正仏教の宣伝に努め、西蔵の諸高僧を教え導き、これと力を戮《あわ》せて堕落せる仏教の刷新に尽くす所が多かった。彼の高弟等もまた師の志を継いで漸次改革の実を挙げたので、第十四世紀の末から十五世紀に及び、終に一つの偉大なる新教が生まれ、仏教の面目全く一新して、昔日の醜風を止めざるに至った。この大改革者を名づけてツォンカパといい、北蔵青海の辺《ほとり》から出でて全蔵に法化を垂れ、改革の先駆者であったアティシャの宗旨を宣伝して、ますます光輝を放たしめた。彼は真の仏果を悟得するの法として菩薩六度の浄行を円満に修むべき事を高唱し、誤解せられたる瑜伽の観法や世俗不浄の穢行《えぎょう》は苟《かり》にも聖境に到達すべき方便にあらざる事を極説し、仏法の神聖と威厳、深妙と大利とを普く宣揚して大いに一世を警醒せしむるに努力した。爾来五百余年間法統連綿として断ゆる事なく高僧大師相継いで現われ、幾万の学僧は宏壮なる寺院に充ち、ダライとタシの二大ラマは東西の法王として西蔵並びに中亜のラマ教徒崇信の中心となり、ほとんどその流れを汲まざるものなき絶世の偉業は実にこの改革によってその礎を打ち込まれたのである。これが為に旧仏教の各宗派は一時衰微したけれども、新教の開祖ツォンカパは猥りに余宗を誹る様のことなく、ただその仏意に副わない点を指摘し、これが矯正に努めたので、旧教もまた大いに反省し、その改革を断行してようやくその体面を維持することを得た。勿論新教程の勢力はないけれども、全蔵の各地に流布し高僧前後に出でて、教化の見るべきものも尠くない。

八、今日の西蔵仏教

およそ西蔵の文化を根本的に開発し信頼すべき国史を編み、また国家を形成《かたちつく》ったものは仏教に外ならぬので、その関係の密接なることは、到底我が国の仏教に於けるが如き比ではない。然るに現今の西蔵仏教というものは吾人の眼から見ると全く活動の能力のない死せる宗教で、国家社会の事業に対しては積極的に貢献せんと努力せる傾向は少しも認められない。その本務である所の布教すら実に微々たるもので、欧米や我が国のそれとは同日の論ではない。西蔵の僧侶は先輩から後輩に説法することを重なる事業とし、衆生教化は有名無実で、幾十万の信者に対しては唯だ霊験と称して灌頂に類する冥加力《みようがりよく》（チャワン）を授け、三宝に帰依して専ら祈禱を精進するの要あるを説くを以て能事終われりとなし、俗諦の要門をも開かねば、利他の仏意を宣揚することにも努めず、従って僧俗共に迷信自利に陥り、仏事といえば偏に加持祈禱の一事に限られて居る観がある。

西蔵の国体成立の淵源からいえば、今日惰眠を貪って居る仏教は、昔時に於いては実に偉大なる権威を具えて居たものではなく「西蔵」なるものを造ったのは仏教である。而して仏の大法の為めに邦土あり、教皇あり、臣民ありと信ぜられ、国家と社会とはこの宗教を擁護するを以て最上の目的となし、これが為めには如何なる犠牲をも辞すべきではないと思惟せられて居る。故に国家社会の事業はすべて宗教に対して有利に企図すべき必要こそあれ、宗教が国家社会に奉公するの義務は絶対にない。換言すれば宗教が主で国家社会は従であるというのが西蔵人の根本理想である。斯くてこの主従的関係を以て国家に臨んだ宗教は古来西蔵の文化を命令的に啓発せしめたものであるが、今日その宗教が国家社会に対し何等の活動をもなさず、却って貴族の隠居さん然たる感度を取って居るのは如上の関係に基づくのである。

九、聖教の為に

西蔵には昔から「聖教の為め」という常套語はあるけれども、まだ一度も「国の為め」、「君の為め」という様な成語を見たことも聞いたこともない――最近の新語として僅かに少数識者の間に話されることがあるけれども、それは外国人が注入した所の極めて新しい思想である。――故に西蔵人の頭には、「聖教の為め」身も命も捨てて顧ないという宗教的で犠牲の精神は遺憾なく発達して居るに引き替え、国家的観念に著しい欠陥がある。これは明らかに仏教が国民精神を支配して居た結果である。仏教伝来以前の西蔵が国家主義であったことは唐朝の歴史もこれを証明して居る。その後極端なる宗教本位となり、千余年を経過した今日ようやく外国の圧迫を受けて再び昔の国家主義に立ち帰ろうとはして居るが、その動機は矢張り宗教擁護の精神から出て居る。宗教と西蔵との関係は斯の如く密接であるから、苟《かり》にも吐蕃の人文を窺わんとするには必ずこの特殊の関係を認め、考察の上に仏教思想を度外してはならぬ。

一〇、ラマとは何ぞや

因にラマ教という語に就いて少しく附言するの必要がある。何故に西蔵の仏教をラマ教と名づくるか。まずラマという字の解釈をすると、「ラマ」とは西蔵語で、直訳すると「上者」という本義がある。時にはまたこれを「上母」とも「主上」とも訳する場合もあって、一般には聖者、高僧に対する尊称として用いられる。これは高僧知識は三界の師表となり、衆生の上に立って指導教化を垂るる位置にあるからである。この意義からして普通の平僧に対しても敬語として用いられ、これを呼ぶのに常にラマなる言葉を用いたものである。そこで外国人はすべて西蔵僧のことをばラマと称し、ラマ僧の信奉せる仏教は他の仏宗と多少趣を異にして居るから特に「ラマ教」と名づけたものである。或る人々はラマ教は一種特別の宗教で、妖術を弄する奇怪の秘密教であるとの観念を懐いて居る。無論西蔵密教の旧派の一部には妖術的の宗旨がないではないが、現在西蔵の国教となって居る仏宗は、大乗の顕密二教を併用せる純正仏教の一派で、決して特殊奇怪の宗教ではない。従ってラマ僧というも決して妖術師ではない。その字の本義が示す様に仏教の高僧を指し、広義には普通の平僧にも適用せらるる語であることを知らねばならぬ。

第十章　西蔵の教育

一、教育の根本は仏教

国民一般の普通教育は極めて幼稚なること、あたかも我が戦国時代に於けるが如くで、学事は専ら僧侶の兼務となって居り、普通就学者の為には唯だに小規模の寺子屋式のものが若干存在して居るばかりである。これに反し、特殊の教育にありては各寺院に於いて宗学院を設け、整然たる組織的教育を行い、その成績は相当に見るべきものがある。故に学僧中には宗学の外に史文、医術、天文から印度古代の科学、文芸にまで精通せる博学の人物を見ることがあるけれども、一般教育はその制度の欠陥により円満なる普及を期待することが出来ない。兎に角すこぶる不斉《ふせい》一の現状になる。

すべて西蔵の教育はその主義を仏教に取り、仏法僧の三宝に信頼することを以てあらゆる学問の根本として居る。従って教育の精神も仏教に準拠して居る。第七世紀の初めに教皇ソンツェンガンポが憲法と称せらるる勅語を発布し、その中に仏家の十善法を引用し、且つ十六箇条の掟を定め、国民の智徳を涵養する基としたことは、これとほぼ同時代に於ける我が聖徳太子の事蹟にも似て居る。而して同王は臣民を仏教に帰依せしめんが為めに国法を定め、その国法はやがて教育の淵源となり、仏神を信じ、慈悲に富み、同情心の厚い温順なる国民が養成せられたのである。外国人中には西蔵人を以て残忍酷薄なる野蛮人種と思惟するものがあるけれども、それは恐らく西蔵に仏教が伝来しなかった時代の蛮民か、現今の非仏教徒を誤ったものであろう。今のダライ法王は二年間余印度に滞在中、一国の文化が教育に待つ所多きことを悟り、帰蔵後文明国の制度を模倣して新教育を施さんと計画したが、国際関係の上から外国教師を公然招聘するのが困難であるのと、支蔵戦争に多事であったとの為に未だ実施の運びに至らない。

二、学府の二中心

目下学府の二大中心ともいうべきは前蔵のラッサ、後蔵のシガツェである。シガツェのタシルンポ、ラッサのセラ、レボン、ガンデンの四大寺は最高の宗学府として聞こえて居る。普通教育の機関としては両都いずれも官公私立の学塾数箇所ずつあるけれども、到底宗学院の盛大なるには及ばない。普通の国民教育の機関としてはラッサにツェラプタ、ツィカンという二種の官立学校があり、タシルンポにもほぼこれと同様のものがある。ツェラプタとは西蔵の僧官（ツェトゥン）たらんとする者の入学する所で、常に五十名内外の学生を収容し、ツィカンは俗官（トヴンコル）たらんとする者の為めに設けられた学校で四十名内外の学生を有し、どちらも貴族の子弟の入学する所である。但し僧官《ツェトウン》養成所たるツェラプタの方には時々例外として平民の入学を許すこともあるが、平民は有位の官途に就く資格がないからこれらの二学校に入る必要もない。

三、学業科目

普通の学科目としては習字、暗誦、作文、算術の四種であるが、その内最も重要なのは習字であって、次が暗誦である。ツィカン学校にては算術を必須の科目とし、ツェラプタ学校では寧ろ作文に重きを置いて居る。但し仏教学院では暗誦強記を主要とする。習字は行書と草書を充分習熟せしむる事に全力を用う。これ政府の公文書や普通信書や、その他の記録等にはほとんど行草両書体に限られて居るからだ。楷書は主に印刷に用いられ、唯だこれを読み得れば足る位の程度に止め、学校では何故か楷書の習字を決して教えないのである。故に相当な学者でも楷書は書けない者が夥しい。算術科に於いて簡単な計算には念仏用の珠数を応用し、やや複雑になると小貝、木片、大豆、碁石などを列べ、それぞれ単位を附して計算器の代用とする。しかし更に高等な算法になると一種の計算盤があって砂粉を薄く布き鏃形《やじりがた》の鉄筆を以て筆算を行うようになって居る。学校の修業年限はおよそ三年としてある。進んで高等の科学を修めんとする者は特種の私塾に通学する。

四、初等教育

初等の教育を施す学校では貴族平民、男女の別なく平等に生徒を収容する。一校の学生は大抵四十名内外を以て定員とする。学校は特別の校舎を設くる事なく普通家屋の広間や寺院の一部を以て教室に充て、塗板とか、机、椅子等の設備無く、学生はすべて座布団の上に足座《あぐら》をかく。学科は矢張り習字、暗誦、作文、算術の四種であるが、その実習字の一科目のみといっても差し支えない。他の学科はほんの申し訳位に止めてある。学生は毎週土曜日と祭日を除き毎日午前七時頃より午後四時頃まで出校し、正午に約一時間ばかり放課せらるる外には幾時間ものべつに勉強させられる。その勉強というのは午前中僅かに一時間程暗誦を強いられる。余は唯だ一途に習字を稽古するのみである。学生の卒業を決定するにはほとんど習字の成績如何に由るといってもよい。手習の仕方はあたかも我が国人が巻紙を手に持って書翰を認《したた》むる姿勢と同じようで、机はただ墨汁壺やペンなどを置く外、これを書き台として用うる事はない。

五、学校の体罰

学校の教育は智育に偏して、徳育は顧みない。徳育は主として家庭で行われ、宗教道徳が標準となって居る。どんな学校でも譴責《けんせき》には必ず体罰を課する。殊に宗教学院に於ける教師の蛮行は一層猛烈である。教師はその弟子が指定した所の暗誦を怠る時は棍棒あるいは石塊などで手当たりまかせに殴りつけ、大怪我をさせることも珍しくない。しかし斯うした体罰に刺戟せられて学僧は一生懸命となり、国中には広く仏教諸宗の奥義を窮めるものも出て来る。今日の西蔵に於ける教育は非文明的であるばかりでなく、まだ普及して居ないから無学文盲のものも尠くない。

ここに序《ついで》ながら一般の刑罰に就いて一言すれば、西蔵現行の刑法はその範を多く支那に取れる所ありて、仏教国としては似合わしからぬ蛮刑が沢山ある。最も軽い刑罰は罰金と笞《むち》であるが、笞撻《ちだつ》の数は最少数百から三百、五百、七百と重きに応じて増加する。次に笞撻を加えたる上、手枷足枷を加うる刑罰がある。頸枷《くびかせ》（戸板）を箝め、往来の頻繁なる街路に晒し、その戸板もしくは傍らに罪状を掲示するのはやや重罪人の方である。その上の重刑となれば眼球を抉《えぐ》り抜き、耳、鼻、手足を切り離す。これらの罪人は処刑する前に最も人通りの多い町に枠入として晒すことがある。以上の重刑を課せられた罪人は最後に獄に投ぜられ、一定の期間拘禁せられる。而して流刑は主に名門の犯罪者に適用せられる。また死刑の中には水中に投ずるものと地下に埋めるものとあるが、普通には罪人を革嚢《かわぶくろ》に入れて河中に沈め、また時には手足を縛って水中に投げ込み、死後その首を路傍に晒すこともある。

第十一章　西蔵の産業

一、未開なる農業

西蔵は農を以て国本とせる国柄ではあるが、面積約六十八万方マイルの三分の二はまだ不毛の高原で、ようやく本部の山原地方に於いて多少農耕に適せる地域を存するに過ぎない。西蔵の地勢が交通上の不便なること、国民が久しく鎖国主義を取って居たことはこの国の産業を今なお原始状態に留めて居る。まず農業の状態を見るに、全国中耕作に適する面積の約半部は未耕地のまま放棄されてある。面積の割合に人口が稀薄で、その最も稠密《ちょうみつ》なる西蔵本部でさえ一平方マイルに僅かに七人の比例に過ぎない。これらの住民と家畜の需要を充たすだけの農産は、現在の状態で遺憾なく供給せられて居るから、進んで斯業の改良進歩を計ろうと努力しないのである。また政府でも根本的の奨励方針を立てていない。一体西蔵本部の気候は冬季を除けば諸種の農作に不適当ではない。春と秋と寒暖計はしばしば氷点以下に降ることもあるが、概して地温は寒冷に失せず、空気が乾燥して居るから霜を置くことがない。而して夏季の雨量は十分であるけれども、その分布と度数が適当でないから、往々旱魃《かんばつ》や水害を起こし、延いて飢饉に苦しめられることがある。

農具も未開時代の遺物を使用し、耕地の区画や耕床の凹凸も古来のままで、整理せんとするものもなく、雑草は常に耕田の三分を占めて居るという有様である。しかし土地が肥えて居るから一年中冬季約四箇月間を除き栽培期には僅かに数回の人糞肥料を施せば所要の産額を得るには困難でない。主要穀物である所の麦の生産率は平均五十割の比例で、通例一斗の種子で約五斗余の収穫があり、最も肥えた土地では七斗余得らるることがないではない。本部地方に於ける重要なる農産物は大麦で、小麦これに亜ぎ、大豆、菜種、大根、蕪菁《かぶら》を始め諸種の野菜が多く、東部地方では、以上の外に玉蜀黍《とうもろこし》、蕎麦《そば》及び少量の米をも産する。米は国民の常食ではないが、国産ばかりでは不足であるから、印度境ブータン地方より輸入して居る。

二、有望なる羊毛

次に、牧畜は盛大という程でないが、全国到る処多少の牧地を有せざるはなく、牧産のみは現在に於いてもかなり豊富で、国民の需要を充たした上に外国にも輸出して居る。羊毛は目下西蔵唯一の財源である。印度のカシミル商人は遠い以前から西蔵人と交易を始め、舶来品を西蔵に入れ、羊毛を持ち出して巨利を占めて居たが、その後西蔵政府は羊毛の輸出を政府の専売となし、西蔵の指定商人に限り、印度方面に輸出することを許可し、西蔵本部からチュンビ渓道を経由する直通商路を開き、物々交易を廃し現金取引を行うた。ところが数年前政府と指定商人との間に軋轢を生じ、その結果政府の専売を廃して自由貿易としたから、斯業は頓に発達の機運に向かい、羊毛の産額も俄然増加した。なお羊毛は西蔵に欠くことの出来ぬ衣服の資料となり、その他各種の毛織物、絨氈類の原料となるばかりでなく、その羊肉は国民日常の食膳に必要なる食料となる。

この外牧産の主なるものはヤクと山羊である。殊にヤクは羊に次ぐ重要なるもので、その肉は最も普通なる常食用に供せられ、皮は羊皮と同じ様に各様の皮細工、被包《おおい》用に用い、その総々《ふさふさ》としたる尾は装飾及び細工用として印度に輸出せらるる貿易品の一となって居る。また高原や寒地の運輸機関として重宝なる動物である。飼養方はすこぶる簡単で、特別の設備をなす必要なく、野外に放飼いにして置けばよい。唯だこの動物の大敵は積雪で、数日間食草を雪に鎖さるる時は飢《き》死《し》するの外はない。羊と山羊は小屋を設けて常に多少の食草を用意して置かねばならぬが、これも特別の牧場が要る訳でなく、山野に放置して牧童に監視せしむれば足りる。北部西蔵のチャンタン地方では牧畜業は純然たる太古遊牧の状態で、水草《すいそう》を逐い、円蓋《ドーム》型の黒い天幕を携えて随時随所に移転するものである。西蔵人はこの人種を名づけて遊牧人種《ロッパ》と言って居るが、西蔵に産する羊毛の大部分はこの遊牧民によりて供給せらるるものである。

三、主なる輸出入品

商工業の状態も極めて幼稚の域にある。工業的生産力は微々たるもので、内地の商業は外国品の取引が大部分を占め内地製品は甚だ僅少である。市場はラッサを第一とし、シガツェ・ギャンツェこれに次ぐが、大規模の商店もなく、会社組織の設立もない。ラッサ等に軒を並べて居る商店はいずれも小売を本業とし、卸問屋式のものは二、三を数うるに過ぎない。最も取引の多き商店でも一日の売上額平均一千円以上に及ぶことは稀である。而して物貨の主なるものは舶来反物類《はくらいたんもの》である。羅紗《らしゃ》は英国品大部分を占め、線布類は英独伊の三国より、絹物は支那、錦襴《きんらん》は支那、露国（フランス？）、印度・ベナレス等より輸入せられる。日用雑貨品、小間物、玩具、粗悪なる装飾品化粧品等は独墺印の三国から輸入せらるるが、独墺品は欧洲戦乱開始以来日本品に変わった。陶器は支那及び日本品多数を占め、欧洲品は僅少である。宝玉と貴石のうち真珠と珊瑚はイタリアその他の外国から印度を経由して来るものと、支那、蒙古を通じて来るものとある。金剛石、赤玉、緑玉、青玉、琥珀、瑪瑙《めのう》等は近隣の諸外邦を経て輸入せられる。また金《きん》は自国産を以て最良とし、銀は支那産を尊ぶ。食糧品はほとんど皆自国産を用うるが、茶は悉く支那に仰ぐ。四川、雲南（？）方面に産する磚茶《たんちゃ》で、茶の葉を蒸してこれを煉瓦の様な形に圧搾《あっさく》したものである。その優等品は一斤（百二十匁）一円位の相場である。輸入総額は年々千三百万斤を下らないであろう。人口の稀薄な割合に茶の消費額は夥しいものである。羊毛が唯一の輸出品であるのに対し、茶は最も主要なる輸入品であって、内地では時々通貨の代用に供せられることがある。その他の商品中エナメルとガラス製器は戦乱開始と同時に日本品が墺国品に代わって居る（すべて日本品は印度商人の手を経て輸入せらる）。また諸種の器具類、印度煙草も重なる商品である。しかも貿易が一般に行われ始めたのは最近のことで、以前は支那、蒙古、ネパール、ブータン等との物品交換が主となって居り、今日の如く西蔵人が印度カルカッタにまで出て貿易に従事する様なことはなかった。

四、国境貿易

日下印度に於ける西蔵貿易の中心はダージリンの東方二十余マイル、約四千フィートの山上にあるカリンポンで、西蔵内地から輸出する羊毛の大部分はこの市場で売り捌かれる。大正五年度印度ベンガル政庁の調査によれば千九百十四年から千九百十五年に亘る一年間の羊毛貿易額はカリンポンのみでほぼ百万円に及び、その量約四十七万貫に達した。即ち一ムウンド（約十貫）の価格は三十五ルピー（二十三円弱）の相場である。その他印度境、支那境に輸出せらるる額を合わせれば、羊毛の輸出額の莫大なるに一驚を喫するであろう。なお輸出品の中にはヤクの尾毛、麝香《じゃこう》、食塩、金、騾馬《らば》などがあって、多くは印度境のカリンポンに持ち出される。但し麝香は大部分支那に輸出せられ、支那人の薬剤の原料としてこれを珍重する。その市場の中心は雲南で、所謂雲南香の名高し、麝香の原産地はラッサの遥か北方から東方に亘る山原地方を主とし、ネパール方面に於ける印度境の、ヒマラヤ山脈及び中央アジアの諸高原にも相当の産出がある。ラッサに於ける麝香の相場は大抵金と同値段で、約三匁の麝香を含んで居る麝香嚢は十三円以上十五円、印度の相場は十七円ないし二十円が普通である。今麝香採取の模様を聞くに、猟師は麝《じゃ》の巣に近い所に天幕を張り、月夜を利用し、天幕の内に隠れて静かにその動静を窺うのである。麝は極小心で警戒深い動物であるから、日中は大抵岩穴に隠れ夜間出でて食物を漁る。その食草は主に薬草であるから、猟師は薬草の多い水辺に天幕を張り、その通路と思わるる所に係蹄《わな》を設け、麝が前後と同じ路を取って水辺に向かう途中、たちまち係蹄に罹って藻掻く所を取って押え、打ち殺して香嚢《こうのう》を剝ぎ取るのである。麝香は交尾期に最も多く、冬季になると質がますます良くなる。而して麝香嚢《じゃこうのう》は牡鹿に限ってあるので、つまりこれから出る芳香によって牝鹿を誘う道具なのである。西蔵北部の貿易は甘粛・新疆方面から乗馬・騾馬の輸入がある。ダージリン地方でブティアポニィ（西蔵馬）といって山上りに屈竟なる乗馬は支那方面の馬がラッサの市場を経て印度境に輸出されたものである。蒙古地方からは宝石貴玉類、ロシア錦襴（仏国製？）及び武器等の輸入がある。支那本部との貿易は四川省打箭炉を中心として盛んに行われたが、今日は支蔵戦争の為めに全然この方面の通商は壮絶し、彼の莫大なる磚茶は絹布、錦襴、陶器と共に海路印度を経由することとなって居る。但し以上の諸方面に於ける貿易額に就いては、西蔵政府に何等の統計なく、大体の推測すら下すことの出来ないのは甚だ遺憾である。

五、鉱産と砂金

西蔵の鉱業については世人は一般に望みを属して居るが、現在では僅かに数箇所に金鉱のある外は特筆すべき採鉱業を見ない。目下採掘中の金産地中最も大なるは西部西蔵にあるインダス河の水源地帯で、その中心をトクジャルンという。しかし金質の良好なるものを産するのは東部西蔵のニャロン渓道附近で、支那の四川境に近い所である。なお一箇所ラッサの南東約一週間程の処に当たりスバンスィリ（金江）の上流にマニセルカという金産地がある。その他土人の言によれば、外人の未だ探険したことのないチャンタン地方には、各所に金脈連系して居るとのことである。また銀鉱脈は東部西蔵のリタンを中心とし、同地方にはまた水銀をも産出する。リタン及びバタン地方は天産物に富み有望なる土地であるとのことだが、今では西蔵政府の勢力の及ばぬ所となって居る。北部西蔵の湖水の多い地方では湖沼の乾床から多量の岩塩を出す。鉛、亜鉛、硫黄、硝石、石墨（黒鉛）等は各地に多少の産出がある。銅鉄、石炭の鉱脈もないではないが、また実用に供せらるるまでに採掘せられて居ない。西蔵人は古来農を以て国本となすと称し、鉱物を採掘する事は土地を害し、農耕の上に打撃を与えるものとなし、止むを得ない場合の外は進んで発掘を試みなかった。金の如きも唯だ河床の脈を伝うて採収するだけで、岩脈には及ばない。而して岩の中の金脈は新しい金を産み出す「母」脈であると信じ、たとい金塊を発見することがあっても、決してこれには手を触れずして鄭重に保護して居った。しかし近頃はあらゆる鉱脈を採掘せんとし、採鉱冶金に関する技師を日英両国に求むるまでに進歩した。さりながら英国は大戦に忙殺されて西蔵を顧るの遑なく、日本は絶対に西蔵に関係することを忌避して居るから、西蔵政府の切実なる希望も未だ実現せられない。

六、西蔵の通貨

現行の通貨としては同国政府発行のものと、英領印度のものと、支那四川省鋳造の銀貨との三種である。数年前までは支那貨及露貨が通用して居たが西蔵独立以来不通となった。目下西蔵政府発行の通貨には銀銅貨と紙幣とがある。まだ金貨は制定されないが砂金の重量に応じ金貨同様に使用して居る。即ち砂金一匁は約五円強と定めてある。紙幣は最近制定されたもので兌換制となって居ないから、時々若干の割引をせねば自由に通用しない。今試みに各種通貨の名称を挙げ、千九百十七年度の相場に基づき、その相当価格を邦貨に換算して示せば次の様である。（写真参照）

（A）一、サン（Ṣang）およそ我が一円六銭位に相当する銀貨にして、その大きさ我が旧制一円銀貨の如し。

（B）一、ショガ（Shoġa）およそ五十三銭に相当する銀貨なり。

一、ショスム（Shosum）およそ三十二銭に相当する銀貨なり。

(C)一、タンカ（Tamka or Tanka）およそ十六銭に相当する銀貨にして、現行通貨中最旧の制定に係るものなり。

(D)一、ショ（Sho）およそ十銭に相当するものなれども、ただ名称のみあって実貨なければ、タンカ銀貨の一部を切り去って代用す。

(E)一、チェゲェ（Chigye）およそ八銭に相当するものなれども実貨なければ、タンカ銀貨の一部を切り取りて通用せしむ。

(F)一、カルマ（Karma or Karmaga）およそ五銭に相当する銅貨なり。

(G)一、カカン（Kăkáng）およそ二銭七厘に相当する銅貨なり。

一、この外にカチャ（Kacha）といいおよそ十三銭に相当するものとカプチェ（Kapche）とておよそ一銭三厘に相当する名称あれども実貨も代用貨もなし。

(H)一、紙幣にはタムガ（Tamga）とておよそ八十銭に相当するものと、タムチュ（Tamchu）とておよそ一円六十銭に相当するもの等その他両三種あり。

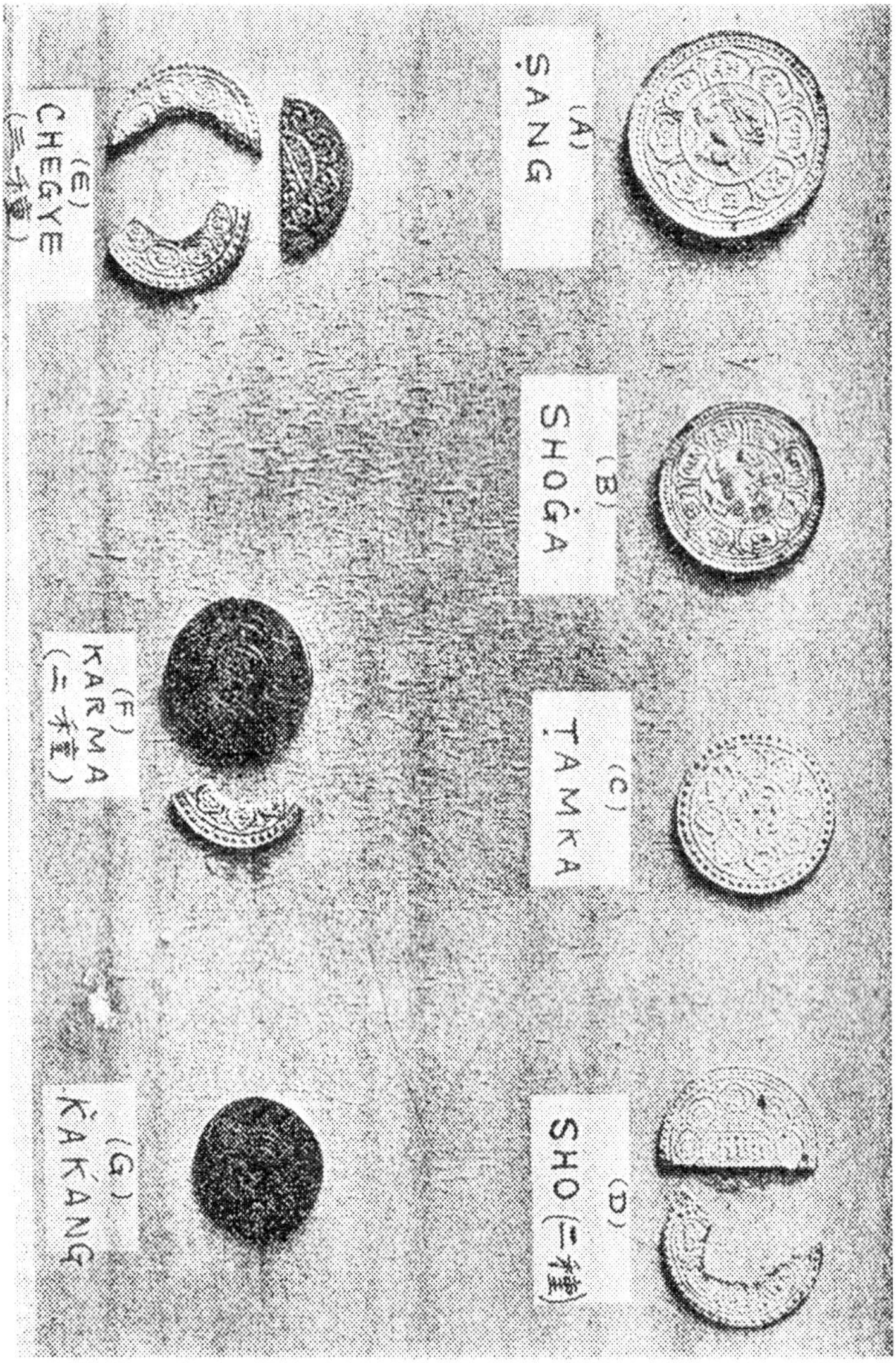

西蔵の [注：当時の] 現行貨幣（著者所蔵）

第十二章　交通の状態

一、交通機関

西蔵の地勢がどんなに交通上の障礙となり、その発達を阻止して居るかは二十世紀の今日なお一マイルの鉄道を有しないばかりでなく、車道すらも開けて居ない一事を見ても容易に想像せらるるであろう。交通には歩行するか、もしくは乗馬によるの外はない。馬《うま》、騾《ら》、犛《やく》、驢《ろ》等は西蔵内地に於ける唯一の交通機関となって居るが、最上の乗物は馬と騾で、犛と驢とは貨物運搬に用いられる。政府が交通機関として使用する馬と騾には急行と普通の二種があって、急行の方は各県城の所在地等の大駅毎に換馬をなし、普通の方は必ず各駅毎で駅換を行うものである。所講ゾンケルというのが前者で、県城または支県の間は幾ら小駅があってもずんずん通過する事が出来る。サチェというのが後者で大抵四、五マイル毎に駅換を要するものである。急行、普通の二種共に旅客と貨物とを同時に運搬する事ができる。その速力は一日平均三十マイルであるが、貨物をも同時に運搬する時は平均十五マイルないし二十マイルに止まる。これらの使用券は中央政府または地方政庁に請求すれば賃銀と引換に下附せられる。辺鄙の地方庁で下附するものは多く普通の分で、急行の方は中央政府か重要なる大県城でなければ容易に下附しない。

二、革舟と木舟

交通機関には動物の外に舟《トワ》がある。舟は木製と革製とがあって、その雅語をチュイシンタという。「水上木馬」という意味で、車の事を「木馬輪《もくばりん》」という様に「馬」という思想に基ける名辞であるが、木舟の先端には現に木製の馬首を立て翳《かざ》し、「水上の木馬」となって居る。さて革製の舟は前にも述べた様に舷《ふなはた》も底も皆ヤクの革で、框《かまち》の骨組のみ木製である。これは河流を下る場合の様に浸水時間の短い時のみに用いられ、また搭載物も重量の小なるものに限る。長時間水上に浮かんだり、重量の大なるものを搭載する時は必ず木舟を用いる。いずれの河流でも下航するだけで、溯航することが出来ないから、目的地まで下り尽くせば再び上流に担ぎ上らねばならぬ。革舟の中には十二、三人を搭載し得る大形のものもあるが、これを陸上げして充分日光に乾かし、革の中に含める水舟を悉く蒸散せしむれば、一人の舟夫が容易に担ぎ行くことができる。舟楫《かじ》には楕円形の的形の櫂を用い、革舟には単に左右一対、大形の木舟には数対を附し、なお舵をも併用する。而して木舟は通例交通の要衝に当河点もしくは湖上の往復に使用せられ、多くは官営で一定の舟賃を徴収する。

三、ラッサに至る道

今各地よりラッサに通ずる諸通路の概況を略述すれば、その最も良好なる通路と思考せらるるものは印度ダージリン地方よりチュンビ及びギャンツェを経てラッサに至るものにして、カルカッタよりの距離は延長約七百マイルあり、その半は印度内地を汽車にて走り、余の一半は西蔵内地を乗馬にて急行するときは、両地間片道三週間にして達し得れども、西蔵内地に於いては馬匹の駅換の都合にて予想外の日子を費すものなれば、普通は約一ヶ月の旅程と見れば充分である。途中の主なる峠はいずれも海抜一万フィート以上であって、印度国境より僅かに西蔵内に進入した所にはゼレップラ（海抜一四三九〇フィート）という難通の峻嶺がある。次にタンラ（一五二〇〇フィート）及びカロラ（一六三〇〇フィート）の二高嶺あれども通過は容易である。最後にはカンバラ（一六五〇〇フィート）もしくはニャブソラ（一六八〇〇フィート）の二嶺の内いずれか一つを越えなければならぬ。一般に嶮悪なる通路各所に存し、また傾斜や屈曲の甚だしい所、山巌の間の狭路、水辺に臨む断崖路なども尠くない。大行李を搭載せる馬は辛うじてこれらの嶮岨を越えるのである。如何なる車体にてもこれを解装せざれば運搬する事不可能なる所が多い。パリよりギャンツェに至る百マイルの間は普通の二輪馬車を通わせる事ができる。沿道に於ける村邑の大なるものはチュンビ渓のヤトン、内地のパリ、ギャンツェ、チュシウ、ネタン等である。印度国境地域よりギャンツェに至る二百マイルの途上には大抵十五マイル毎に英印政府の建設せる宿舎バンガロウがある。また要地には郵便、電信、電話ありて目下西蔵中最も進歩せる便利な通路となって居る。この外ネパールの首府カトマンドゥよりする通路ありて約一ヶ月の旅程を要し、またブータンのプナカよりするものは十日内外にしてラッサに達するが、いずれも不完全なものである。

四、支那方面より来る道

四川省よりするものは途中合計七十二ヶ所の峠を越え、約二ヶ月の日子を費して難路を踏破せねばならぬ。従来駐蔵大臣がラッサに駐剳《ちゆうさつ》した当時には支蔵間の往復頻繁なるにより、路上には不完全ながらほぼ日程毎に旅舎を公設し、沿道の部落は比較的物資の供給が豊かであったが、近来この方面の交通極めて危険にして、旅者は武装するか、または安全なる旅隊を組織しなければならない。北方青海蒙古を経て甘粛、新疆及び蒙古地方よりする所の通路には平坦なる高原多く通行の困難甚だしくはないが、無人の境域広くして物資に乏しく、冬季は寒冽に過ぎ、また常に殺盗の災厄多き所であるから、武器を携帯し、旅隊を組んで交通するが通例である。蒙古のウルガよりは約四ヶ月を以てやっとラッサに達するのである。これらの諸通路に関しては、多くは予の未だ旅行せざる区域に属するを以て沿道の状況をより詳しく記す事が出来ない。

五、通信連絡法

然らば西蔵内地に於ける通信連絡法は如何というに、既に前にも少しく述べた如く、この国に初めて郵便制度が実施されたのは大正元年十一月で、最初はラッサ、チュンコル、ギャンツェ間六十マイルの短距離に限られて居たが、今日では西は後蔵のシガツェ、南はチュンビの南端、東は目下支蔵両軍の交戦地となって居るショパドの蔵軍根拠地に達し、北はナクチュカまで延長すべく計画中である。取り扱い郵便物は郵便、小包、為替の三種に限られ、ラッサを中心として各方面に毎日一回ずつの発着とし、その行程の速度は普通旅程の倍ということになって居る。電信電話は目下ラッサーギャンツェ間に計画中であるが、まだ実施の運びに至らない。またギャンツェより印度境に至る約二百マイルの間には印度政府にて敷設せる郵便、電信、電話線が通じて居る。千九百四年の創設にかかり、その制度はほぼ印度内地と同様である。郵便は両地間一日一回ずつの発着となし、カリンポンへは約四昼夜を以て到達する。郵便脚夫は鈴を附けた拳槍を鳴らしながら駛《はし》る。路傍にはマイル数を示せる標石が建ててある。西蔵政府の郵便設備は全くこの英国式を模倣したものである。その他政府でも民間でも臨時飛脚を立てて連絡の方法を講じて居る。

六、西蔵の郵便切手に就いて

因に目下西蔵政府にて制定せる郵便切手について一言すれば、現行の切手は五種ありていずれも同一の図案により唯だ価格の文字と印刷インキの色とを異にせるのみである。即ち切手の中央部には西蔵の表章たる唐獅子の図を印しその周囲には西蔵と英語とを以て「西蔵郵便切手（価格）何々」と記してある。

一、カカン切手（Kákáng）は緑色にして約二銭七厘に相当す。
二、カルマ切手（Kárma）は青色にして約五銭強に相当す。
三、チェゲェ切手（Chegye）は紫色にして約八銭に相当す。
四、ショカン切手（Shokáng）は紅色にして約十銭に相当す。
五、タムチ切手（Tamchik,）は赤色にして約十六銭に相当す。（図様は写真参照）

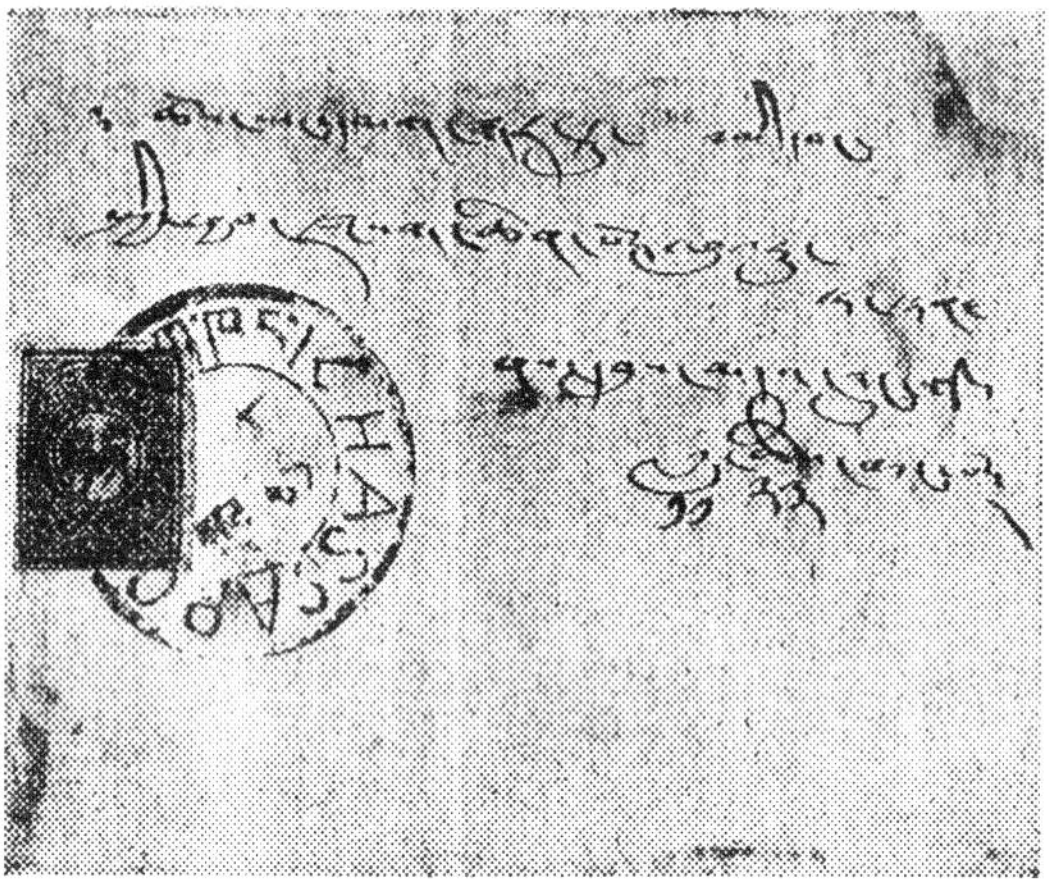

郵便切手（著者所蔵）

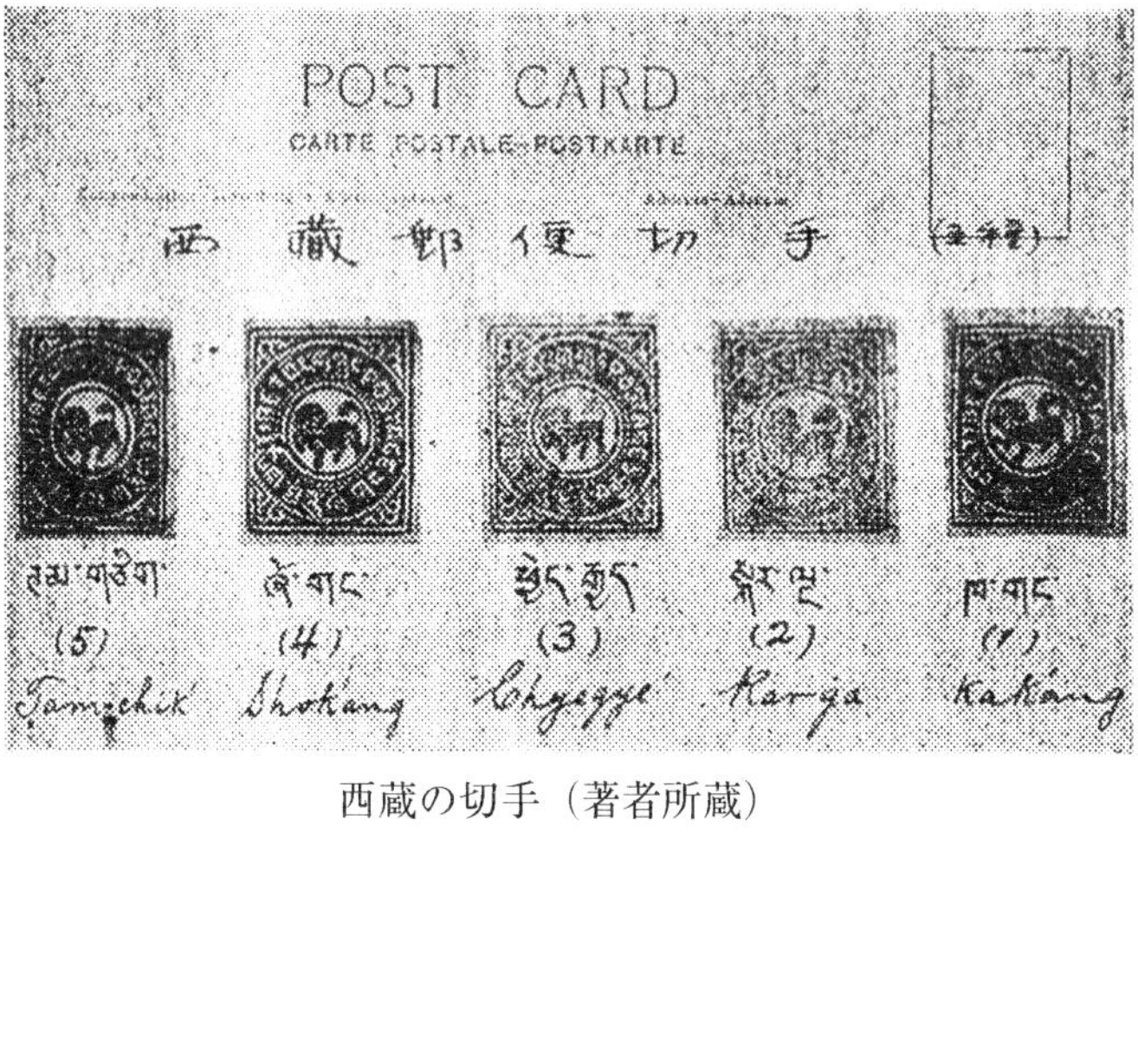

西蔵の切手（著者所蔵）

第十三章　西蔵の軍備

一、徴兵と募兵

二百数十年前、初めて西蔵政府が組織せられ、中央集権の形式を採ることになったが、軍制は矢張り封建時代の風習に従い、貴族（即ち旧諸侯）には引き続き土地の領有を許し、その報償の一部として常に兵を養わしめ、政府は所要に応じ、これを徴集して国防に備うることに定めた。この常備軍というのは一定の営内で服役するのではなくして、極少数の現役兵が各所に平服のまま勤務せる外はめいめい郷里に於いて生業に従事する傍ら武を練り、毎年一、二回政府より集合を命ぜられたる場合数日間服務し、同時に検閲を受くることとなって居る。ところが近頃再三強隣の侵入を受け、従来の常備軍制では不足である。平時といえども絶えず相当の現役軍を設置せねばならぬというので、新たに募兵制をも布き、且つ在郷軍の一部を現役に改め、兵営を新設した。徴兵の義務を有するものは平民ばかりで、貴族は通常志願によりて指揮官となり得るのである。

二、蔵軍の主力

徴兵には三種あって、第一種をドゥンマグといい、軍の主力をなせるものである。その配置はラッサ一千、シガツェ一千、ギャンツェ及びテンリ各五百ということになって居る。在郷中は、銃創、槍、弓矢、投石、幅飛、競走、馬術等を練習し、司令官より集合を命ぜられた時は、その所属軍区内の指定地に於いて検閲を受ける。指揮官は検閲と同時に講評を行い賞罰を厳にし、その訓練指導を与えることになって居るが、平常は全く各自の練習に委《まか》してある。この兵種をドゥンマグ（出師《すいし》）というのは何時にても実戦に出し得る軍という意味で、一旦緩急ある場合、第一に動員せられて戦線に就くべきものである。最近に至り、この中より約一千名を徴集し、中央軍区である所のラッサに於いて約一年間現役に服せしめ、新式教練を授けた上、他の一千名と交代せしめる新制度を樹て、在郷常設軍の三千はあまりに少数であるからこれを倍加して六千とし、一時に動員し得るように準備せられて居る。

第二種の徴兵はセルマクといって僧兵である。セルマクとは「黄兵」の意味で、もと黄教派の僧徒を以て兵団を組織した所から命名したものである。兵数は一定しないが三千を下らない。各大寺院の僧徒中より選抜し、第一種徴兵の軍力が不充分である時、政府に提供せらるるものであるが寺院の護衛軍ともなるべきものである。この僧兵は昔から勇敢の聞こえ高く、彼の英軍や清兵をして畏怖せしめたものである。第三種の徴兵をチョプゲェトゥクチュという。「十八、六十」の意味で高貴の方々を除き、すべて十八歳から六十歳まで徴集せらるるもので、最後に動員せらるる国民兵である。また一方の募兵は全部現役に就かしめる。その員数及び年限は政府の臨時に定むる所で、員数は常に増減がある。募兵に応ずるものは貧民と無頼の徒が多く、良好なる兵団を組織し得る望みがない。以上各種の兵員は平時約六千五百、戦時は僧兵を合して一万となり、国家の危急に際しては二万まで動員するを得べく、更に国民兵をも徴集する時は十万にも達するが、実力は一万位の所である。軍の編成は兵千人を以て一軍とし、これに将たるものをダプンといい、次をルプンといって五百人より成る兵団を指揮し、ギャプンは百人の隊長となり、シャルゴは二十五人を率い、チュプンは十人の頭となる。これまでダプンの定員は六名であったが、近時これを増員して十数名となし、その上に総司令官としてチンダ（総監）を置き軍務大臣に直属せしめてある。また兵種は歩兵と騎兵の二種とし、砲、工、輜重《しちょう》等の事は各特科を設けないで歩兵中よりそれぞれ臨時に担当せしめて居る。騎兵は実戦に於いて伝令任務に服する外その行動は歩兵と同じて、皆下馬して戦闘に従事する。いわば騎馬歩兵で、これは国民中資産の豊かなるものが享有する特権で、別に制定せられた兵種ではない。

三、軍服と武器

軍服は昔は日本の武士の様に鎧冑を着し楯を携え、騎馬兵はその馬匹《ばひつ》にも鎧を装うたものであるが、その後清朝の駐蔵大臣来るに及んで清制に依って軍服を一定した。今では支那式と西蔵式の折衷したものと、日本の軍服に模したものと、印度の英軍式に擬したものとを用い、帽は大部分ヘルメットを採用して居る。武器には新旧の両種があって、旧式の大砲、小銃、刀剣の類も今も多少用いられて居るが、その銃は我が火縄銃と同様で、銃身に射撃の際、支柱の役をなす二またの脚を附けてある。軍刀は我が剣型で、鞘には金銀貴玉の装飾を施し華美を競う風がある。弓矢は今日の実戦には余り用いられないが、昔は武芸の根本とせられ、武術を修むるにはまず弓矢より始めたものである。今日でも毎年その競技会を催される。また貴族に取りては戸外遊戯に欠くべからざるものとせられ、祭礼の際貴族が古式の礼服を装う時は背に小形の弓矢を担うことがある。将帥のことをダプンと名づけるのは「弓矢を執る上官」の意味で「ダ」は矢「プン」は上官である。鉄砲の事をメンダというのも矢張り同様の思想から来たもので、「メ」は火「ダ」は矢、即ち「火箭《ひや》」である。

四、新式の兵銃

文明の武器が輸入されたのは近年のことで、最近になってこれを模造することをも知り、ようやく六千の常備軍に対して一様にライフル銃を供給した。その内十連発の良銃五千挺は過般或る条件の下に英国から貰い受けたものである。その他数千挺の小銃中精鋭なるものは露国から得た五連発銃で、英銃に比べると照準の点にやや遜色あれども、火力に於いては優る所がある。我が三十年式騎兵銃も数百挺あるが、精巧で携帯軽便であるから大いに珍重がられ、多くは貴族の私有に属し、一般兵士に支給するだけの余裕がない。モーゼルの十連発短銃《ピストル》は欠くことの出来ぬ武器になって居る。この短銃はドイツより露国及び蒙古を経て輸入せらるるもので、その照尺に刻んである数字がローマ字でなくして西蔵数字であるのには一驚を喫せざるを得ない。武器工廠はラッサの南、喜水の対岸、四大別格寺の一である所のツェチョリン寺院に近い所にある。規模は小さいが、かなり進歩せる工場を有し印度カシミル人を主任とし、おもに小銃弾薬を製造して居る。

五、日英式の教練

蔵軍の新式教練は以前駐蔵大臣の居った当時清朝の兵式によって、ラッサの北、セラ寺の南東に兵営と練兵場を設けた時から始まるので、毎年一回実弾射撃、野外演習、観兵式等をも試みたものである。支那の羈絆《きはん》を脱せる今日ではこの兵営を破壊し、ラッサの内外数箇所に新たに兵営を設けて各国の教練を比較研究して居る。即ち普通隊の兵営はラッサに大小三箇所あり、離宮の附近には近衛兵営あり、ギャンツェ、シガツェ両地にも各分営がある。ラッサでは目下兵営毎に教練の方法を異にし、露国式のものは蒙古人の教官が蒙語を以て、支那式のものは支那人の教官が支那語を交えて訓練し、印度英国式は西蔵人が英語を交えて訓練を行って居る。かつて日本人が我が兵語を以て日本式の教練をやったこともある。またギャンツェ分営の一隊は純英国式に英人指導の下に英語で教練を受けて居る。ラッサ政府の目的はこれらの諸式の中最も成績のよいものを以て自国兵式の基礎を定めようとするにあるのだが、千九百十六年の夏第一回検閲を行った結果によれば日本と英国の両式が成績最も好く、射撃に於いては日本式の右に出ずるものはなかったとのことである。なお政府は多分日英折衷式を採り、教官は英国側より招聘し、事情の許す限り日本よりも軍事顧問を招聘する意向であるらしい。

六、蔵兵の価値

蔵軍の価値は既に上に述べた所によりほぼ想像し得らるると思うが、無形上の欠陥は軍人的精神の微弱なることである。忠君愛国心の如きは極めて乏しいばかりでなく、名誉を重んじ一致協力して奉公の誠を致すという美しい精神の存在をも認め難い。唯だ古来仏教より得来った愛宗思想、即ち自己の冥護者である所の仏聖の為めには身命を犠牲とすることをも辞せずという個人的精神と、如何なる飢寒困苦にも堪え得る先天的の堅忍力とによってわずかに軍人としての面目を保って居るのである。故に蔵兵は戦場に於いて個人的に目覚ましい働きはするが、協同動作を以て奮戦するという様なことは甚だ稀である。これが為めに勇敢なる兵卒が比較的に多数であるに拘らず、常に少数の敵軍に対して著しい劣勢に陥るのである。さりながら古代各個戦闘を以て輸贏《ゆえい》を決した当時に於ける蔵兵の威力は実に偉大なるものがあって、しばしば唐朝の強兵を苦しめ、終に太宗をして和を乞わしめ、その王女を蔵王の妃としてラッサに伴い帰りたるが如き、また南方ネパール国王に迫ってその王女を蔵王の後宮に容れしめたるが如きはいずれも蔵軍の猛威を証するに足るであろう。

第十四章　人情風俗

一、西蔵の四種族

西蔵の住民はすべて同一の蒙古人種であるが、地勢上自ら数部に分かれ、地方によって多少種族の系統を異にして居る。西蔵人の所謂「西蔵人」は本部の中央地方に住せる種族のみを指すもので、これを「プパ」と呼ぶ。而して国の北部にある種族を「ホルパ」、東部にある種族を「カンパ」、西部なる種族を「トゥパ」といって、各別種の民族と信じて居ること、我が大和民族が朝鮮人、アイヌ及び台湾蕃民《ばんみん》に対するが如き趣がある。従って「プパ」族と他の三族とは文化の点に於いて大いに異なる所があるから人情風俗を同一に論ずることは出来ない。予が観察したのは主として「プパ」即ち中央部民族で、広く西蔵全般に亘って述べんとするものではない。所謂プパと称する種族のうちにも前蔵中にあるものをウュパといい、後蔵にあるものをツァンパと名づける。前蔵は即ちウュ州で首府ラッサを中心とし、後蔵は即ちツァン州で西部シガツェをその中心とする。ウュパといい、ツァンパというはこの州名から来たもので、我が国で関東人または関西人というが如きものである。これら両州の間に於いても、人情風習に幾分相違があるけれども、種族と文化を同うして居るから、同様に見て通論するのも不当でなかろう。

二、日本人型の美貌

プパ人には二種の系統がある。その一種は概して身の丈高く、顔は長みを帯び、鼻筋通りて高く、眼貌のよいもの、他の一種は背は余り高からずして胴太く、顔は丸みを帯び、鼻は低く眼は細きものである。前者は概して貴族及び上流の型《タイプ》で、後者は平民の或る部分に於ける特徴をなして居る。彼等は通常これを「貴族と平民」とに分かち、その間に多少の人種的分類を行うことがある。西蔵史家の臆測によれば、プパ人は印度及び中亜の人種と土着の民族との混血種で、その優秀なるものが王族または諸侯（貴族）となり、劣等なるものが平民となって諸階級を作ったのであるとのことだが、この説はやや信ずるに足りる。いずれにしてもこれらの人種は日本人、ビルマ人、朝鮮人等に酷似して居るが、気候や生活状態の関係から我が同胞に比し顔面が濃褐色で皮膚はやや疎荒《そこう》である。しかし貴族及び上流の中には日本人型の美貌を有せる男女を見ること多く、殊に印度アリアン系統を受けたる一部貴族は南欧人種に似たる美しい素質を含んで居ることは事実である。

三、温順なる性情

プゥパ人の体格はすべて我が同胞よりも良好であるが、長寿者は少なく大抵六、七十歳を以て高齢とし八十歳以上に達するものはほとんど絶無である。幼児の発育は極めて迅速で、丁年前後にはもう三十歳以上の成年の様に見える。彼等の性情は前にも述べた様に仏教の感化により崇仏心篤く、柔順で、慈悲に富み、余等が予想した様な残忍の性を帯びて居ない。一般に人情は淳和で、同情の深い社会を形成って居る。この美風は外人に対して最も能く発揮せられ、異種異教の外人に向かっても先天的に悪意を挟んだり、危害を加えたりする様なことはない。さりながら或る時代に於いて白人が非人道的行為に出でたことは終に西蔵人をして外人を嫌悪排斥するに至らしめた。彼等が鎖国排外主義を取りて、外人の入蔵を拒みしばしばこれに危害を加えたのは全く愛教心の結果で、野蛮性がある為めではない。この間の事情はあたかも我が国民が鎖国を行い尊皇攘夷の為めに白人に反抗し危害を加えたのに彷彿して居る。現今の西蔵は寧ろ白人崇拝主義で、もし国際間の規約さえなければ外人の続々入り来って文化の宣布に努むることを歓迎するであろう。古代に於ける彼等は好戦的の人種であったが仏教伝来後は全く一変して温和なる性情と化し、戦争を悪《にく》み平和を愛する種族となった。

四、蔵人の服装

彼等の衣服は我が国の筒袖の着物の如きもので、それよりは更に大きくゆったりと仕立ててある。その着方も同様で右前を普通とするが、或る階級の者は左前にする習慣もある。着物の上には帯を締め婦人は必ず前垂を掛ける場合によりては羽織や袴の様なものを用うる事もある。しかし近来彼等の多くは蒙古や支那の服装を真似て居る。衣類は自国産か舶来の羅紗または支那産の各種絹物類、特に繻子《しゅす》、緞子《どんす》、縮緬《ちりめん》、羽二重《はぶたえ》、錦襴《きんらん》を以て仕立て、綿布を用うる事は甚だ稀である。衣服の色合は海老茶色が最も多く、青、黄、橙色、茶褐色等で、女の襦袢などには、青、緋、緑白等極めて派手な色彩を選ぶ。帽子や冠には種々雑多の形態があって殊に支那と蒙古から輸入されたものが多い。最近に至り中折帽の流行が始まる。女は通例帽子を冠らない。頭髪には弁髪と結髪との両様がある。男子の結髪は我が国のチョン髷と同じ趣向のものである。僧尼は勿論剃髪するが、或る宗派の僧侶は蓄髪してさげ髪とする風もある。履物としては一般に深靴を穿つが支那や蒙古の長靴を用うる場合も多い。西蔵北部のポルパ人は毛皮製の着物や鞄を用い、頭髪は一種のさげ髪となし、頸飾とか手首には貴玉を連ねた装飾を纏うて居って、さながら太古の民族に接するの感がある。

五、華美なる装飾

西蔵人は他の未開民の様に宝石類を集めて全身を飾ることの好きな人種である。婦人は一般に頭に玉環、玉蓋を戴き、耳飾を附け、頸に金玉を連ねた環、胸に宝玉の長い珠数を幾重にも垂れ、手首に珠数や腕環、指に数個の指環を穿める。また背中には胸飾の一部に連なる金玉の連珠を垂れ、帯の後に結びつける。ざっとこれらのものは装身具として欠くことの出来ぬものとなって居る。而して最も派手に飾りつけるのはラッサよりもシガツェの婦人に多い。装身具を一通り揃えるには尠くとも一万円は要る。しかし彼等の装飾というのは唯だ外観を美しくしたいばかりで、成るべくいろいろの宝石や貴玉の類を懸け連ねて全身を蔽う様にする。文明人の様に一局部に万金を投ずる趣味はない。また男子は単に結髪の中心に小さな金玉の飾りをつけ、左の指に一つ指環を穿め、手首に往々祈禱用と装飾とを兼ねた珠数を巻き附ける位である。装飾品の主なる材料は金銀、トルコ玉、真珠、珊瑚、翡翠、金剛石、紅玉、青玉、緑玉、縞瑪瑙《しまめのう》、琥珀、水晶、黄玉等であるが、この内金剛石《ダイヤモンド》、紅玉、緑玉、真珠には粗悪なるものが多い。

上流の婦人は毎日お化粧に長い時間を費した後、装飾品を弄ぶのが日課となって居る。彼等が儀式や祭礼を楽しむはその装飾を他人に誇らんが為めで、虚栄心の強いのはいずれの国も変わりがない。彼等は普通頭髪に香油を用いない。而して顔に白粉を塗る代りに、トゥイチャといって、赤褐色の粘気ある一種の薬液を用うる。極めて不体裁なものであるが、化粧と皮膚の保護とを兼ねて居る。白粉を用うるのは最近の事であって、まだ一般に行われて居ない。

六、食事と喫茶

食事は一日二回もしくは三回で、主食物は麦粉である。大麦を煎って粉にしたものをツァンパと名づけて居るが、我が畿内地方で云う所のはったいである。その喰べ方もほぼ同様で、飯茶碗（または木椀）に入れて茶で捏ね、一握みずつ小さな団子とし、手づかみにして食する。時々これを小さな革の嚢の中にて捏《こ》ねる場合もある。

西蔵人の茶というのは日本人の用うるものとは大いに趣を異にし、磚茶《たんちゃ》の煎じ汁を直径六インチ、高さ三フィートばかりの喞筒《ポンプ》状の器の中に移し、適度の食塩と牛酪《バタ》と、時に少量の牛乳をも加え、能く掻きまぜた上茶瓶に入れ代え、適当の温度を保つために火鉢の上に置き、初めて茶碗に注ぐものである。茶というも実は一種のスープである。彼等は日々必ず三升以上の茶を飲まねば気の済まない人種である。昼も夜もおよそ十分間毎に一回約五勺の平均で飲み続ける。戸外に於ける執務中でも、遊戯中でも必ず茶瓶を携えて居り、旅行にも茶碗だけは忘れる様なことはない。西蔵人の茶は寒地の飲料としては最もふさわしいもので、滋養にも富んで居る。彼等が斯く多量に茶を喫するのは主として習慣性によるものであるが、一つは西蔵内地の空気乾燥し、人体の水分が蒸発するの量多く渇を覚ゆることが甚だしいためであろう。

七、肉類と食肉思想

食物の中で肉類は最も豊富でまた最も美味である。殊に羊肉の美味は西蔵高原の特色で、他に多くの類を見ない。ヤクの肉は日常欠くことの出来ぬ食用となり、我が牛肉に匹敵するものである。豚肉も良いが多量に出ない。牛肉は劣等で普通食用とはならない。ヤクと牛との混種である所のゾウモという動物から良い乳が取れる。これはそのまま飲料とせず、大抵は牛酪《バタ》、乾酪《チーズ》及び酸乳《ヨーグルト》の原料に用いる。牛酪は日々茶を煎ずるのに必要であるばかりでなく、仏前に供うる灯明には皆これを用いる。種油は主に食物の調理に用い、または夜間の灯明に用いるので、神前や仏前の灯用とはせられない。また酸乳は砂糖を混ぜて用いると美味を生じ、必要なる間食物の一つである。すべて慶事のある場合にはこれを米飯に添えるを例とし、長寿を祈る印というので贈答品にも用いられる衛生的の飲料とされて居る。

豚肉と魚肉と鶏卵とは非衛生的の食物ということになって居って、どんな病気にかかっても医師が第一に差止めるものはこの三つである。その理由は深くは判らぬが、魚肉や鶏卵を常食としないのは一つは宗教上の迷信から来たもので、「一人が多数の生命を奪うのは殺生の罪大なり」という偏狭なる考えからこれを余り好まない。然らばヤク、羊などの大きな動物を「殺生」するのはどうかと問うと、西蔵人はこれらのものの生命を奪うも一頭は能く多人数の分食する所となるを以て深重なる罪業を構成せず」と弁解する。鳥肉もこれと同様の思想からほとんど常食としない。

八、飲食物と燃料

而して食物の調理法と食事の仕方には西蔵風と支那風の二様がある。西蔵風によればヤク、羊の肉塊（羊肉は骨附のまま）を塩煮となし、水分を去って熱肉のまま、もしくは冷肉として小刀を以て小さな片《きれ》に剝ぎ取り、麦粉飯《ソワ》に添え、すべて手づかみで食する。時々別の肉菜には匙《さじ》を附する外、箸は用いない。野菜類は肉と一緒に種油で煎り、適当の湯を注ぎ、塩または醬油で味を附けてから再び煮る。

支那風の料理には支那人を使用し、宴会には必ず支那料理を饗応する。上流社会では毎日一食だけ支那料理とする風があるが、厳正なる儀式には西蔵料理に限られて居る。近時支那排斥の思想は極度に達して居るが、支那料理のみはますます盛んに流行し、従って米食の風起こり、今では米は常食の一部となって箸をも使用し、手づかみで食事をする風はだんだん改まるようになった。次に酒が必須の飲料である事は云うまでもない。彼の茶に亜いで西蔵人の好むものは自国で醸造する麦酒《チャン》である。この外に同じく西蔵醸造の焼酎がある。近時洋酒が輸入せられブランディ、ウィスキィ、ポルト、リコアなどを見ることが多い。喫煙用としては刻煙草《きざみたばこ》、鼻煙草《かぎたばこ》、外国製巻煙草類がある。刻煙草は印度から葉煙草を輸入し、これに自国産の薬草を刻み込み、長い煙管で喫《の》む、また鼻煙草は粉煙草に薬草や香料を混ぜたもので、爪先に少量ずつ取って鼻孔から吸い込み気管内に送るのである。その優等品は支那から輸入せられる。なお日常の燃料は、乾燥せるヤクの糞、羊の糞及び芝根土塊《しこんどかい》（一種の泥炭）を最も普通とし、薪炭は高価を払わねば得難い。石炭も産出するが採掘困難な上に運搬の途なく、未だ実用に供せられて居ない。

九、城塞の如き家屋

家屋の構造は既に述べた様に外観の宏壮なるに引比べ内部は小規模である。石材が比較的豊富なため建造物はほとんど石造であるが、建築法は幼稚で、技巧を凝すこともなく唯だ頑丈に積み上げたばかりである。而して石油などの発火し易いものや、燃焼力の強い燃料を用いないから火災の患えはほとんどなく、予が駐蔵三年間余一回として火事のあったことを見聞しなかった。しかし震災に対する抵抗力は薄弱で、かつて強震のあった時震源地域の家屋は悉く崩壊し住民の大部分は圧死されたという事実がある。その際ラッサも著しく震動を感じたけれども地震の中心を距ること五十マイル以上であったので幸いに災厄を免れた。もし西蔵に震災がなければその家屋は極めて堅固なる城寨である。予の万居はラッサに於ける有数の堅牢なる建築で、その石壁の幅は基礎が三フィート以上、三階の上が二フィートある。過般支蔵両軍の交戦中、蔵軍総司令官の本営に充てられ、約四百メートルの距離にある支那軍より七センチの山砲弾を発射せられたが、この屋壁に十数箇所の弾痕を止めたのみで、半分の厚さを破壊するに過ぎなかった。以てその抵抗力の強きことを想像し得らるると同時に特殊の建築物、例えば宮城、県城、寺院等が如何に堅固を極めて居るかを推知せらるるであろう。

一〇、屋内の設備

屋内の構造は比較的小規模ではあるが極めて華麗にできて居る。座敷の中央部には大抵幾本かの朱塗の柱が立ら並び、その大斗《キャピタル》は彫刻を施しその上を彩色してある。柱と交叉せる梁も朱塗とし、各種の彫刻彩色をなし、緑色に塗れる天井と相接して甚だ華美な観を呈して居る。床は西蔵の所謂アルカ、セメントでたたきつめ、その表面は一見褐色の大理石かと疑われる程綺麗に鏡の様に磨き上げてある。座席は通常室の周辺に設け、あたかも学校の教壇の如き台の上に厚さ五寸ないし一尺位のデン（厚座布団）を置き、更にその上に絨氈を敷き、なおその上に日本風の座布団を展べる事がある。中央西蔵では男も女も必ず趺座《あぐら》を組み、如何なる場合にても日本式に坐るという事はない（しかし東部西蔵の民族は日本人のような坐り方をする）。座敷には用箪笥《ようだんす》を列べ仏壇を設け神仏を祀り、無暗に装飾器具類を排置する。西蔵は一般に各地とも冬季は寒冽であるが、室内には特権の防寒設備がない＝温突《オンドル》や暖炉《ストーブ》を設けず唯だ炭火の火鉢を置くばかりである。窓、障子は全く支那風を模して居る。

一一、不潔の慣習

下流社会の不潔なることは言語道断である。衣服が全部垢に塗《まみ》るるも決して洗濯せざること、食器は洗い清めずして再々使用すること、室内の不潔なること、家具の汚穢《おかい》なること、唾や痰を所嫌わず吐きかけることなどは最も普通の習慣である。田舎の村落では民家に便所のない所が多く、用便は戸外で行い、豚や野犬に処置せしめるから却って清潔であるが、ラッサの如き市中では家毎に便所を有し、且つ各所に公用便所の設けさえあるにも拘らず、街上至る所に両便を垂れ流しこれを掃除するものなく、無数の野犬が努力して居るけれども到底数万という人間の始末は出来ない。西蔵人は満身これ汚垢《おこう》で、終生沐浴を知らない者が多い。しかしラッサの住民は顔と手先を洗い、夏季は日々水浴する。まだ風呂の設備を見ないが、上流の者は常に行水を怠らないから意外に清潔を保って居る。

一二、唯一の看病法

病気の主なるものは胃腸、心臓、肺、眼、リュウマチス、花柳病《かりゅうびょう》、天然痘などである。最も猖獗《しょうけつ》を極める流行病は天然痘で、かつて一時に数千の生霊《せいれい》を奪ったことがある。無教育なる彼等は病気を不衛生もしくは遺伝等より起るものとは思わず、所謂病魔があって人身を侵すものと誤信して居る。病気にかかるとまず易僧の占断を請い、医師の診断を受くべきや否やをも相談し、一方病魔を祓うために神仏に祈禱し供養を盛んにする。患者に対する唯一の看護法は昼間瞬時たりとも睡眠せしめないことである。日中の睡眠は更に病魔の乗ずる所となり、他の疾病をも誘うばかりでなく睡眠中俄然死に至らしめるものと恐怖して居る。彼等は種々の事物の上に迷信を懐いて居り、世事を判断するには必ず易者もしくは高僧に占わしめる。而して仏は釈迦阿弥陀二尊に限らず、大日如来、薬師仏を始め広く十方に在す諸仏菩薩を信念するばかりでなく、天神地祇を祈り、百魔諸龍《ひゃくましょりょう》をも崇拝して幸福と慰安を求むるに汲々として居る。

一三、迷信と怠惰

宇宙の奇現象に対しては一々迷信を以て解釈する。例えば日蝕、月蝕を生ずるのは一の魔星があって日月の光輝を奪い去るものであるとし、その当日もしくは当夜には除魔法を行い、呪言を誦し、実弾を籠めたる銃を日月に向かって発射し魔星を征伐する。もしこれを行わない時は、日月は漸次光を奪われ、世界は終に暗黒に変ずるものと信じて居る。その他農作に害を及ぼす霰《あられ》、雹《ひょう》、人畜家屋を破壊する雷電等は皆妖術を以て左右し得るものとなし、政府は特にこれが為めに魔法師を任命し、神変不可思議の術を以て災厄を未然に防がしむるの事務を担当せしめて居る。雨乞い、雨止の如きは国民一致して天神に祈禱を捧げ供養を行う。雨乞の祈禱に際し魔法師の神術もその効顕著でない時は或る期間だけ食肉の販売を厳禁し、ラッサの市中にありては往来通行の人々に水を浴びせかけ、外出や旅行の用具を一切行李の中に密閉して厳封を施すのである。斯くて百法手を尽くすとも効力の現れない時は魔術師は免職せらることがある。

人生に幸不幸の別を生ずるのは前生と今生に於ける祈禱の成否によるもの、また富貴、貧賤、賢愚、強弱等は皆神仏が人類に授けた賞罰であると思い込み、勤勉努力の効果を認めない。従って勢い怠惰ならざるを得ない。上流の者は祖先以来の資産を頼んで安逸遊惰に耽り、下流のものは一定の恒産なく、奮励進取の元気に乏しく、至る所惰民に充てるは西蔵社会の現状である。しかし彼等も天性怠惰なる民族ではない。その奮闘的の傾向は特種の場合に認められぬこともない。唯だ不平等なる社会組織と不合理なる慣例が、向上的精神を圧迫し、勇猛精進の気を殺ぎ、以て遊惰の習性に導いたものである。

一四、奇異なる礼法

西蔵人は実に辞礼に巧な人種で言語には諸種の階級を設け、日常の会話にも厳格に使い分けて居る。自己と同等もしくは同等以下の者に対する言葉、先輩、長上、高僧及び法王に対する敬語に整然たる区別のあるのは無論のことで、動詞の相手によりて変化する以外名詞、副詞までが全然換用せられる。ラッサ語の組み立ては我が国に於ける京都言葉の如く、蔵語中最も優美なるもので、邦人がこの国語を学ぶのは比較的に容易であるけれども、他の外人は最も至難なる言語の一となし、文章語及び地力語を研究するものは多いが、ラッサの中央標準語を学ぶ者は尠い。

彼等の辞儀法には、西蔵固有の式と支那式との二種がある。固有の礼式は脱帽して、腰を屈め、頭を下げる所は我が国風に似て居るが、相手が高貴の人物である時は口を大きく開いて、舌を出す奇習がある。普通の場合には辞儀と一緒に挨拶を述べるが舌を出すのは多くは最上の尊敬を払う時で、沈黙を守り相手方から話しかけられない限り発言はできないのである。高貴の面前に於いては如何なる敬語も舌を以て述べ尽くす事が出来ないというので、無言を守るのであるが、しかし物を云うべき舌が無い訳ではござらぬという意味からこの奇習が始まったのであるとのことだが、なお他にも理由があるかどうか西蔵人自身にも分からない。この外左の耳を前の方に突き出す辞儀がある。これは支那の古風により戦場に於ける捕虜の耳を切断したことに起因するとの説があるが、今日ラッサにはこの礼風は残って居ない。現に行われて居る支那風は拱手叩頭《きようしゆこうとう》の礼で、拱手の礼は一般に行われ、叩頭は上流社会に於いて親密なる関係ある者の礼法となって居る。また「カタ」と称し薄絹(多くは純白)を交換することがある。すべて丁重なる訪問、事件の依願、贈答品の交換その他の式礼には欠いてはならぬ礼布である。この礼布は帯の形をなし、粗末な小さいのは一筋十銭位、優等で大形のは五円内外の価格を有し、西蔵字で経文や仏画などを織り出したものもある。支那（四川省？）から輸入せらるるもので、西蔵固有の礼法であるかどうか判らない。

一五、婦人の位置

社会に於ける婦人の位置は甚だ低く、どんな場合にも男女が同様に取り扱わるることがない。蔵語で婦女の事を俗にキメン（生劣《せいれつ》）と呼び、賤劣なる生を受けた者とせられ、すべて社会または国家の事業に関係する事を許されない。社交上に於ける公開の席に婦人が出入するの例は極めて稀である。宴会、観劇等の場合には公爵、大臣の夫人といえども男子と同席するの慣例がない。もしその必要のある時には別に婦人小児席を設け、家庭にありても、来客に応接し客と食卓を共にするが如きは近親に対する以外にはほとんど絶無である。故に宴会の席上には必ず酌婦、芸妓が要る。殊に酌婦はその位置高く、上流の美貌を有する婦人の中より選抜せられ、主に高貴に近づき酌をするので、諸芸を演ずるものではない。芸妓は平民の中より採用し、その位置は酌婦よりも低く、歌舞を演じ宴会の席上を賑す為めのものである。

酌婦も芸妓もこれを専業とせるものはなく、臨時に或る正業者の中より雇い入るる習慣である。婦人の職業は農工商の別なく、また労働に従事するものが多い。家内の用事は大抵婦人の担当であるが、炊事、裁縫は男子の受け持ちとなって居る。上流の婦人は初等教育を終わった後、家庭に於いて特別教育を受け、かなりの学力を有するものも尠くないが、下流には無学文盲の者が多い。就学者の約四分の三は男子で、その四分の一の女子も多くは貴族に属し、平民は極めて少数である。これ女子は学問すべきものではない、学問をすれば驕慢になるといって排斥せらるるからである。要するに彼の仏教の男尊女卑的思想が西蔵の婦女を社会の低き位置に見棄てる主因となったものである。

一六、一妻多夫主義

西蔵では古来早婚の風があって男子は十七、八歳、女子は十四、五歳に達すれば父となり母となる者が尠くなかったが、近時男も女も丁年もしくは丁年以上にならねば結婚しない様である。或る旧習によれば、新郎の宅にその弟が同居して居る場合には、三三九度の盃は新婦と新郎の弟との間にも交わされる。花嫁は正式にその家の長子一人を夫とせる上、更に一人もしくは二人の次子をも仮の夫と定めなければならぬ。即ち一人の花嫁は二人もしくは三人の兄弟が同時に共有する所となる。しかしこの兄弟が母を異にする時は絶対にその共有を許さない。必ず各自に専有の嫁を求めるので、西蔵の所謂一妻多夫主義は、その夫が同腹より出でた兄弟である場合に限定せられ、その余には決して行われない。

一七、再婚と寡婦

現行の慣習では一夫一婦が普通で従来の多夫制を慙《は》じ、漸次これを改めるようになった。また一夫多妻主義もその例に富んで居るが、これを以て西蔵一般の風習と見做すことはできない。而して兄弟姉妹及び近戚間の縁組は彼等の最も嫌悪する所で、通例直系第七親等以外でなければ同族間の結婚は行わない。再婚もまた彼等の批難する所であるが、今日西蔵人の風儀は著しく乱れて居るから、真実の寡婦というものはない。若いものは再婚を急ぎ、老年のものも密かに配偶者を求める。西蔵語の中に寡婦という名辞があるが、実際に使用された例を聞かない、この語は女子を極端に罵詈叱責する場合に用いられ、平常は苟《かり》にも口に出さない。蔵語の特色として人に関する名辞には必ず普通語と敬語の別があるけれども寡婦という語には敬語がない。辞礼を重んずる社会にこの敬語を有せない事と、罵詈叱責以外に使用しない事は事実上寡婦《ユクサマ》なるものが存在しない事を語って余りある。これと同様に鰥夫《コクボ》なる語も、たまたま書籍に散見するの外全然使用せられない死語である。この社会に於ける真の鰥夫寡婦及び独身者は不具廃疾のものでない限りこれを発見することは容易でない。

一八、死骸を猛鳥に

葬式はほぼ四種の別があって、高僧高貴の遺骸は火葬に附し、その他一般の者は鳥葬を行い、伝染病患者は埋葬、変死者は水葬ということになって居る。このうち鳥葬というのは西蔵では最も普通の葬式で彼のパーシーの拝火教徒の葬風に能く似た所がある。即ち墓地に運び入れた死骸は祈禱式の進むと共にその場で小片に切り離して附近にばら撒くと、グウという猛鳥（兀鷹《はげたか》）が彼方此方から集まって来て、それを喰ってしまう。また肉片の附着いた骨は石で細かく砕いてこれも兀鷹に喰わせる。残る所は唯だ一握の頭髪のみである。この葬風をチャトル（鳥散）といって居る。これ宇宙万物は悉く地水火風の四大素より成るを以て、人間の死後霊魂と離れた肉体も終にはこの四大素のいずれかに還元するものとし、（鳥散）を以て「風葬」することにより元の大気に帰するものと信ぜる印度思想（？）に基づくものではあるまいか。

いずれにしても燃料の欠乏せる所では充分なる火葬も行われず、また墓地となる様な山間は概して地殻が硬くして発掘の困難であることなどもこの葬風を採用せる原因であろう。伝染病患者の死体を埋葬に附するのは確かに燃料の不足に基づくものと察せられる。しかしダライ法王の葬式はやや異例に属する。古老の話によれば法王の遺骸は立派な棺に納めて王輿《おうよ》に移し、荘厳なる大行列を以て墓地に運び下半身を火葬に附し、上半身は水分を除いて乾燥せしめる為めに食塩その他の防腐剤を詰めて復た棺に納め、再び宮殿に迎えて数箇月間放置する時は全く乾骸となる。そこで薬品を混じた漆喰で巧みにその上表を掩い、肉身と同形となし、同時に下半身をも土像に取り、胸腔の内に金仏像、聖典、宝玉などを嵌め込み、全身に金泥《きんでい》を塗ると、丁度等身の仏像の様なものが出来る。これを霊廟に安置して一般の礼拝を許されるとのことである。

第十五章　年中行事

一、モンラム祭

生存競争の烈しくない呑気な西蔵の社会では諸種の儀式祭礼が殊更盛大に、且つ頻々に行われて居る。新年の歓楽が尽きない内にラッサでは正月四日からモンラム祭とて大祈願会が始まり、同二十四日まで継続する。これは西蔵で最も重要なる祭典で、極めて厳粛に挙行せられる。都人はすべて正月四日限り一時戸外の歌舞音曲を慎み、敬意を表せねばならぬ。何故にモンラム祭が斯く森厳に行わるるかといえば、大聖釈尊が雪有国土即ち西蔵に仏教の弘通すべき様に祈願せられた結果、この国が世界唯一の「法有刹土」となった鴻恩《こうおん》に酬《むく》い、且つこれを記念せんが為めに、彼の新教の開祖ゼ・ツォンカパ師が創設した大典であるからである。ところが後世西蔵が清国の治下に入ってから、清朝は王政を謳歌せしめる手段としてこの大典を賛助し、駐蔵大臣をして奨励せしめた所から、自国の歴史に暗い蔵人の多くはこれを以て清帝の幸運を祈願する為めの式典であると誤解するようになった。

二、宗教的戒厳令

古記録によればモンラム祭の盛大にして森厳なることは天下無比なりと書き記されてある。今日ではさまで偉観を留めて居ないが、都人の諺にその月の十五日に於ける夜間大供養の美観を以て、世の中で最も「結構」なものに譬えて居るのは当年盛典の余勢であろう。祭典に列するものはセラ、レボン、ガンデンの三大寺院とラッサ附近にある大小寺院の僧徒でその数二万の夥しきに達する。彼等は皆寺院を去ってラッサに集まり、開催期間（三週日）民家に仮寓するので、全都はこれらの来客ではち切れんばかりとなる。その式場は中央大聖主殿に設けられ、毎日三回の法会があり、衆僧は悉く参集して荘厳なる祈禱式を行う。祭典を司る総監をツォチェンシャゴといい、古来レボン寺の僧正中より任命し、祭礼中はラッサ全都の住民に対する絶対の統治権をも附与せられ、大臣その他の高官といえどもこれに干渉する権利がない。いわば一種の宗教的戒厳令を布かれたも同様である。

三、十五日供養

この期間には日頃不潔なる市中も塵埃なく、放便の痕をも留めず。見違うばかり清潔に掃除せられ、喧嘩口論の声を聞かず、泥酔放歌の醜態を見ず、騎馬翳傘《えいさん》の影なく、全市さながら一大寺院の境内の様で、四万の住民に二万の僧侶を加えて、しかも満街静粛「聖地」の名に背かない。斯くて十五日の夜になると所謂「十五日供養《ウバー》」祭が行われ、大聖殿を中心としてこれを囲繞せる循環街《バルコル》には、大きな三角形の枠に精巧を極めた美しい供物が厳かに排列せられる。政府を始め各貴族から大聖主殿に供えたもので、その材料は全部牛酪を用いて各種の細工を行い、あるいは曼荼羅を作り、あるいは草花を模し、金銀箔を置き、五色を彩り、一枠数百円に達するもの幾十基を列べ、その前面には数百の灯明を点じ、昼の様に輝く裡を、法王ダライは侍従並びに百官に擁護せられて、護衛兵を前後に配し、徐々に循環街を一周せられる。貴族大官の夫人子女等これに続き、その後から一般庶民が雪崩を打って幾回となく周遊する。この供養祭は黄昏に始まり夜半に終る。夜半近くになれば昼間厳禁されて居た歌舞も一時黙許せられ、大供物の裁撤《さいてつ》せらるるまで歌い踊りながら周遊することがある。

四、武装行列

次で二十四日の結願当日にはモンラム・トルキャクという教儀がある。数千の僧侶打ち集まり太鼓、鈸《にょうはつ》、宝鈴などの楽を奏して荘厳なる庭儀を挙げ、余興として興味の深い武装行列が催される。幾百の騎兵、幾千の一歩兵、人も馬も皆古風の鉄の甲冑を着し、旗指物に武器を携え、空鉄砲を放ちながら循環街《バルコル》を三周する。これを率いる将帥二人を「ヤソー」と呼び、この将帥は古将軍の礼装を纏《まと》い、黄金の鞍を置いた駿馬に跨って居るが、これは昔の西蔵軍の勢揃いを示すものである。最後に大砲の実弾射撃がある。標的は約二マイルを隔てた山上一千尺ばかりの高所《たかみ》に設け、これに対して五発の実弾を送り、これでこの日の式を終るのである。翌二十五日には「チャムバダンデン」といって大聖殿から、弥勒の未来仏像を鳳輦《ほうれん》で殿外に奉迎するの儀式である。余興には競馬、競走、角力《すもう》、石扛《いしあ》げなどが催される。この日の競馬は人を乗せし馬同士が競走する。相撲は全身に種油を塗り、行司なしにやるので、鰻の押さえ競いという体である。また石扛げは三十貫余りの円い石を担いで土俵のない相撲場の周辺を成るべく多く廻るものである。これらに対する授賞式を以てモンラムの大典は全く終局を告げ、いわゆる戒厳令は解除せらるると同時に幾万の僧衆はラッサを去ってそれぞれ寺院に還るのである。

五、ツォンジュセルパン祭

その翌二十六日にはラッサの郊外にて騎乗武芸競技会がある。競技者は弓矢と小銃を携え馬に乗り、馬場を駛《か》けながら標的に向かってまず銃を発射し、続いて第二の的に矢を放つのである。二十七日にはその講評会ありて賞与を行い、なお余興として貴族階級の弓術競技が催される。二月二十一日より同月末まで十日間はモンラム・ツォンジュとて一種のモンラム（祈願会）が挙行せられる。最終の日の儀式をツォンジュセルパンと名づけ、政府の宝庫を開き、金銀貴玉を以て作れる財宝を悉く運び出し、その携帯者は悉く古代の服装を整え行列をなして練り歩き、一般の観覧に供するもので、その最も叮嚀《ていねい》なる儀式は宮場前の広場に於いて行われる。無数の財宝は云うに及ばず、奇異なる種々の古服、宗教舞楽、妖怪の仮面、十二支の動物面、大小諸種の旒旗《りゅうき》天蓋、正装せる僧徒の行列等、正月に於けるモンラム祭の武装行列と共に考古学の参考に資すべきものが尠くない。

六、観劇の季節

四月十五日は西蔵人が釈迦入滅の当日と信じて居る日で、各官省を閉鎖し、一般に休業し、衣裳を着換え、仏堂寺院に参詣し、ズンギョルカンの舟詣で、グンタン（ラッサの東方一マイルにある祠堂）の仏教舞楽等の祭礼があって、ラッサの男女は都を空にして巡拝する。越えて六月の三十日から七月八日までは「ショドウン」といって観劇の季節となって居る。六月晦日にはレボン寺の広庭で演劇がある。七月一日から四日までは夏の離宮宝苑《ノルブリンカ》で観劇会が催され、五日から八日までは宮城下のシュウ地域内で政府の主催にかかる観劇会があり、またクンデリン寺院、ハル公爵家、ヤプシイ新公爵家、ヤプシイ旧家等でも各二日間ずつ観劇会を開くのである。右の内最も盛大に行わるるは無論法王の離宮で催さるるものである。上は一国の君主たる法王から、下は百官庶民に至るまで天幕の内外に群集して観る。午前八時頃から始まって午後六時までのべつ幕なしで一時間の休演もないが、役者も見物も随意に適宜な時間を見計って中休みもすれば食事もする。

西蔵の絵画彫刻が本来の美術的分子よりも寧ろ装飾的分子の多い様に、演劇もまた儀式行列的の部分が多く、その動作表情は美的でもなく自然的でもない。劇または俳優のことを蔵語で俗に「アチェハモ」といい、あるいは単に「ハモ」

ともいう。「天女」の意味であるが、歌舞が主で天女が歌い舞うという所から転用されたものでないかと思う。ハモ劇は必ず昼間、戸外所定の広場、もしくは野外の芝生の上で演ぜらるる所謂「芝居」の一種である。それが音楽と一緒に脚本に合わせて歌い舞う所は歌劇の様で、いろいろの仮面を被って無言の動作をする部分は能に似て居る。滑稽、諧謔を以て寓話的の芸当を行う所は狂言に類し、また対話の台詞に昔の語調を用うる点は我が旧劇の様な観もある。ハモ劇の脚本は仏教に関する伝説、神話的人物、古代印度及び西蔵に於ける信仏王の伝記等に限られ、近世的の作物《さくぶつ》は一つもない。劇団は政府から指定された五、六派のものがあって、平常は各郷里に居るが、私領地に対する納税の代りに毎年一回観劇の季節に前蔵ならばラッサ、後蔵ならばタシルンポに来たり、まず法王と政府とのために演劇をなす義務を有して居る。観劇はすべて無料で、彼等は政府、貴族、一般観覧客などから金品を恵まるる以外観覧料を徴集することができない。各劇団には三十名内外の俳優があって、中には数名の女優が加わって居るのもある。劇の種類は詳ではないが予の見聞した所は十種程である。毎年ほとんど同様の劇を繰り返すに過ぎないが、蔵人はこれに対して飽くことを知らない。思うに脚本の多くが国民性の根本を成して居る所の仏教に関するものなることがその主要なる理由であるが、別《わ》けて彼の教皇ソンツェンガンポの伝記の如きは、国民をして歓喜せしめ悲哀せしめ驚嘆せしめる。而してその開催期日が一年の内僅かに一旬に足らぬことも幾万の都人をして観劇に狂奔せしめる一つの理由であろう。

七、リンカ園遊の季節

観劇会に夏の衣裳を競うた都人は次で秋の「チャプシュウ」といって一箇月余園遊の興に耽る。俗に「リンカ」の季節といって遠く塵の巷を避けて、喜水《きすい》（シガツェでは甘水《かんすい》）の畔に風雅なる天幕を設け、山海の佳肴《かこう》に緑酒を酌み凡ゆる遊楽を尽して初秋の山水に親むのである。チャプシュウの園遊は政府の催しにかかるものと、民間の催しにかかるものとがある。官催の園遊会は政府の各員が年に唯だ一回、この季節を利用し打ち寛《くつろ》いで交歓するの好機となり、私催の園遊会は適宜の社交機関となる。而して園遊会は臨時に林間に大天幕を張るものもあれば、林園内に特別に設けた遊亭の内で開くものもある。宴会と余興は普通家居の時に行うものと異なる所はないが、屋内と遊園とは客の感興を雲泥の相違あらしめることは勿論である。

八、西蔵暦に就いて

上の年中行事に述べた月日は西蔵暦に拠ったものであるから、ここに序《ついで》ながらこの国の暦に就いて一言を費せば、最初は仏教伝来と共に印度支那等に行わる太陰暦を折衷して採用したものと思われる。その中、年数の計え方には支那の十干《かん》十二支《し》の名を用いたもので我が旧暦とも一致して居る。即ち大正六年丁巳《ひのとみ》の年をメ・モ・ドゥル（火牝蛇）といい、同じく七年戊午《つちのえうま》の年をサ・ポ・タ（土牡馬）といい、同じく八年己未《つちのとひつじ》の年はサ・モ・ルク（土牝羊）というであろう。而して一年を通例三百六十日内外とし、これを十二ヶ月に分かち、一ヶ月は二十九日もしくは三十日とする。月の呼び方は「普通数詞」を以てするものと「固有名詞」を以てするものとの両様がある。十干十二支の一廻せる六十年をロンコル（年週）とし、これをラプチュンと称し年代を算うる一単位とする。西蔵ではこの暦を「ホルダ」といい、中亜地方より伝来せし暦種なりと謂われて居る。この「ホルダ」に拠れば往々一年に十三ヶ月を算することあり、また月々の日にしばしば重削ありて某日はあるいは二重となり、あるいは全く削除せられることがある。西蔵人が常に日の吉凶を卜し世事を判断する等は皆、この暦により別の説明書を案内として占断するものである。

第十六章　ラッサの三年間

一、ダライ法王と予との関係

予が初めてダライ法王に謁見したのは明治四十三年で、その後印度と西蔵で幾回となく謁《えつ》を賜い、駐蔵三年間常に異例の厚遇を被った。法王と予との関係は既述の如く、法王がその高弟たる僧正を我が本願寺に派遣留学せしめたのに対して、予が法王の許に遊学したのであるから、予の修学の成否は幾分法王の責任に帰するのであるが、実際は斯様に窮屈な関係ではなく、単に法王の賓客――寧ろ食客という方が適当かも知れない――としてラッサの都に身分不相応な住所と手当とを支給せられ、国語に熟達するまでは特命によって家庭教師をも附せられた。予はその鴻恩に酬ゆる為め、時々法王の下問に答え、内外の諸新聞によって海外の重要事件につき奏上し、あるいはその記事を翻訳して奉呈するの義務があった。以上の如き関係からして、予はしばしば現在のダライ法王を観察するの好機会を得たから次に少しくその所感を述べて見よう。

二、ダライラマ

向《さき》には蒙古及び支那に遊歴し、近くは英領印度に二年間滞在せられたから、この秘密国の大王も広く世人に知らるるようになった。彼は西蔵の国王であると同時に西蔵、蒙古、中亜の諸国並びにヒマラヤ地方のラマ教徒の信奉する所の大法王である。この法王のことを常に「ダライ・ラマ」というのは外人が呼ぶ所の通称で、彼等が我が国の天皇陛下を「みかど」と申し奉るが如く、すべて近世の西蔵国王兼法王をダライラマと名づける。「ダライ」というのは蒙古語で「海洋」の義を有し、「ラマ」とは西蔵語で「上者」と訳せられ、主上、上母、聖僧等の意味に用いらるるもので、元来蒙古人の命名に成るものを外人が採用したものの様に考えられる。

西蔵本部の住民はこの法王のことを「ダライラマ」とはいわない。彼等は通例「キャムクン・リンポチェ」（大救済尊）とも「ギャルワ・リンポチェ」（最勝尊）とも称え、あるいは「キャムグリン・ブク」とも、または単に「ブグ」とも呼ぶことがある。「ブク」とは家屋の最も奥の貴重品を置くべき場所等、すべて奥深い所をいい、その意味から転じて主上、国王の特別代名詞に使用したものである。またしばしば法王のことを「タムチェケンパ」（全智者）といい、あるいは「チェンレェジク」（観自在即ち観音）と名づける場合もある。彼等は法王を以て活仏と信じて居るが故に、大救済尊、最勝尊、全智者と称し、特に観世音菩薩の化現という意味から観自在とも呼ぶのである。西蔵本部では観音という名を除けば、以上のうちいずれを用いても能く一般の者に通ずるけれども、「ダライラマ」では特種の人々の外には通用しない。その等の人々にも「ダライラマ」と発音せずして「タシラマ」と呼ぶ方が通じ易い。

三、現在のダライラマ

現在のダライラマ活仏はどんな方かといえば、所謂仏の三十二相八十随形好《ずいぎょうこう》が円満具足せるや否やを知らざれども、その相好《そうこう》は彼の真影によって容易に想像し得らるるが如く、年齢は今年四十二歳（丙子年生）西蔵人としてはやや小柄であるが、日本人とすればその体格、容貌共に相応しい方である。顔は少しく日に焦げたる様の黒みと赤みを帯びた中肉で、その皮膚には浅い痘痕《とうこん》が残って居る。鼻筋通りて恰好よく二重瞼の怜悧そうな眼は眉と共に程よく位置して居る。髯は細く綺麗に八字形をなし、耳はやや大き過ぎる方である。而して物の言い振は慇懃で流暢——少しく早ロ――で調子が低い。動作は西蔵貴族の不活潑なのに比すれば遥かに敏活であるけれども、足に何か故障があって、歩かるる毎に身体がひどく左右に揺れる。幼少の頃から特別の教育を受けて智徳兼備し、厳然たる王者的の威厳も適度に発揮されて居る。更に詳しくいえば才能が豊に理解力に富み、自信力最も強く、精力主義で決断と敢為《かんい》とに欠くる所はないが、やや衝動的の傾向があり、短気の心象が見える。しかし慈悲同情の念深く、彼自身既に仏聖の化身であるが上に仏神に対する尊崇の心が篤い。宗学の蘊奥《うんおう》を極めて居りながら自らは「釈迦の沙門」と謙遜して居られる。西蔵人中有数の能筆家で、また画の天才をも有せられる。

四、法王の嗜好

法王が最も嗜好とせらるるものは草花類で、宮殿と離宮とには所狭きまで植木鉢を並べ、庭園には花壇を設け、旧式ながら温室的の設備も施されてある。動物にも嗜好が浅くない。分けて馬に趣味を有せられ、常に数十頭の駿馬を離宮の特別飼養所に置き、散歩の際は厩を訪うて愛撫せられる。犬も支那産（？）の狆《ちん》、欧洲産の小犬五、六十匹を宮中に愛養せられ、時々王室内に召し、散歩にも伴われる。器物では最も刀剣を好まれ、小銃、拳銃をも愛玩せられる。また写真機、望遠鏡、幻灯、活動写真機、電鈴、電話等、従来西蔵では見ることの出来なかったものであれば、殊に珍重がらるるばかりでなく、一々解剖してその構造を研究せられる。これらは最初ヨーロッパ人から献上したのが動機となってその後は印度方面から購入せられる。電鈴電話の敷設はたとい法王の厳命を以てしても全蔵中その心得のあるものがなかった所から、これらの用命は常に予に仰付けられた。なお法王は平常ラマの制服でない時は蒙古風の純黄衣を召される。

五、法王の生活振り

法王の日常生活はすこぶる規律的で毎朝必ず五時頃起床、夜は十時より十一時の間に就眠せられる。日課の大部分は勤行、祈禱、法会等の聖務に費され、その幾刻かを割いて政務を総攬し、余暇を以て宗学の研鑽を励まれるが、世間一般の学科は特に課業として修めらるることはない。しかし蒙古語に熟達し英露支印日の諸外国の単語を幾十百記憶して居られるのは、皆侍従等より聞き覚えられたものである。食事は普通三度で、朝は西蔵風、昼と夕とは支那風の料理を召される。運動は雨雪でない限り毎日午後四時頃から一両時間欠かさず散歩して、園中の花卉《かき》を賞し、親ら鋤鍬を手にせられることもある。法王は西蔵の高貴中には類例のない繁劇なる生活をして居らるるが、西蔵の開発進歩に関係のあることは遊歩中といえども等閑に附せられない。西蔵が斯くの如き法王を戴いて居るのは無上の幸福である。唯だ法王がこの国の貧弱なることと国際間の規約とのために自由行動を取ることの出来ないのは、法王と西蔵の為めに甚だ遺憾とする所である。

六、予の修学法

予は入蔵前印度境のダージリンやカリンポン地方に居た頃、事務の余暇に半年ばかり西蔵語を学んだが、入蔵の途中には片言葉交りの会話ができ、ラッサに着いた時には兎に角一通りの俗語に通じ、文字に手真似足真似を加えて自己の意志を不充分ながら通ずることのできる様になった。しかし何時も手足の助けを借りる様では不体裁であるというので、法王は一人の僧官を予の家庭教師に任じ、「一日も早くラッサ語に習熟し読書きもできるようにせよ」との厳命であった――ラッサ語とはラッサを中心として行わるる語で、中央政府の公用語になって居り、最も優雅な言葉ではあるが、文章語との縁遠く、変則の発音が多い悪性のものである――予は毎日一時間はラッサ語を学び、他の一時間は習字を稽古する様に命ぜられた。習字は三箇月余で卒業し、語学の方は六箇月でほぼ習熟したが、なお六箇月を以て発音を正確にすることと、辞礼の使い方とを厳重に指導せられ、傍ら口語体の作文を課せられた。作文は練用には日本の新聞の電報欄から重要なる情報を翻訳し、試験の時には英字新聞を訳出することであった。家庭教師は能筆家で支那語に精通して居たが、英語の知識は皆無なので、予の答案は何時も法王庁へ廻され、他人の手で採点せられた。斯くてようやく一年で普通語の読み書きと作文だけは卒業した。教師に就く時間は毎日二時間内外であったけれども、復習と実習には四時間以上を費し、最初は言語の習熟に最も困難を感じた。幸い予の寓が高貴の家であったから、折さえあれば主人の室を訪れて、礼儀作法を実習し、比較的容易に言葉の使い方の要領を会得することが出来た。

七、僧正に従学す

修学の第二年目からは文章科として訳読、作文、翻訳の三科目を課せられ、最早普通語の教師では不充分となったので、今度は彼の日本留学僧正が担当教師として任命された。我が僧正は身分が高い上に法王直属の文章係を勤めて居たから家庭教師として予の寓に招くことができない。当方から宮殿もしくは離宮内にある僧正の家に通学しなければならなかった。授業は毎日僅かに一時間内外で、余は数時間を費して予習と復習を余儀なくされた。第一期には修身的説話の訳読、第二期には西蔵大蔵経の中にある極楽荘厳経の訳解を主とし、第三期には大谷光瑞法主の命令により同じ蔵経中の大乗無量寿荘蔵経の講義を聴き、これを翻訳することとなった。後者は宋の法賢訳の「仏説大乗無量寿荘厳経」と同じ書名ではあるが、その内容は我が大宝積経中にある唐の菩提流志訳「無量寿如来会」に近いものである。また作文と翻訳とは自由科で、如何なる問題を選ぶも差し支えなかったが、翻訳に就いては英字新聞雑誌中より外交に関する記事を選ぶべしという特別の注文があった。

八、学位を賜わる

第三年目の修学は文法及び史学を主とし、傍ら前年度の経典翻訳の残部を完成することに勤めた。文法と史学は天文、医術等と共に西蔵に於ける最高の普通学で、従って専門の良教師を得ることは最も困難であった。我が僧正もこれが講師としては適任とは思われなかった。余儀なく他に数名の教師に従学したが、いずれも不充分でやや当惑して居た折から青海蒙古からラッサに来遊し、カシャ内閣書記官長の家庭教師となって居た学者を周旋せられ、同人《どうにん》に師事してようやく満足なる講義を聴くことを得た。当時に於ける予の作文と翻訳は法王庁に於いて意外の満足を以て迎えられ、特に欧州大戦乱の由来、西蔵の教育制度改新に対する意見等につき、我が国の原著を参考として蔵文に訳して提出した時は殊の外法王の意に適い首相ルンチェンショカン氏を通じて賞状を与えられた。斯くて留学の第三年度を終わり、いよいよ文法、史学の蘊奥を窮めんとした処、本国から帰朝の命令に接し、最早三年の留学期も充ちたれば直に出蔵せよとのことに止むなくその企図を中止し、法王庁にその旨を申し出た。そこで法王はその年（大正四年）の十二月五日を以て予の留学を記念せんとて特別の恩典により学位を賜い、サンビリクト（またはパンディタ）と名づけらるることとなり、翌大正五年一月二十二日の謁見式日を以て法王親ら右の証書を取って予に下賜せられ、同学位授与は外人中先例なきことを語られ、且つ今後出蔵するもいよいよ斯学の大成を期すべしとの勅命を忝《かたじけ》のうした。

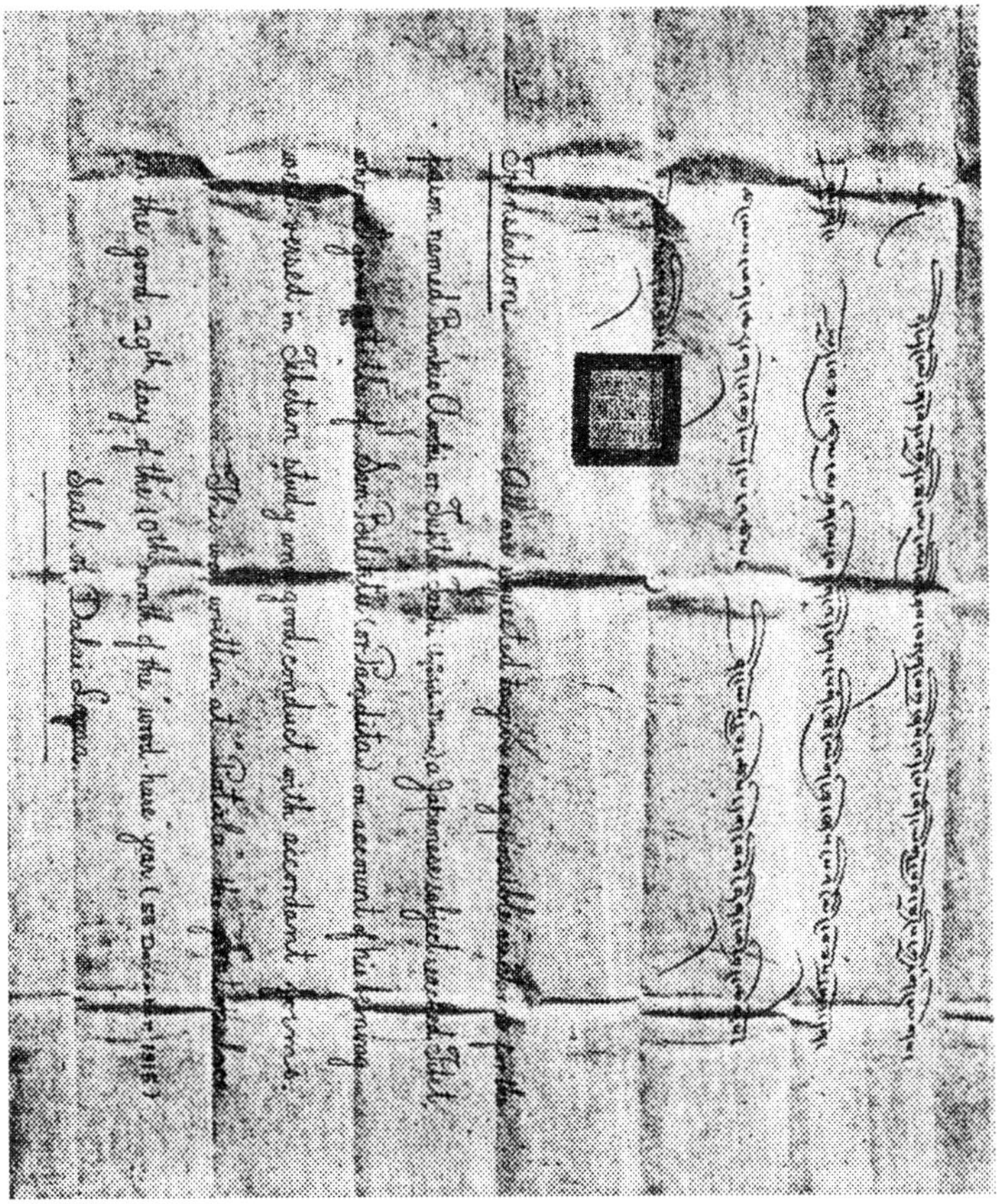

著者がダライ法王より賜りたる学位優待証書

（蔵文の終わりに捺せる印章はダライラマの印璽なり）（著者所蔵）

九、留学中の仕事

予が三年間の日課は大凡次の如くに定めた。朝は午前七時前後に起床して散歩約一時間、和洋折衷の簡単な食事を取り、九時より十二時までを勉強時間に充て、午後は一時頃昼飯の代りに茶菓を喫し、その余の時間は多く訪問に費し、運動としては郊外散歩と乗馬の二つを択んだ。夕飯は午後六時過、西蔵と支那の折衷料理を常例とし、時々日本風の自炊をしたこともある。夜は大抵十一時頃まで勉強し、所要の事務と学科の補習に費した。この調子で三年間続けることが出来たならば更に数倍の学績を収めたであろうが、応接に遑ない程頻々として起こり来るラッサ社会の祭礼儀式は予をして局外に居らしめなかった。公私共にその渦中に捲き込まれて一年の約三分の一は蔵人と一緒に呑気な怠惰な日を送らねばならなかった。この外毎月一両回は宮殿離宮を始め諸大臣、貴紳等を訪問する毎に数時間、半日、一日と費した上に予が慗《なま》じい写真に趣味を有って居た為め、一人か二人の素人写真屋しかない所のラッサでは、予のキャメラが驚くべき活動をなし、無料撮影の写真師として忙殺されたるもまた大なる支障であった。しかし斯様に修学上に失うた損害は活社会から得た知識経験で補われて余りあったと信ずる。

一〇、ラッサの日本人

一時ラッサには四名の日本人が時を同じうして居住して居たことがある。予がラッサに着いた時には力行会員の矢島泰次郎氏が先着して居った。氏のラッサ入りは大正元年の夏であったと記憶して居る。それから大正二年の秋には多田等の諸氏が来たり、同三年の初夏には河口慧海氏が見えた。河口氏と矢島氏とは再度の入蔵者である。矢島氏は法王の夏の離宮の附近にある兵舎で教官の職に就き、多田氏はセラ寺院の大学に入りて専ら仏教の研鑽に従い、河口氏は予の住居に近い一貴族の邸内に寓居し、経典の蒐集と霊蹟の巡拝を目的とし、傍ら医師として名高かった。予は或る期間或る筋の秘密任務にも従事して居ったが、河口氏と予とは隣同様の近い所から自然よく往来し、多田氏はセラ寺から遥々両人の所へ往復し、時々宿泊することもあった。矢島氏は教官という任務があるので、ラッサの町に来る機会が尠かったから、四人が同時に会合するという機会は一両回しかなかった。しかし我々四人とも法王庁からそれぞれ相当の厚遇を受け、一般社会からも意外の同情を被った。ところが大正四年の正月になると、河口氏まずラッサを退いて帰朝の途に就き、翌大正五年正月には予の出蔵となり、後には多田氏と矢島氏とが残ることとなった。予が印度境に着いたのは同年三月の末で、その後ヒマラヤ地方滞在中から今日に至るまで多田氏からは折に触れて通信があるけれども、矢島氏は消息がない。

一一、便利な秘密国

昔は外人禁制の秘密国、たとい蒙古人種である所の日本人が扮装して入蔵するとも瞬時も油断ならぬ危険界であったのに比べると、今は天国の楽境と選ぶ所なく、日本人として自由に横行濶歩することを許された。ラッサ三年間の生活は実に興味の深いものであった。今日のラッサは昔の様に密閉せられては居ない。印度のカルカッタまでは片道十日余で書翰が届く。電報であれば一週間以内に返電を手にすることができる。日本への書信は最速片道四十五日間を要し、電信では十日間で返電が受け取れる。禁制国の中心に居るものとしてはあまりに便利過ぎて感興が薄らぐこともあった。予が滞在中ラッサ、日本間の通信連絡や日用品の供給に関してはカルカッタの知友秋山貞吉氏の尽力に負う所莫大であった。西蔵の如き異郷にあって、絶えず故国との連絡を保ち、常に文明の日用品を使用するは一快心事たるを失わない。我が国の諸新聞は公私共に稗益《ひえき》する所が尠くなかった。十年前の入蔵者にはこの種の愉快は夢にも得られなかったであろう。

一二、懐かしきラッサよ

予の遊学中には三人の同胞が居ったので、さなくとも趣味の深いラッサ生活に無上の愉快を覚え、ともすれば異国にあるの想を忘れ、千有余日も須臾の間に消え去ったかの心地がする。ラッサの市民は上下等しく吾人に同情を寄せた。予はラッサほど呑気で愉快な社会は今日の世界にはあるまいと思う。予は永久にこの平和なる社会の一員として更に人情風俗の観察を続け、彼等の宗教や科学を考究することに一生を捧げたい。面積六十八万方マイルの高原に天の秘めたる宝蔵を開かんと試みるもまた無謀の企てではなかろう。予はたとい英京や独都の再遊は希わずとも「神地《ラッサ》」の理想郷に今一度遊学するの機会を得たいと思って居る。（第二編完）

第三編　出蔵記

第一章　ラッサを去ってギャンツェに向かう

一、最後の法王謁見

大正五年一月二十二日はダライ法王より御暇乞の謁見を賜わった日である。法王は予が無事三年間の留学を終えた事を嘉《よみ》し、今後いよいよ勉励すべき事を諭し、且つ本願寺との関係がますます密接ならんことと日蔵両国の和親を実現すべきことに努力せよと仰せられた。法王はなお今回印度に派遣すべき特使カシャ議院書記生の事務を指導すべきことを依頼された。翌二十三日には宝苑《ノーブリンカ》の離宮に於いて最後の私謁を賜わった。法王は近侍の者を悉く避けて特使派遣の事由を詳細に述べられた。特使の任務というのは印度に於いて英国政府より武器を購入する事と貨幣及び郵便制度の研究とであった。しかし目下英国は交戦中であるから右の要求に応じない場合には英国の同意を得て日本政府と交渉すべき予定であった。要件が済んだ後も法王は名残惜しげに予を引き止めて数十分間種々の御下問を発せられた。法王個人の御注文として外国産の草花の種子――特に予が帰朝した上は日本の花卉《かき》の種子――を郵送せよとの事であった。御前より退出せんとする時法王は畏くも「再入蔵を期せよ、健在なれ」との御辞を賜わった。

二、ラッサ出発

斯くて一月二十六日。いよいよラッサの都を辞する当日となった。早朝より離別の辞を交換に来る客の応接に忙しく、出発準備の完成したのは正午であった。まず行李部隊を先発せしめ、主従六騎よりなれる一行は十余騎の見送人と共に門前の群集を分けて馬首を西に向け、数年間の旅寓ヤプシィプンカンに別れを告げた。名残多き赤王宮《ポタンマルポ》を伏拝みて間門関《バルゴカリン》を過ぎ「ラッサ小富士」の北裾を経て宝苑《ノーブリンカ》の離宮を南に眺め、やがてケェツェルテンという祠堂の送迎館に至れば軍務大臣ツァロン氏より特派せる家従の一行が茶酒を用意して送別の小宴を挙げんとするのである。行く人を見送り、来る人を迎うる為、ラッサを去る三マイルなるこの送迎館にて待ち受くることは、ラッサ人《じん》の最も重んずる風習の一にして、親戚知友その他国務を帯びて来往する人々を遇する厚い礼儀となって居る。予は彼等に遠路見送の厚意を謝し、礼布カタを交換して別れた。レボン大寺の山裾を通り、シンドンカルに立ち寄れば、先程より同行せし見送の一行何時しかここに先着して、茶菓と酒とを置き離別の席を設けて待って居た。この送迎所はラッサを去ること五マイルの遠距離にある。同胞骨肉にも比すべき彼等の親切を感謝し、再会と健康を祈りつつ東西に袂を別った。ティサム（橋）を渡り、南西に向かえば日は既に西嶺《せいれい》に傾きツァクリンカの離宮は微かに夕照に輝いて居る。試みに東方キシュの原野を顧れば、遥かに夕靄《ゆうもや》の裡に二連の巌丘が見える。即ち赤山宮殿とチャポリの霊丘とである。これ実に聖都「ハンデン」の神地に対する最後の遠影であった。これより路を急ぎ当日の宿泊地なるネタンに向かった。ネタンには予の従卒ツェリンゴンポの自宅があるので当夜は彼の請に応じ、その宅に宿った。

三、旅者を悩ますチュシウ駅

予はこれよりギャンツェに至り、シガツェに再遊し、またギャンツゴを経てスィキムに向かう予定である。予が指導すべき法王の特使は数日遅れてラッサを出発し、ギャンツェに於いて会合すべき約束である。一月二十八日。ネタンの宿を発し曾遊《そうゆう》の霊蹟を過ぎナム附近の嶮道を越え、ジャンの原野に至る沿道の眺めはすべて回顧の情を催さぬものはない。チュシウ駅に近づくに宿主郊外に出でて予を迎え旅舎に導いた。斯様に鄭重な待遇を受ける訳は今回予が法王庁の公務を帯びて居た為め、ラッサを出発する数日前「ダイク」とて特別の飛脚が「矢文《ダイク》」を持って先発し各駅の旅館主に予の一行が来ることを予告しておいたからである。「矢文《ダイク》」には通常「何日頃其々《そそ》一行がその地を通過すべし所要の準備に遺漏なきことを要す」という意味の文句を記してある。そこで宿主は旅者が着駅する時刻を見計らい郊外まで出迎うのである。大臣や高貴の人々の旅行にはその地の長官が数理の前方まで奉迎に出掛けるが規定のようになって居る。聞く所に依れば、チュシウ駅は古来人情浮薄陰険《ふはくいんけん》にして旅者が常に盗難の災厄を被るのみならず、馬匹の駅換等も決して満足に行われない所である。政府の命令でも種々の口実の下に服従しないので、現に当局者がほとんど持て余して居る程厄介な駅であると。

四、大江の舟渡し

十月二十九日。大江ヤルツァンポの岸に沿い対岸遥かにチャクサム、チュオリの山寺及び古《いにしえ》の鉄橋の遺蹟を望みつつ江床《こうしょう》に通ずる砂路に移り、これを辿って渡河点に着せば、先着の行李部隊は今まさに渡舟に乗り入らんとする所である。この地点に於ける大江の水幅は約三町あり、対岸に渡り終るまで約三十分を費した。舟には四人の水夫が櫂を使い、他の一人は舵を操り、江流《こうりゅう》の旋回作用を巧に利用して難なく大水を横断するのである。渡舟は所謂「水上木馬《チュイシタ》」と呼ばるる木舟《もくしゅう》にして、その先端舳部には木製の馬首を翳《かざ》してある。全長およそ五間半、幅二間余り深さ約三フィート位の箱形にして人間のみならば八十人ばかり。西蔵馬ならば二十頭位は優に搭載することが出来る。平常は両岸に一隻ずつ備えあり。一般旅者よりは舟賃として一カルマガ（およそ五銭）を徴集し、馬一頭に付一ショカン（約十銭）を課賦する。しかし夏季江水が増大する時には幾割かの増賃を要求せられる。旅券《ライムク》所持者は人馬共に無料で渡される。十数年前英国侵入軍がここを通過せし時の模様を聞くに、およそ五千余の人員と数千の馬匹と、これに所要の兵糧、武器、弾薬、馬糧、薪炭、幕営用具その他の軍需品を運搬するに当たり、二隻の木舟と数隻の革舟と軽便ボートを用い、両岸に鉄索を渡し、滑車を応用して木舟を往復せしめ、一日に平均三十回往復となし、約六日間を費やして全部の渡河を完成した（但し馬匹の幾部は上流の地点を泳ぎ渡らしめた）。その季節は七月末で大江の満水期に際し、水勢急悪にして旋回流の最も危険なる場合に遭遇したが、帰途は九月末にして減水期に向かい、且つ現渡河点よりは更に十マイルばかり上流の水幅狭く水洗の順調なる箇所を選び、渡舟の数をも増したから僅かに三日を以て渡し尽した。現在の渡河点はラッサより印度に通ずる直通路の要衝に当たり、一般旅者が必ず通過すべき所にして通商上枢要なる位置を占めて居ると同時に、軍事上甚だ有力なる抗拒《こうき》地点となって居る。

五、チャクサムの廃橋

渡場より三町ばかり下流に当たってチュオリ山麓が江水に瀕する所に、かなり大きな寺院がある。その直下の江岸より中流なる一小島に対し二条の太き鉄鎖が渡されてある。これ今を去ることおよそ五百年前に西蔵の某高僧が吊橋を架設した跡である。昔はこの二条の鉄鎖よりヤク毛製の縄を以て幅一フィートばかりの足場板を長く連ね、その上を通行するように吊り下げたもので、その全長ほとんど二町に垂《なんな》んとする。今日では既にその足場板を撤去し通行不可能となっているが、近く二、三十年前までは使用されて居たものである。両端の橋基には各一基の卒塔婆を築き、鉄鎖の終端は橋基の底部をなせる巨厳に挿入してある大杭に結びつけてある。吊橋の一端となれる小島は大江の北岸に近けれども、なお一町ばかり江流を渡らねば岸には達しない。小島と江岸との連絡には特種の堤防を築いてあるが、今日ではその中間を江流の為めに切断せられてあるから舟で渡らねばならぬ。この国で架橋に鉄を用いたのはこれが最初であって、余り多くの例がないので、この橋を特にチャクサム（鉄橋）と名づけ、既に廃橋となった今日に於いてもここの渡河点をチャクサムの舟渡と呼ぶのである。チュオリ山は西蔵に於ける霊山の一つであって、紀元第十八世紀の中頃より世に知られ、教王ティソンデツェンの時代に多くの仏寺禅庵が建立せられ、今もなお大小百八宇の寺庵祠堂がこの山中に散在して居るということである。大江の南岸に安着せる予の一行は、これより江原の南側を画せる山系の連麓に沿うて西に進んだ。北岸の村落寺院の白堊点々たる所を遥かに眺めて図らず予の記憶を呼び起こしたるはチュンコルヤンツェの山院である。そこには嘗て入蔵の途中ダライ法王の一行に会して数ヶ月間滞在せし行宮の跡が歴々として見えたからである。やがてカンバ峠の麓なるパルツィ駅の旅舎に着いた。

六、カンバの峠越え

一月三十日。厳寒の晨《あした》。星を戴いて旅寓を発し、カンバ峠の絶頂に向かった。最初は凍結せる小渓に沿うて緩やかな阪路を進み、約三マイルの間に二千フィートの高所に登る。頂上まではなお二千フィートの高度があって、一マイルばかりの急坂を攀じ上らなければならぬ。登るに従い山勢急峻の度を増し、大気も稀薄となる。馬を労わりて歩行すれば多少の山暈を感ずる。上り詰めたる所は海抜一万六千五百フィートあって、印蔵通商路中やや困難なる時の一つである。この山顛に立って行事を見渡すと、ヤムドの瑜湖《ゆこ》は碧水堅く氷結して島かと見ゆる湖中の奇形の半島と、四周の連山との間は白玉盤を敷きつめたるが如く、旭日これに反射して強く彩光を放ち、遠くカロの雪嶂《せつしょう》、ヌウジンの氷嶺と相映じて居る。顧みて北望すれば大江低く白銀の如き曲水を流し、嶮嶂《けんしょう》高く壁牆《へきしょう》を連ねて北方の天空を塞ぎ、三年遊学の聖都ラッサの霊地は渺杳《びょうよう》として、その片空《へんくう》すらも彷彿することが出来ないのである。都人の俗謡に「カンバ峠の高嶺より、ラッサを眺め得るならば『妙』の女神の御姿を、この峰上《みねのえ》に拝むらん」とある。カンバとは即ちこの峠の名で、「妙」の女神とはラッサの中央大聖殿に祀れる美と愛の神ペェハモをいい、都人にしてこの峠の上に達するものがラッサを想い恋人を慕うて歌うものである。赤王宮《ポタンマルボ》と霊照殿《トウルナン》の聖姿を今一度遥拝せんと欲するは、豈に唯だ独り彼等都人のみに限ろうか。或る人の紀行文にはこの頂上よりラッサを望見し得ると書いてあるが、今予等一行の者が十二倍拡大の望遠鏡を以て如何に探望を試むとも、聖都の片影だに認め得ざりしことに落胆せざるを得なかった。英将軍の行軍紀行中にも「嘗てここからラッサが見えると聞いて居たが、事実は全く相違して居る」と述べ、常にこの峠を往来せる旅者も「ラッサを眺め得る」こと決してなしといい、彼の端唄は嶺頂に立つ都人をして徒に「妙の女神の御姿」を拝む能わざるの恨を訴えしむるものに過ぎないのである。さてこの峠を下ること千数百フィート、路程約一マイルにして山麓に達し、トマルンという駅に少憩し、「上牧野《ヤムド》の瑜湖《ユムツォ》」の畔《ほとり》に沿うて東南に向かえば、堅氷の上に橇《そり》を曳いて来往する若干の土民を認むる外、紫鴛白鷗《しそんはくおう》の影を見出さないのは、先年曾遊の秋景とは著しく変わって居る。ぺェテの城邑に近き湖辺の水面のみは不思議にも凍結して居ない。これ軽風が絶えず恒吹《こうすい》するが為めか。但しはこの附近の地熱が高温なるに依るものか。兎に角、湖中に於ける一の奇現象である。

七、ザアラの石室に於ける奇遇

一月三十一日。湖岸に沿うて南進するに、西方の山峡より一小流来って湖中に注ぐ所の小橋を渡る。ヤンスィという村落ありて後蔵のシガツェに通ずるロン峡道の入口となる。ヤンスィ村を右に眺めて更に南行してナガルツェ駅に向かえば、左右遥か二マイルの山麓にサムディン寺院及びドウムツォ湖を望んでナガルツェ城下に着く。サムディンは名刹の一にして、所謂ドルゼパクモとて陀羅女神《タラにょしん》の権現を祀れる所である。なおこの山院は嘗てダライ法王が印度より帰還の際、二ヶ月ばかり行宮を置かれた所として近時一層著名になった。二月一日。未明ナガルツェ駅を発し、倭草《わいそう》灌木の疎生せる裾野を過ぎ、凍結せる一河流に沿うてカロ峠の峡道に入る。その少しく手前に数十の洞穴《ほらあな》が見える。古代土民の穴居せし跡であるが、今は旅人を悩ます強盗の巣窟となって居る。河を隔てて荒村の廃址が残って居る所からいよいよ峡道となる。旭日の光がまだ届かない峡間の路に身を切るように寒冽な風が通うて居る中を漸々登り行くと、数マイルにして山峡潤《ひろ》き温暖な日光の照る所に出る。ザアラの石室に着いた時は丁度正午であった。ここには既に数組の旅隊が集まって石室の内外を占領し、昼食を喫する処である。印度方面よりラッサに向かう旅隊の内に能く日本語を話す一人の西蔵人があった。彼はもと我が僧正の従者として、我が国に遊学したことのある男である。過般僧正の命を受けて印度に赴き、カルカッタに於いては今回来遊せられたる光瑞法主に面謁したる由を告げた。

八、カロ峠の古戦場

これより更に登攀を続けて行くと、険峻なる山間に絶勝の眺めある要害を通りかかる。渓谷の左側《さそく》に当たって海抜二万四千フィートの氷嶺が碧落《へきらく》を摩して聳えて居る。その峡間の氷瀾《ひょうらん》はあたかも巨玉を砕いた如く、日光に照射されて彩光乱転《さいこうらんてん》の美観を呈して居る。恒氷線下に黒岩の山嘴《さんし》突出し、その背に沿うて築き上げたる石柵の廃残は、実に一千九百四年に於ける英蔵両軍が最後の戦場たりし所にして蔵軍全滅の史跡となってある。石柵は海抜一万六千一百フィートの低き渓間より起こり、上は高く一万九千フィートの山腹に達する難関を塞ぎ、この峡間を守るに七百の蔵兵を以てし、必死に防戦抵抗したれども、終に英軍の砲火を支うる能わずして脆く敗滅せし陣地である。この戦址を過ぎて、峠の絶頂に至る阪路は傾斜緩やかにして下馬するの必要なく、容易に一万六千六百フィートの高嶺を越えることが出来た。絶頂より少しく下れば右にヌウジンカンサルの氷河を眺めて氷結せる渓流の岸に沿える路を伝い、しばしば氷上に馬足を滑らし転覆落馬することがあった。所々に刺を有する灌木や杉に似たる高樹が生えて居る。斯くの如き高所に於いて大きな樹木を見るは甚だ珍奇の観がある。この峠には夏になると雑草の中に鳥頭《とりかぶと》などの毒草があって、無闇と馬に草を喰わせると、往々中毒して斃死《へいし》することがあるからこの附近を通過する旅者は特に馬に注意しなければならぬ。峡道の終点に近き所に二、三の石屋がある。土民の乞食が四、五人住んで居た。これより南に向かい広濶《こうかつ》にしてしかも起伏多き平原を行くこと数マイルにしてラルンの公宿に着いた。宿舎はもと清朝の駐蔵官が行旅する時の宿泊所として建設したもので、今は西蔵政府の有に帰し官用旅者の便に供されてある。

九、ギャンツェに着く

二月二日。凍結せる渓流の橋を右岸に渡り馬首を西に転じ岸を伝うて行く。ラルンの山陰に古刹がある。西蔵仏教古派に属し、ブータン人の入蔵するものは多くこの寺院に参詣し、彼地の仏教徒に対して偉大なる勢力を有って居る。渓流の沿岸を通ずる路は各所に険崖をなし、しばしば危険なる地域に遭遇することがある。十数マイルを行った所で渓流は山巌を貫き、天然の関門をなして居る。路は橋を渡って左岸に通じ、ゴプシ駅に至る前、更に一支流に架せる土木橋を渡り、低い山上の巌頭には荒城を仰ぎ見た。この地はもとラッサより印度及びブータン地方に通ずる最衝要路に当たり、一方にはギャンツェを経てシガツェ方面に対して枢要の位置を占め、昔時は相当に繁栄を見たる駅邑《えきゆう》で、その名をゴプシ（四門戸《もんこ》）とまで呼ばるる程であったが、地域狭隘にして発展の余地充分ならず、ギャンツェに中心を奪われて以来、微々たる山村となり終わった。二月三日。ゴプシの渓流に沿い山峡路を北西に向かい十数マイルを走れば終に広濶渺茫《こうかつびょうぼう》たるギャンツェ平原に出る。その県城は巌丘の上に高く聳え、霊塔パンコチュテンの金蓋は燦爛と輝いて居る。その等を取り捲いてギャンツェの大邑が横たわって居る。遥か前方にツェチェンの大寺を望み、近く左方に英兵の軍営を眺めてチャンロの森に着いた。この森にはラッサに於ける予の故寓ヤプシィプンカンの別荘があってナヤンロ邸と名づけ、その管理者はラッサの本家の財務主任で常にこの地に住し、附近の私領地を監督せる人である。本家主人の好意により予のギャンツェ滞在中は本邸の一部を宿舎として供給せられた。

第二章　ギャンツェとシガツェ

一、英国代表官を訪う

二月三日は本年の西蔵暦によれば、乙卯《きのとう》年の十二月三十日（大晦日）に当たって居るから、新年の支障を慮り、旅装を解かずして直にギャンツェ県城に知事を訪問し用務を弁じ、更に転じて英人居留地の軍営に至り英国代表官たる商務宮を訪い来意を告げた。時に前の商務官は更迭せられ、目下チュンビの駐在官マクドナルド氏が兼務中であった。同氏は予の来訪を喜び、厚遇することあたかも旧知の如くであった。氏はラッサの状況を最も詳細に尋ねた。予は彼の問わんと欲する所を察し、有力なる報告の材料を与えた。彼は久しく西蔵にありて国情及び語学に精通し、西蔵政府との折衝上欠くべからざる人物である。

二、軍営の午餐会

大正五年二月四日は西蔵の正月元日で所謂「火牡龍《メボルウク》」の年の初め。我が国で云えば丙辰《ひのえたつ》年に相当する。英の軍営に於いても一日の休暇をなし、午餐会を催し、予も招待された。マクドナルド氏は予を当地の駐在武官なるメージャー・ボトキン、及びキャプテン・パールの両氏に紹介し、応接室に備付の芳名録には予の名を記念の為め英蔵両国の文字を以て記入せよと勧められた。それから軍営内の一周に案内され、まず広庭に於ける蔵人男女の混合のダンスを見物し、次で軍営の北部の階上なる各長官舎公会堂等を観、階下の軍需品倉庫や武庫までも一見することができた。軍営の南部は悉く兵舎に充て、五十名内外の印度兵と数十名の従員とを収容してある。兵舎と官舎との間には郵便電信電話局がある。元来軍用のものなれども一般公衆の便宜にも応ずる。本軍営はすべてコンクリートで以て二階造となし、北部の一隅には四角塔を高く築き、檣頭《しようとう》には英国軍旗を翻して居る。斯くて午後一時には諸官と共に午餐の饗応が始まった。予は実に四年振りに文明の洋食卓に就くことを得たのである。食後談笑の間に一両時間を費やし、近着の英国雑誌や印度新聞を貸与せられて旅寓チャンロ邸に引き上げた。二月五日朝、商務官マクドナルド氏が予の旅寓に来訪された。彼が着席早々要求したことは予がラッサにて蒐集して来た所の神仏の古画古像やその他の骨董品を展覧することであった。西蔵及び支那の古美術に対し彼は相当の鑑識眼を有って居る。彼はまた予の手製になれるラッサ写真帖に余念なく見とれた。予は要求せらるるままに十数枚を頒ち与えた。

三、ギャンツェ市一瞥

予の旅寓チャンロ邸というのはギャンツェの郊外に在って、先年英軍が初めてギャンツェを占領した当時は英国全権大使ヤングハズバンド氏の宿舎を兼ね、護衛軍幹部の陣営に充てられ、数ヶ月間の対陣中に一度蔵軍の猛烈なる夜襲を受け、大使の一行は危くも九死に一生を得たる戦場として有名である。本邸より約十町北に向かえば、ギャンツェの町に入る。その中心には巌丘屹立して数百尺の高空に聳え、絶頂に築かれたる城寨は厳然として下界を俯瞰して居る。その後方には別に小山があって、頂には堅牢なる砦柵《さいさく》を連ね、南面せる山腹より麓へかけて宏大なる寺院が建てられ、その前面に一基の大金宝塔が立って居る。城寨は即ちギャンツェ城にして紀元十四世紀頃群雄割拠の時代に成る覇者が築きたるもので、その名を「ギャルカルツェ」即ち勝城嶺《ギャルカルツェ》と呼ばれ、これを省略してギャルツェ（勝嶺《ギャルツェ》）となし、更に音便によりて「ギャンツェ」に転じ、今日ここの地名となったものである。今現に県の政庁をこの城に置き、且つ五百ないし一千の常備軍を統率せる指令官ダプンの駐在せる所である。隣山の大寺に石柵を有せるは当年の覇者が同院の大僧正たりし紅帽派なるシャキャ宗の偉僧を擁し、その教力を利用してシガツェ及びリンプンの諸侯に対抗し、ツァン州即ち後蔵の南方に威を振いたる際、敵軍に対する防御柵として築造されたものである。塗金の大塔は高さ百尺ばかりあり。印度ブッダガヤの卒塔婆を模倣せしものと称せられ、多分紀元十一世紀頃の建造ならんと推測されて居る。城巌と寺山とは馬鞍状部によりて相連なり、巌頂は高く天空を摩し、寺山《じさん》はやや低く横に連なりて城砦を掩護せるが如き形状をなして居る。ギャンツェの市場は寺院の前面より町の中央部に亘りて露店を設け、毎日朝から昼過ぎまで開かれる。城巌丘の東部及び南部にも人家稠密《ちょうみつ》なれども西面には極めて尠ない。

四、通商上の要衝

ギャンツェはラッサ及びシガツェに亜ぐの大邑《おおゆう》にして、ラッサよりは百四十五マイル、シガツェよりは六十マイル、印度ダージリンよりは約二百マイルの距離にあり。現在の人口ほぼ一万に達し、後蔵中最も枢要の地に当たり、物貨の集散所となり、印蔵通商上東西両都に対する咽喉部を扼《やく》して居る。斯くの如き重要なる地点であるから過般英蔵戦争の結果、英国は直にここに根拠を求め、将来の蔵内に於ける商業の中心地となさんとするの計画を立てた。この地は英国が西蔵に於いて実力の及べる最北の極端にして、ダージリンよりは約二週間以内の日子を以て到達し得べく、郵便ならば僅かに五日を要するに過ぎない。加うるに電信電話の便もあり、印度方面との連絡は極めて都合が好い。故に西蔵政府にあってもこの地に印蔵商事監督官を置き、英の当局者と商務の交渉に任じて居る。県城の北西、四マイルを隔てたる一の山麓に大寺院がある。ツェチェンゴンパといい、最初は第十二世紀頃に建立せられたる古刹にしてその後幾多の変遷に遇いたれども、現に二千の僧徒を有し、西蔵にては有数の大寺である。この霊刹もまた英蔵両軍対陣の際、修羅の巷と化した所である。ギャンツェの広原を流るる河をニャンチュといい、その灌漑の恩恵に浴びせる耕野は、西蔵本部中最も肥沃なる一にして、海抜一万三千フィート内外の高度に在れども、ラッサ地方に比しやや高温なるが如く、また雨量も潤沢にして比較的農作に適せる区域が広い。ここを貫き流るる河をニャンチュ（甘水）と名づくるは蓋しその流域の沃野がこの水によって能く養わるるが故であろう。

五、山庵の隠者

二月六日を以てシガツェに再遊に出かけることとなった。行李の大部は二名の従僕を附してチャンロ邸に残し、他の三名の従僕と少量の荷物を持って、一行六馬の軽装で出発した。ギャンツェの町を過ぎて北東に向かい、甘水《ニャンチュ》の橋を横ぎり、ツェチェン寺の北方を通る。シガツェに至る本道は右岸にあれども、今は左岸の近道を取って進む。この附近北方の諸山中所々に山寺があって、仏道修行の隠者が山庵を結ぶ修道場もある。彼等行者の中には山庵の巌窟に穴居して通門を密閉し、少量の食事を取り入るる為めの小孔を残し、身を深く闇黒内に隠し、坐禅観法すること十数年の長きに及ぶものがある。彼等は幾年間か日光に浴することを得ず、僅かに彼の小孔を通じて漏れ来る薄暗き光線を時々認めるばかりである。その外には山庵の番僧が日に唯だ一回少量の粗食と水とを、頭蓋骨にて作れる椀に入れて持ち来るのみである。番僧が巌窟の戸を軽く叩きて食事を告げる時、窟内の行者は細く青白き死人のような手を力なくさし伸べて、頭蓋の骨椀を静かに取り込むのである。その行者と窟外の人とは断じて言葉を交すことを許されない。修道中は全く単独にして真に隔世静思の幽境に住ずるのである。或る行者はこの窟内に於いて二十余年の久しきに亘り坐禅修道して結跏趺坐《けっかふざ》のまま往生したということである。斯様な苦行の隠者の参禅は昔は盛んに流行して数十年前までは多数の行者を見たが、近時はただ数名を止むるに過ぎない。

六、夕暮の渡河

正午過ぎ、ドンツェという邑に着いた。山上には城砦、山腹には立派な寺院がある。かつて有名なる西蔵学者サラト・チャンドラ・ダス氏が最初入蔵の際、タシルンポの一宰相に好遇せられて、しばしばこの寺院に遊学したことがある。ドンツェの山嘴を廻りて西に進む途中、左方の山裾に尼寺がある。数百の尼僧が修道して居るかなりの大寺である。午後三時頃より塵風急に来襲し、前進困難であったが、五、六の村邑を過ぎ行くうち日没に逼り、同時に疾風も歇《や》み、シャルという山寺を過ぐる頃日は暮れた。ここの山嘴を廻ると前方にペナの白城山巌《はくじようさんがん》を掩うて、黄昏の空に屹立せる壮麗の影を認めた。この地点にて生憎甘水《ニャンチュ》を横ぎらねばならないこととなった。無論橋も舟も無いから乗馬のまま渡るより方法がなかった。折柄三日月の影薄く朔風寒冽《さくふうかんれつ》にして皆渡河に辟易した。水の深さは馬腹《ばふく》を浸し且つ急流をなして居るからややもすれば転倒せんとした。従僕の一人は中流に於いて危く深淵部に陥り、乗馬もろとも水に溺れんとしたが、幸いに浅瀬に押し流されてようやく事無きを得た。ペナの宿舎に着くや否や、焚火して人馬共に暖を取り、濡衣《じゅい》を乾して夜半に及びようやく晩餐の卓に就くことを得た。

七、シガツェの再遊

二月七日。ペナの西二マイルばかりの所にペナガートンという村があって、そこの小丘の上に実に秀麗の眺めある寺院がピラミツド型に建立されてある。なお数マイル西に行くと、見渡す限り広漠たる砂原となり、刺多き灌木叢生《かんぼくそう》じ、また所々に砂丘の起伏して居る態《さま》は宛然大洋の洪濤《こうとう》にも比すべきである。砂原地帯を通り越すと、今度は小山の群彙《ぐんい》せる山地の間を行き二、三の小嶺を越え終ると、終に広濶たる平野に出る。その時たちまち吾々の眼に映ずるものはタシルンポの大伽藍とシガツェの巨城である。甘水《ニャンチュ》の流域を北西に進めば幾程もなくして、「東橋《サムパシャル》」の辺りに出る。橋上にはシガツェ総知事より特派されたる使者が予を出迎えに来て居った。知事は自分の私宅を以て予の旅舎に充て呉れた。彼は以前ラッサで奉行の職にあった頃予と一年半程親交を結んだことのある知友である。その翌日は西蔵の正月五日に当るので知事の新年宴会に招かれ県城「思成嶺《サムルブツェ》」の官舎に楽しき一日を送った。

八、タシラマに謁見

二月十日タシラマ法王に拝謁を許された。予は仏式により三度チャツェルの最敬礼を行い、チャクワンの冥福力を戴くこと、ダライ法王に謁見する場合と毫しも変らない。予は特典を以て四品相当の礼遇を受け、特に御前に於いては設けの座蒲団の上に着席することを許された。「今日拝謁を賜わり光栄に存ずる」旨を申し上ぐると、「かねて貴下のことは耳にして居たが、今ここに謁見に来られたるは予も満足に思う」と中声で少しく早口に仰せられた。次に「貴下の本名は何と申すか、年は幾つか、ダライ法王とは今まで如何なる関係があったか、ラッサには何年間居ったか」などと御下問《ごかもん》があった。一々御答え申し上げると、今度はヨーロッパの大戦の模様や日本の事情に就いて詳細なる御質問があった。この間に茶菓と祝飯の饗応が出た。拝謁時間約五十分間にしてようやく退出を許され、仏像その他珍品の御下賜を蒙った。翌十一日再び拝謁を仰せつけられ、何事かと思うて参内すると法王は一通の英文信書を示し、これを蔵文に翻訳せよと依頼された。「これは秘密文書に属するを以て政庁の翻訳官に命ずることができないから、特に貴下を煩わす」との事であった。その信書は某国の一協会の名義を以てタシラマ法王と親交の関係を結び西蔵開発の労を取らんという意味を認めた手紙であった。法王はなお今後日本との関係を結ぶには如何にせば宜しきやと御尋ねであった。予は意見なきにあらざるも、差し当たり日蔵両国が親交を結び、互いに往復することは全然望みなき空想たることを申し述べた。

九、再びギャンツェに戻る

シガツェ再遊の一目的たるタシラマ法王謁見は望み通り達せられたが、なおこれだけでは当地を去るに忍びないことがある。それは云うまでもなく先年入蔵の途中意外の世話になった我が僧正の生家を訪ることである。予は法王の謁見が済むと直に馬を飛ばしてシガツェの南郊デレラプテンの御屋敷に僧正の母を慰問し、先年受けた鴻恩を感謝した。老母は昨年主人（僧正の父）を喪って淋しき余世を送る身となったと歎いて居た。予が今回出蔵するに至りたる事情を述べ、シガツェ滞在もなお一両日を余すのみなることを告げると、今更の如く頻りに名残り惜しがった。二月十三日には最早ギャンツェへの帰途に就いた。旧宿チャンロ邸に安着したのはその翌日であった。当地より予に同行して印度に赴くべき特使カシャ政庁の書記生は既に数日前よりここに予を待ち受けて居た。二月十五日英の軍営にマクドナルド氏を訪いシガツェ旅行の一部始終を話した。彼はタシラマ法王が英国と支那とに対して如何なる感情を以て居るかを知りたいといった。予は有力なる事実と推測とを参考に供した。彼はいよいよ明日チュンビに帰任することとなった。これから予等の赴かんとする所も矢張りチュンビを経由するから彼と行旅を共にせんことを願った。ところが、成るべく旅程を同一にしたいが、彼は急く旅だから毎日一所には行けないだろう。しかし途中旅行の安全を期する為めにとて、ここからチュンビに至る五ヶ所の駅に於ける英官宿舎バンガロウを無料にて自由に使用し得る特権を与えて呉れた。

第三章　チュンビ渓を経て西蔵領土を離る

一、英蔵の古戦趾を過ぐ

二月十六日カシャ政庁の書記生一行と共に十余騎三十三駄《だ》より成る旅隊を編成し、一町半に亘る長き行列をなして旅寓チャンロの別邸を辞し、甘水《ニャンチュ》に架するツェチェサムパ（大嶺橋）を渡る。清流はその名に背かず、ギャンツェ、シガツェの二大邑を含める両広原の無慮幾万の生霊を養えるのみならず、豊饒数千里の耕野を灌漑して、好く歳穀《さいこく》を実らしむる要水である。今この甘水《ニャンチュ》の左岸に沿いて南行し、ギャンツェの平原を去って山峡路に入れば、ネニンとて西蔵有数の古寺がある。不幸にして先年英軍の為めに破壊せられ、附近の廃村と共に戦争当時の惨絶《さんぜつ》を偲ばしめる。ギャンツェ以南パリに至るまで百マイルばかりの通路は現今西蔵に於ける唯だ一条の車道であって、車さえあらば、その通運の便に拠ることができる。険悪の道路に懲りた予等は、ここに始めて安全な車道に心ゆくばかり馬を進めた。ギャンツェを去ること十五マイルにしてサフガンという小駅に着し、英印政府立の宿舎バンガロウに投じた。舎内の設備は印度内地にて見る所と同じく、必要な家具一式と炊事器具及び食器類が完全に備わり、若干の書籍までも書棚に陳列し、ストーブには石炭の代りにヤク糞《ふん》と少量の割木が用意してある。予等の到着後およそ一時間にして商務官マクドナルド氏の一行が来着した。彼等は前程を急ぐからとて、少憩の後、更に次の駅まで十余マイルの距離を強行するといって旅を続けた。二月十七日。砂布巌《サフガン》のバンガロウを発し砂礫の小丘を越え、正南に向かいレッドゴージの山峡に入ると、ニャンチュの渓流を挟んで峨々たる山巌千余尺の高きに聳えて、要害堅固の地形をなしギャンツェに対する咽喉部を扼して居る。故に軍事上ラッサに対し間接に有力なる抗拒点《こうきてん》となり、かつて蔵軍の死守せし所なるも彼の強英の侵軍を阻止する能わざりし不名誉の戦蹟となった赤壁の峡道を出ずる処より雪降り出し、カンマー駅に近づく頃には風が強くなった。附近一帯の地表は凝灰岩を以て掩われ、数箇所に温泉がある。一掬した所では普通の淡水と変わりがない様である。四周の山々には火山らしいものは一つもない。事によれば潜伏火山でもあるのでは無かろうかと疑われる。カンマー駅よりは北東に向かいゴプシに通る間道があってラッサに至る近路となって居る。午後に至り降雪いよいよ激しく路上に積ること六、七寸に及び、行旅やや困難を感じ初めて「雪有国《チベット》」の旅情を覚えた。サマダという駅に着いた時は既に黄昏で、雪はいよいよ降りしきり、寒夜の冷気は烈しく肌骨《きこつ》に泌み、暖炉《ストーブ》の側を離れることができなかった。この地は実に海抜一万四千余フィートの高原に横たわれる一駅でサフガン駅よりは二十八マイル、カングマー駅よりは十数マイルの南に当る。

二、最寒の日

二月十八日。前夜試みに舎外の廊下に寒暖計を掛け置きたる所、その最低温度は華氏零下十四度を示して居る（これを摂氏に換算すれば氷点以下およそ二十五度である）。予が今日まで西蔵内地で感じた最低温度のレコードである。サマダ駅のバンガロウを出で尺余の積雪を踏んで南行するに、旭日白雪に反射して眼にゴーグルを掛けざれば一歩も前進することができなかった。これより通路はニャンチュと分かれ、結氷せるカラの湖水を右に見て同じ名の駅に着きたるは午後二時であった。なお次の一駅まで至る時間が無いではなかったが、午後の天候は険悪に変ぜんとする模様であったからこの日は当駅に止ることとした。夜の寒気の惨烈なることはサマダ駅と変らない。カラ湖は堅く氷に閉ざされ人馬自由にその上を往来することができる。この湖水では夏季漁猟が盛んに行われる。魚類は乾して一部は食用とするも多くは肥料に用うということである。

三、ラム湖畔の壮景

カラ駅を去ってチャルという小村に至れば前面にラムの水湖顕われ広濶なる山原展開し、東方より南方に連亘《れんこう》せる氷嶺は多くは海抜二万三千フィート内外の高嶂《こうしょう》であるから、その眺めもとより壮美の観あれども、今予等が行進せる原野そのものが海抜一万五千フィートに垂とする高度にある湖辺なれば光景さのみ奇絶とは思われない。湖畔に沿うて南西に向かい行進しつつ行手を一望すれば、チュモハリの銀嶂は遠く長空に懸かり、トゥナの山嘴と相対して遥かにタンラの天原を彷彿し、漫ろに湖地の雄大を感ぜしめる。湖の西岸に廻りドチェンの駅に至らんとする時強風急に起こり、寒冽膚を裂き行人征馬皆共に凍殺《とうさつ》されんとするの勢いである。ドチェンに少憩し昼食を喫し更に一枚の裘《かわごろも》を重ねて行旅を続けた。グルの駅を過ぎてその山嘴を廻らんとする所に一つの清泉がある。一九〇四年、蔵兵が始めて英軍に開戦を試みた処である。この附近には野生の驢《ろ》が沢山棲んで居る。普通の驢よりはやや大きく馬よりは小さい。毛色は黄褐色で黒色の斑紋がある。彼等に接近せんとすれば恐れて逃走するから捕えることはできなかった。やがてチュモハリ（海抜二万四千フィート）の麓を過ぎてトゥナのバンガロウに投宿した。

四、餓死せるヤクと驢

二月二十日。早朝は濃霧に閉ざされた。霧といっても普通の霧でなくて実は微塵の氷片の集まりである。それが将に消散せんとする時旭日に映ずるや燦爛《さんらん》たる光彩を放ち乱虹流動《らんこうりゅうどう》するの眺めはやや奇観であった。トゥナの広野はおよそ十マイル平方の地域を占め、今は悉く深雪を以て掩われて居る。この雪原を行き尽したる所はタンラの峠なれども坦々たる緩阪《かんぱん》にしてほとんど高所に登る感じがしない。何時の間にか三百フィートばかりを登りつめて海抜一万五千二百フィートの峠の頂に達した。下り阪は傾斜やや急なれども、敢えて馬車を通ずるには余り困難でなかろう。附近には積雪が殊に深い。此処彼処《ここかしこ》にヤクや驢《ろ》の死骸が横たわっている。巨大なる兀鷹《はげたか》の群が驢肉を啄ばんで居る。ヤクの方には数名の土民の旅者が集まって皮を剝ぎ肉塊を切り取って居る。これ数日来降雪の為めに牧草を求めることができなかった結果餓死したもので、病殪《びょうれい》したのではないことが判った。チュギャの部落を過ぎ、四マイルにしてパリ城下に着いた。バンガロウに行って見ると、驚くまいことか彼のマクドナルド氏の一行が、なおここに滞在中なのである。「折角ダブル・ジャーニイで旅程を急いだ甲斐も無く、過日来の吹雪で散々な目に会って今日なおこの始末である」と感冒に罹ったマクドナルド氏は自白した。今朝の出発地よりここまではおよそ十八マイルの距離であるが、土地の高度は一万四千五百フィートの低きに在りて気温も幾分和ぎ、最早悪感を覚ゆることがない。しかし積雪の深さは一フィート五インチ以上もあった。

五、重要なるパリ駅

二月二十一日。駅換の都合上本日はこの地に逗留すべく余儀なくされた。パリ駅はギャンツェを距ること百マイルの南方に在って、その中間には馬匹を取り換うべき駅停は唯だ一つもない。そこでこの駅は通運上常に過大の負担を課せられ、馬匹は著しく払底し、多くの旅者に満足を与うることが困難である。印蔵貿易上ギャンツェ及びチュンビに亜《つ》ぎて重要なる位置を占め、印度方面より本道を取って内地に向わんとする商人や旅者の必ず通過すべき所である。一方西蔵内地の物質は多くここに集中し、印度、ブータン、スィキム地方に対する交易場となって居る。輸出品の主なるものは羊毛、西蔵製羅紗絨氈《らしゃじゅうせん》、食塩、砂金等にして、輸入品は印度を経由して内地に向かう所の欧亜の雑貨並びにブータン地方よりの穀類等である。人口は二千余あり、半ば後蔵人にして半ばチュンビ人とブータンよりの移住民である。この地の低丘の上に城寨がある。昔支那が英国に対する防備として西蔵政府をして築かしめたもので西蔵の南境一帯を扼するには最も重要なる戦略地点となって居る。土民の家屋は内地と異なりて石造の高楼甚だ尠く、多くは原野より剝ぎ取りたる芝土泥炭《しどでいたん》を以て屋壁を積み上げた平屋である。いずれも狭隘なる区域に建て詰められ、窓少なく薄暗き不潔の陋屋《ろうおく》で人間の住所と思えない程憐れな家もある。土着の住民はヤクや羊の牧畜によりて生計を立て農業には手を出さぬ。尤も夏季は麦を作るが、それは馬糧を得る為めであって穀物の収穫を目的とするのではない。この地より西に十数マイル行った所にカンブの温泉場がある。蔵人は多くここに療養に出かける。

六、チュンビ渓に入る

二月二十二日。駅換の馬匹の準備が成ったのはようやく午前十時過ぎである。気高き眺めあるチュモハリの氷嶂と「陰山《バリ》」の城影とを後にしてドタクの低原を過ぎ、いよいよチュンビの渓道に入った。この入口は冬季吹雪の最も激しき所にして、しばしば人畜の生命を奪うことがある。これより山腹の嶮路を伝い、数百尋の脚下に渓流を俯瞰して漸次に低所に向かえば積雪は次第に減じ、気温はますます上昇する。海抜一万三千フィートばかりの山上には灌木叢生し躑躅《つつじ》や石楠花《しゃくなげ》が著しく多い。更に低所に下ればこれらの灌木帯に喬木《きょうぼく》を交え、海抜一万フィート位の低山地帯には鬱蒼たる森林があって樅《もみ》、赤楊《せきよう》、石楠花の高樹が繁り、緑翠《りょくすい》苔むす深渓《しんけい》に残雪白く点々として、真に愛すべき山景となる。ガウの山村のバンガロウに立ち寄り昼飯を喫し、更に渓流に沿い樅樹《しょうじゅ》の森林の間を過ぎ、次に杉、檜、ヒマラヤ杉などの混生せる地域に入る。なお数百フィートを降って九千フィート内外の山地に到れば松柏の類が最も多く繁茂している。リンモの盆地に下ればかなり面白い眺望が得られる。滑らかな草の野辺に白雪が点々と残って居る間を、清く深き緩やかな水の流れが紆《うね》って居る。四囲の山々には松柏《しゅうはく》が寒中の翠《みどり》を誇り顔に茂って居る。とある嶺の頂上には、孤立の山寺があって、四辺は如何にも寂寥の感がする。この盆地を出でて阪路を下りて行くと、渓泉はたちまち飛湍瀑流《ひたんばくりゅう》となって山巌に咽《むせ》ぶ所がある。更に数マイルを下った山地には田畑《でんばた》開け、所々に民家が在って山景すこぶる我が母国を偲ばしめる。山も家も西蔵内地とは全く変わって、青々とした草木や、木造の角屋根の人家は数年振りに予の目を楽ませた。ガリンカと云う村邑に達して日は暮れた。バンガロウ無ければ蔵人の宿舎に投じた。

七、西蔵旅行の終点

二月二十三日。いよいよ山路を下れば山峡の要関に哨舎と柵砦《さくさい》の廃址がある。清朝時代に築かれた防御柵である。これより所謂山泉百転の佳景とも称すべき佳境を通じ、やがてシャシマという名邑に着いた。英人はこの地をヤトンと呼んでいる。緑深き松の嶺の麓に紅茶色の屋蓋を有せる洋館が数棟相列び、その前面には草原の広場を隔てて白洋館がある。高き檣には英国旗が翻って居る。これが即ち商務官マクドナルド氏の官舎である。予は旅僚書記生と共にマクドナルド氏を訪問した。今度新たにギャンツェの商務官として赴任するキャプテン・キャムベル氏が本日当地に着く筈なので、マクドナルド氏はこれより数マイルの下渓《かけい》地方まで出迎いに行く所であった。予等は直に暇を乞うて当日の宿泊地に向かうた。シャシマのバザーを通り、風光愛すべき山峡の渓路を下る途中にチュンビという山村がある。戸数僅かに二十余、何等価値ある地点ではないが、本渓谷の名が由って起こった所として注意する必要がある。常に吾人の耳目に触るるチュンビ・ヴァレー（Chumbi Valley）というのは英人がこの村の名を取って附けたものである。西蔵人はチュンビ渓谷地方を総称してトモといい、チュンビとは唯だこの一村の名に限っている。チュンビ村の次にピビタンという所がある。支那風に出来た小邑で以前清朝の官吏が駐在して居た官舎が残って居る。今は西蔵政府のチュンビ総督へデン氏の官舎に充ててある。予等はへデン氏を訪うて来意を告ぐるや否や再会を約してチェマという村邑の公宿舎まで急いだ。チェマ駅は予等の西蔵旅行の最終点で同国政府が下附した旅券《ラムイク》はこの駅を越えると無効となるのである。つまり西蔵旅程はこの地に於いて一段がついた訳で更に別の旅行に移るには少なくも両三日間ここに滞在して準備せねばならなかった。

八、日英蔵の交歓

二月二十四日。ヤトンなる商務官マクドナルド氏より午餐の招待状が来た。予と書記生とヘデン将軍との三人同行して定刻ルマ氏の官邸に到った。予等は一々新来のキャムベル氏に紹介された。氏は年三十六歳で極めて快活な好士官である。過般まで印度の北西辺境なるペシャワルに駐在せし処、今回西蔵ギャンツェに転任を命ぜられ、赴任の途この地に数日掩留することとなったのである。氏はもと北京にも居たことがあって支那語にも通じ、邦人などにも知友があるので日本語の片言も話せる。次にヘデン将軍は四十歳位の西蔵貴族出身の軍人でチュンビの商事監督官を兼ねてこの地に駐在せるものである。二英官と予等三名とは向にダライ法王より依頼されたる兵器等の事件に関して協議を遂げ、英印政府に交渉するの順序を決めた。斯くて午餐の会食を終わり談笑数時間にして散会した。

二月二十六日。予と旅僚書記生とはいよいよ西蔵を去ってスィキム国に旅立つべく諸氏を訪問して離別の辞を交換した。マクドナルド氏は、予等がスィキムの内地旅行に必要なる旅券に代うべき証明書を下附して呉れた。

九、印蔵貿易の要地

二月二十七日。この日は西蔵領土内に於ける最後の一日である。予等の行李の大部分は数名の従僕を附してこれを印度のカリンポンに直送し、予等自身は少数の従僕と共にスィキムに向かうべくチェマ駅を出発した。この地よりカリンポンに至る約七十マイルの難路は片道通常四日間を費やすであろう。馬匹の運賃は駄馬一頭につき二十貫ないし三十貫の荷物を搭載して七円五十銭平均を要し、乗馬は十円内外の相場である。勿論当季は羊毛の輸出期であるから運賃の最も騰起せる時で、他の時季には遥かに低落する。スィキムの首府ガントクに到るにもほぼ同額の運賃を要求せられる。そもそもチュンビは印蔵貿易上唯一の運輸機関たる馬匹の交換所として最も重要なる地点であって、印蔵国境に於ける運賃率を左右するの権利は一つにチェンビ商人の手中に存すといってよい。目下印蔵貿易は特種の禁輸品、即ち武器、及び酒類を除けば全く自由業易として関税を徴収しないのみならず、貨物を開封検閲することも稀である。チェマ駅より七、八町を下ればリンチェンガンという村邑がある。チュンビ渓道の最終点であって、これより渓流に従い南東に下ればブータン王国に入り、本道によりて一支流を溯り、峠を越ゆればスィキム王国を経て印度に出る。予は今この渓谷を去るに臨み、なお少しく述ぶべきことがある。

一〇、ヒマラヤ山中の楽園

一体チュンビ・ヴァレーというのは東部ヒマラヤ山脈中に於ける一の山峡にして、土地の高度はおよそ九千フィートより一万余フィートに及び、延長約十余マイルの渓谷に名づけたものである。而して北方は西蔵の高原に開き、東と南とはブータン王国に接し、西はスィキム王国と境し、ヒマラヤの南連脈を横断せずしては印度の平原に出られない。この地方一帯はもとより西蔵の領域ではあるが、自然界の状態といい、土民の風習といい西蔵内地とは著しく違って寧ろブータンやスィキムの二国に相似て居る。西蔵人はこの地方をトモと名づけ、土民をトモワと呼び、全然内地と区別して居る。しかしながら本渓谷の人種はその起源をブータンより発し、これに南部西蔵とスィキムの二種族が混血したもので、矢張り蒙古人種の系統に属すべきものである。彼等土民の顔は概して丸みを帯び、皮膚の色は白く、質は細かくして自然の肉体美を具えて居る。この種族が麗質を帯ぶるが如く、本渓谷に於ける風光もまたすこぶる趣致に富んで居る。或る旅者には全くスイスの山景を偲ばしめないではないが、予には寧ろ母国の山渓の秀麗を想わしめる処が多い。秋冬の季節には高空を繞《めぐ》る層巒《そうらん》の頂に白雪を冠し、麓裾《ろくきょ》には紅葉の楓や風雅な山家が緑翠深き松林の間に点綴《てんせつ》せる瀟洒《しゅくしゃ》な景色が眺められる。これに反して春夏の候には柳、楊、桃、梨、木蓮、石楠花などが山裾や渓泉の辺《ほと》りを飾り、草花錦《そうかにしき》を織りなす狭き野辺にヒマラヤ胡蝶の舞い遊べる艶麗の眺めを貪ることができる。この如き明媚の風光は順和の気候と相俟ってヒマラヤ山中稀に見る所の一楽園をなし、吐蕃の胡原を辞してこの花園に下る者も、天竺の熱野を避けてこの清涼の佳境に上るものも等しく、そが自然の美景を愛し気温の好調を喜び柳髪桂《りゅうはつけい》眉《び》雪《せつ》膚《ぷ》花《か》貌《ぼう》の光容を賞して止まないのである。真にヒマラヤの奇勝を窮めんと欲する旅者はまずダージリンより五大雪蔵の壮美を眺め、併せてチュンビ渓谷の秀麗を探らねばならぬ。予等は今やこの楽園を去って一の峠を越えんとして、山路を登る途に支那人の所謂「亜東《ヤトン》」の関柵を過ぎた。現に英商務官の駐剳せるシャシマの地を英人が「ヤトン」と称するは恐らくこの亜東《ヤトン》の名を襲用したものであろう。これより西行して高嶺を攀じ、ほぼ一万フィート以上に達せるかと思わるる所より樅、石楠花の大木多き森林帯となり、その間に嶮嶂重畳の山勢を交え、路上の積雪馬脛《ばけい》を没し、登攀容易ならざる山地を過ぎ、日没の頃ランラの公宿舎に着いた。この旅舎も清朝時代の遺物にして今は西蔵政府の有に帰し、数人の哨兵を置いて辺境の防備に任じ、絶えず来往の旅者を検閲して居る。

一一、終に西蔵の国外に出ず

二月二十八日ランラの山景もまた途上に於ける勝景の一である。海抜一万二千フィートの高嶺上にも古樅《こしょう》の巨幹落々盤踞《はんきょ》して黛色《たいしょく》天に参わり、積雪は深く山谷を埋めて春光に溶けんともせず、ゼレップの嶮には万古の玄氷高く碧空を塞いで予等の行く手を遮るが如き観がある。ランラ村を過ぎて峻嶺の雪阪を攀ずる時、しばしば馬より下りて徒歩せざるを得なかった。樹林なき山域に達すると傾斜やや緩になり、地表は悉く氷雪で掩われて居る。凍結せる小湖の傍を通って、また急阪にかかる。登ること約五百フィートにしてようやくゼレップ峠の頂上に達した。その高度は海抜一万四千三百九十フィート程ある。高さに於いてはこれまで西蔵内地で越えた処の多くの峠とは比較にならぬ。彼のヤムドとかラム、トゥナなど一万五千フィートに近き平原にすらも劣って居るが、この峠の険悪なることは蓋し印蔵通商路中第一といわねばなるまい。特に目下冬季は積雪結氷多くして通過の最も危険なる時期である。ここは地図の上では西蔵とスィキムとの国境であるけれども、事実上印蔵接触点と見ても良い。故にもしもこの頂上より一歩を前進するならば最早「異人禁制の秘密国」を出たことになり、更に英蔵二国の許可を得なければ再び入国できない所の限界線である。予は暫らく馬を停めて北東ラッサの空を顧み、三年間遊学の蹟を想うて無限の感慨に打たれ、如何にしてもこの峠を去るは名残惜しくてたまらなかった。しかし高嶺に勁吹《けいすい》する寒冽の風が氷雪を捲いて襲い来たり、この上永く佇立《ちょりつ》するを許さなかったから馬に任せて一気に峠を滑り下った。四マイルの積雪を踏んで一千余フィートを下り、クプの山村に少憩し、起伏多き嶺道《とうげみち》を伝い、遥か低谷に松林を廻らせる小湖を瞰下《みおろ》しつつ、積雪の上に緑葉を翳《かざ》して春陽を待ち顔なる石楠花の叢生せる山域を過ぎ、とある山谷を越えてナトンの村邑に着いた。ここは海抜一万二千フィート内外の山地にあるかなり大なる駅停にして、百戸ばかりの土民の家屋がある。英印政府立の郵便、電信、電話、及びバンガロウもある。山が低いだけに気候も余り寒くはないが、積雪は恐ろしく深い。バンガロウに投宿して居ると、チュンビのマクドナルド氏から電話の呼び出しがあった。彼はまず予等一行のゼレップパス山越えの安否を尋ねた。それから予等が今後のスィキム内地旅行及びその領土内のバンガロウ宿泊の特権に関し、同国政庁の長官ベル氏より使者を走らせて途中予等を待受けてパスを交付する筈なれば、安心して旅行を続けよとの通話があった。予等はその好意を謝して別れたが、英領より西蔵に接続せる電話を断つが何となく名残惜しく思われた。

第四章　スィキム国内の放趣

一、宇宙の壮観

二月二十九日。ナトンの雪嶺に沿い、その山背を伝うて紆り曲った山路を行く。松や石楠花の緑は白雪に対していよいよ濃かである。沿道は駱駝の背を連ねた様に起伏多く、四顧の眺望悉く奇絶《きぜつ》となる。リントゥ峠に至る間の雄大なる風光は真に宇宙の壮観を尽し、到底詩画の企て及ばざる所と云うよう外はない。五大雪蔵《カンチエンシヤンガ》の怪氷は横ざまに大空を裂破して、あたかも白銀の巨龍が虚空に翔け昇れるが如く、脚下幾千尋の幽渓は唯だ深遠として窮まりなく、一朝白雲の漲《みなぎ》る時は洪濤の大洋に逆巻くが如き奇観を現ずるのである。白皚々の嶮嶂重畳して山勢種々に転変し、しかも遼敻《りようけい》として遥かに眼界を絶し、碧落もそれが為めに狭浅《きようせん》なるを想わしめる。ダージリンに於いて「雪蔵《ヒマラヤ》」の探勝を試みんとする人、もし一度トングルゥより進んでサンドクプゥを攀じ、更にファルートの嶺に向かえば「五大雪蔵《カンチエンズンガ》」の氷影いよいよ拡大されて銀壁天空に懸かり、連峰起伏蜿蜒《えんえん》として三国境に跨るの壮観に神《しん》を奪わるることを経験するであろう。今ナトンに於けるヒマラヤの偉観はこれに幾倍し、筆舌道断の壮美は、ただこの地に遠征するの旅者のみ、そが絶大の眺望を貪ることが出来る。ダージリンよりナトンまでは約五十マイルの山路で谷を幾回か上下し、最後に一万余フィートの嶮阪を攀じ登り、殊に興味深き山旅を続けてこの地に達するのであるが、地域はスィキム王国の領土であるから旅者はまず入国の許可を得なければならぬ。旅券とバンガロウ・パスはダージリンの政庁に請求すれば大抵は下附せられる。旅行に要する日子《につし》をおよそ十五日と見積りダージリンを起点とし、すべての準備は同地のホテルにて経験ある支配人に命ずるが最も便利であろう。旅行の季節は十月末より二月頃までを最良とし、この期を外せば春は雲霞《うんか》深くして眺望思わしからず、夏は降雨多くして困難の徒旅に終る。独り秋冬の季節に於いては少しく降雪の障害を我慢すれば連日降り続くような場合は稀であるから、ヒマラヤ観雪の為の遠乗には最も適当である。しかし陽春四、五月の頃、濃霞浮雲《のうかふうん》を睹して登山すれば海抜六、七千フィートの高所には桂華《けいか》、木蓮、蘭花《らんか》等が麗しく咲き乱れ、一万フィート内外の山谷には多種の石楠花が紅白の美を競う趣は彼のトングルーやサンドリプーの春景に似て、雪嶂の壮観を無心の雲霞に隠さるる恨《うらみ》を償うに足るであろう。

二、一日に冬春夏の三候

さて、リントゥ峠に達すれば、本道の外側に破壊せられたる城址が見える。紀元千八百八十八年英軍の侵入せし時蔵兵が築いてこれに拠った所である。通路はこれより急転直下して一万二千六百フィートの山嶺を去って僅かに一千三百フィートの低渓に降りここにヒマラヤの主脈を越え終るものである。この高嶺を上下する隊商の馬匹は重き貨物を載せて巧に嶮路を往来する彼等の頻繁なる交通を目撃し、印度貿易が意外に盛況を呈せるに驚く。ようやく低所に下ると全く温帯地域に移り気温高く、春光来たり林間に山桜、木蓮《もくれん》、樟《くす》、樫《かし》、楓《かえで》などの植物を見るに至った。セドンチェンという駅のバンガロウに着きたるは午後三時頃にして、天曇りて暖かく寒暖計は六十二度を示して居る。裘《かわごろも》を脱ぎ捨てて軽衣と着換え二階の欄干に倚りて山谷を見渡すに、山地には所々に耕田開け、青麦や菜の花が緑黄相交わり桃梨《とうり》の花も将に綻《ほころ》びんとする所である。最早雪山の片影さえも見えず、重嶂は一面に濃霞によって閉じ籠められて居る。暖かき南風は徐《おもむろ》に渓谷を吹き、泉流涓々《けんけん》として溢れ出るの眺めは朝来一万フィートの山上より深雪を踏み分けて降り来った予等にすこぶる珍奇な感じを与えた。夕方洋装せる飛脚が二名やって来た。スィキム政庁の長官ベル氏よりの特使で、スィキム領内通過の旅券とバンガロウ・パスとに添えて、親切な彼の書翰を持参したものである。三月一日。前夜より降雨あり、今朝に至るもなお霽《はれ》切らず、山阪泥濘と化して人馬共に甚だしく悩まされた。森林の間を縫うて約二千フィートを下ればやや熱気を覚え、亜熱帯性の植物繁茂し、麦の穂は既に黄ばみて居る。ロンチュ（河）の流渓に下る林間には多くの山猿が棲んで居る。四、五マイルを行き、千フィートばかり下るとロンリのバザーに出る。渓流に架せる鉄橋を渡りバンガロウに投宿した。庭前の草花満開して紅白紫黄の美を競う所に柑橘の白花は濃緑の葉間に白雪を散じたるが如く、しかも馥郁《ふくいく》たる薫香は園裡《えんり》に充ち満ちて漫《そぞろ》に初夏の気分を深からしめる。気温は午後三時過にても七十度を示し、寒地に慣れたる旅者には少しく苦熱を感じた。幸いにバンガロウは渓流に近く、潺湲《せんかん》たる水声《すいせい》に涼を納れ、夏衣に着換えてソーファに倚り懸かりたる処に言い得ぬ爽快な心地がした。昨日の朝はナトンの嶺上雪中の宿合《バンガロー》に暖炉《ストーブ》を擁して冬景を眺め、今朝はセドンチェンに於ける春雨の庭に李花《りか》を賞して南風《なんぷう》に浴し、今やロンリの渓底に炎日暮れて橘花《きつか》のもと清泉に納涼を試む所である。旅者もしナトンを去ってこの地に至る二十マイルの山路をその日に下るとせば、僅かに十数時間を以てヒマラヤ山中、冬と春と夏との三候を通じて急転する佳景に接することが出来るであろう。

三、スィキムの都に至る

三月二日。ロンリ駅はスィキム王国とダージリン県との境界に位置し、カリンポン、ティスタ、ガントクの諸方面に通ずる要路に当る。予等一行はこれよりスィキム国の首都ガントクに向かうべく、ロンチュ河の急流に沿うて下る。この渓間の通路は嘗て英軍が西蔵遠征の当時（一千八百八十八年）初めて開設した軍道であって、次で一千九百〇三年の遠征にもここを通ってゼレップの険に突進したのである。印度平原よりヒマラヤ山脈を横断して西蔵に進入すべき最短距離は、ダージリン鉄道の起点たるスィリグリィ駅よりティスタの渓道を通ずる狭軌鉄道の便に依りて、カリンポン・ロード駅に達し、次にランポ村に至る良好なる車道を上り、終にロンリを経てチュンビ渓に向かうものである。しかし現今の通商路としてはティスタ橋より直に山道を登り、海抜約四千フィートの山上なるカリンポン駅に立ち寄りてロンリに出ずる迂回線を取るが普通である。ロンチュの流れと共に五、六マイルを下れば、海抜僅かに一千フィートばかりの低所に至り、炎熱ほとんど堪え難くなった。橋を渡って右岸を進めば幾何もなくして路は一の山上に向かうて通じて居る。約三千フィートを登った所にパキョンという村邑がある。これよりガントクまでは約十二マイルの山谷を上下しなければならぬ。即ちまず四マイルの阪路を下り、次に三マイルばかりの渓路を亘り、最後に五マイルの山道を登るのである。山谷至る所に能く田畑《でんばた》が開けて居る。稲株の残って居ることから察すれば米作《べいさく》の盛なることが容易に知られる。柑橘栽培の多きを見てダージリン市場に於ける「スィキム蜜柑」を想像される。まだこの山道を登り尽さないうちに日は全く暮れたが、行手に国都の灯の影すら見えない。嶺林の間には珍しくも蛍火が乱れ飛んで居る。叢には轡虫《やかまし》が八釜敷く鳴き立てて居る。全く母国の夏の夕を想い出させる。山背を伝い行く時に空に仰がるる静夜の星の光もまた蛍かと疑われる。征馬《せいば》の鈴の響きは鳴く轡虫が添い来たるのかと怪しまれる。涼しく心地よき駒の歩みと共に従僕等は懐かしきラッサの歌を謡いながら夜道の無聊《ぶりょう》を慰めた。午後九時頃ようやくガントクの町に着いた。ガントクの町は一つの山嶺が鞍部《あんぶ》を形成せる所の左側に於いて南西に対する傾斜面に建設されて居る。その北嶺は高く南嶺は低い。北嶺には英国政務官庁、病院、官舎等が散在し、南嶺には国王の宮殿が新旧二棟立ち列んで居る。山嶺は海抜五千八百フィートの高度を有し、東部ヒマラヤ群脈中の一支脈に属し独立せる峰ではない。気候は四季を通じ温和にして寒暑の差甚だしからず、天然の健康地である。ここにスィキムの都を訪問したるを好機とし、この国の沿革に就いて少しく研究する所がある。

四、スィキム民族

今日の所謂スィキム民族はもと西蔵より移住して来たものであるが、その以前にはレプチャという種族が棲んで居た。レプチヤの酋長は現今のスィキムとダージリン県などを領し、一の独立国を建設して居たものである。この人種は明らかに蒙古種族の一派にして多少西蔵人に似た所があるが、体格は西蔵人よりも劣り、平均身長は五フィートばかりである。毛髪は漆の如く黒くして且つ長く延び、男子は西蔵人の様に弁髪となし、女子は二束に別け左右両側に垂れて居る。衣服は木綿織で敷布大の単衣を七条袈裟を着けたかのような体裁に身に纏うて帯を締め、男子は腰に必ず剣を帯びる習慣がある。彼等の宗教は西蔵古代の梵教に類し、魔神を崇拝し天祖を信仰し妖術を行うものである。言語は所謂レプチャ語であるが、これに西蔵語や今日のスィキム語またはネパール語をも混用して居る。伝説によれば太古この国に「テンコンテク」と称する大神が降臨して「ニョコンゴル」と名づくる女神と共に在せしより彼等の民族蕃殖《はんしょく》せりとも、あるいは大洪水の世にテンドンと呼ばるる高峰に一組の男女棲存し、減水後その子孫が蕃殖してレプチャ民族を出せしともいい伝えて居るけれども、いずれも無稽の神話に過ぎない。或る史家はこの人種を以て土着の民族なりと主張すれども、他の史家の説には、遠き以前に西蔵高原より移住せるものとなし、その年代に関しては多分仏教が印度よりヒマラヤ以北に伝播せざりし上古ならんと推測して居る。いずれにしてもレプチャ人種は幾百年間かこの地方のヒマラヤの森林を開拓して農牧を営み、何等の外患なくして平和の裡に幸福なる生活を続け、相互の間にも競闘争奪を起さなかったのである。彼等の温順にして柔弱なる天性は甚だ具合よく自然界に対し微細なる観察心を増長せしめ、良好なる博物学者となり、殊に植物に関し卓越せる分類的考察力を具えて居ることは未開民族中一の奇例として見るべきものである。この如き平和の民族は如時しか強敵の侵略を受けて国を失い、被征服者として発展の道なく、終にスィキム―ヒマラヤ地方に散住する運命に至り、特に集団せる部落を形づくることが出来ずして漸次に滅亡せんとする有様である。その動機は実に西蔵人の南下征服に基づくのである。

五、西蔵人の南下

西蔵の東部カム地方に勇敢なる民族が起こって後蔵地方を併呑し南下してヒマラヤ地方に臨み、チュンビ渓及びブータンの西部に及び、終に第十七世紀の中頃に至り、今日のスィキム・ダージリン地方を侵略してレプチャ民族を征伐し酋長を逐い、全土を統一して国都をトムルン（ガントク）の北に定め、第十八世紀の極初には広大なる領土を占有し、その地域西はネパールの東部より、東はブータンの西辺に亘り南はダージリン県の南境を越えて遥かに印度ベンガルの広野に延び、ガンジス及びブラマプトラの両沿岸までもその勢力範囲に入れたということである。この征服者も矢張り蒙古人種に属する民族にして、近世これをカンバ・レプチャともまたはスィキム・ブティアとも名づけ、旧民族なるレプチャと区別して居る。今日の所謂スィキム人の起源をなせるものは即ちこのカンバ・レプチャ族である。

六、今日のスィキム

その後間もなく、東方のブータンが強大となり、スィキム領土の東端を侵略し、十八世紀の中末よりは西隣の強国グルカ兵の来寇頻々起こり、ほとんどスィキムの全土を攻略した。このに於いてスィキム王は当時西蔵の主権を握れる清朝の応援を請い、その精兵を得てようやくグルカの侵軍を撃攘したるが、全然王権を回収して昔日の盛栄を再現せしむることは困難であった。その頃英国の東印度商会はグルカ王に忠言してその暴侵を止めんことを要求せしも聞き入れざる処より、終に同商会のグルカ征服となり、向にグルカ王が併呑せしスィキム領土を悉く東印度商会に割譲せしめた。同商会は該地域を領有せずして直にスィキム王に還附し、同時に国王の復位を行い、国の独立を保証し、グルカの東侵とブータンの西略とを断念せしむる為めの中立地帯として存続せしめた。その際今日のダージリン附近がすこぶる衛生に適せる土地なることを知り、ここに療養所、及び兵営等を建設するの適当なるを思い千八百三十五年スィキム王に請うてこの地を租借し、諸般の施設を行い、以て今日吾人の知れるが如き賑盛なる山上市のダージリンを開く基礎を定めた。ところが、千八百四十一年以後スィキム人はしばしば英人に反抗せしにより、英国は兵を進めてこれを懲罰し、租借地全部を没収し、千八百九十年清朝と条約を締結して、終にスィキム国を英の保護国となし、今日に及んだものである。

七、雪蔵の瑞穂国

ほぼ以上の如き伝説と沿革とを有せるスィキム国は、その人種、宗教、風習等、ヒマラヤ民族中特種なる点に於いて大いに吾人の考察に興味を添えるものである。今試みにこの国名の由来を尋ぬるに、旧民族なるレプチャ人はこれを「レェジョン」と呼び、新民族たるカンバレプチャ即ち今日の所謂スィキム人と西蔵人とはこれを「レェンジョン」と称える。但しレェジョンとレェンジョンとは音便の相違に過ぎない。然らばその語の意義は如何というに、「レェ」とは主に穀類を指し特に米という語として多く用いられ、「ジョン」とは普通耕地の義なれどもまた邦土、国土という急に用いられる。よって「レェジョン」という熟語をなす時は「歳穀豊饒の国土」の義となり、我が国を豊葦原瑞穂国と名づくると全く同一である（備考。右の原語をローマ字にて記せば Abras-Ljongs なれども通例これを Dré-jong と発音し Dré は殆んど Ré に近く聞こゆるを以て邦人の耳にはレェジョンの如く響く）。次に「スィキム」

なる国名は何時頃何人によって命名されたるや明らかならざれども、英人はこれを Sikkim ともまたは Sikhim とも呼び、原名の Réjong を用うる者は極めて尠ない。スィキムなる語は恐らくその本国以外の異民族によって命名されたものであろう。何故ならばこのスィキム（Sikkim）という語を仮にシッキム（Shikhim）の転訛とすれば「破壊せられたる家屋」という意味となり、昔隣邦グルカがこの国を攻略せし時は、しばしば家屋を破壊して殆んど再建を断念せしめたりという史蹟に徴して考うれば、当時グルカの征服者によりて「壊屋《シッキム》」と名づけられたかも知れない。スィキム人は昔も今も自国のことを「シッキム」と呼ばない理由はその語が不名誉不吉の意味を有するが為めではあるまいか。要するにこの国の本名はレェンジョン（即ち瑞穂国《みずほのくに》）であって、古より今日に至るまで同国人が称えて居る原名であることを注意せねばならぬ。

八、天尊降臨

スィキム国の北部に於いて或る高い雪嶺にトルムと名づける峰があって、その頂上に近き所に大なる巌窟が現存して居る。太古テンコンテクという大神がこの世界に降臨し、最後にはその巌窟に入って昇天し去りたるものと伝え、レプチャ人の常にここに供養を捧げて敬礼せる霊場である。彼等はテンコンテクを以て西蔵の旧秘密教の開祖ペマグル師の前化現なりと信じて居ることは、偶然にも西蔵に於いて最初天祖が降臨ありし地方及び事績をペマグル師と関連せしめて種々の神秘的説話を構造して居る例に類似するを以て、これら両者間に何等かの伝説的先後の関係が存在して居るのではないかと思われる。現在の西蔵及びスィキム両国民が同胞にしてしかも当初のスィキム人たるレプチャ民族が上古に於いて西蔵より移住せしものとすれば、二国民が各信順せる伝説に共通の分子を含めることは怪しむに足りない。遺憾にしてレプチャ人は僅かに今より三百年以前よりも古き歴史を辿る能わざるが上に、太古の伝説に関して一定せる記録を具えざるが故に、両者先後の関係を明確に示すは困難であるが、今西蔵の所侍に基き少しく推測を恣にすれば、紀元前約五世紀頃西蔵のヤルンという地方に於いて恒雪を戴ける「天高嶺《ハリッェ》」と名づくる山頂に天祖降臨ありて西蔵の国王となり、爾来王統連綿として続いたとする梵教徒一派の説話がある。この説の是非は別論とするも、最初の西蔵王が君臨せし所がヤルン地方の天高嶺であることは西蔵史家の一致せる所説である。現に当時の遺跡には大巌窟や石室などが残存して居ることは確実である。所謂「ヤルン」とは高国または上国の義にして、該地方は海抜一万フィート内外の高度ある原野をなし、彼の「天高嶺《ハリッェ》」はこの「高国《ヤルン》」に屹立せる高峰である。

九、瑞穂国の建国

仮に西蔵王統の或る者が「高国《ヤルン》の天高嶺《ハリッェ》」を辞し、ヤムドの山原を経て後蔵《ツァン》地方に移り、次第に南下してスィキムの低山地域に降りたりと想定せんか。西蔵高原に於ける天上界の概は失せて翠色《すいしょく》滴らんとする山谷に肥沃なる地容を看取するであろう。ここに於いてその地名を「レェジョン」瑞穂国と称え、王統栄え後世レプチャ民族として発展せしものと推測することは強ち無理でも無かろう。既に述べた如くレプチェの天祖は高空より来れりという伝説は上古に彼等の祖先たるべき人種が西蔵高原より降下したる事実に基因せる神話にあらざるかと疑われる。或る人はレプチャ人種は支那人種に印度人種が混じたものと見なせるは、如上の推測に有力なる根拠を与うるものである。何故ならば元来西蔵最初の国王は通俗には梵教徒の説に従い天国より降臨せしものとなせども、実際は印度の王族の一人が逃れてヒマラヤ山を越え西蔵に入り「高国《ヤルン》の天高峰《ハリッェ》」に至り、終に王位に即きたるものとせる史家の所論に信拠して考うる時は、印度王族なる新しき西蔵はその後蔵人と結婚して王統蕃殖せしにより新たに生まれたる種族は、印度・アリアン種に西蔵種族（モンゴル）種を交えたるもの、即ち印度蒙古種源《インドモンゴルオリジン》となり、所謂支那種に印度種を混じたるものと同様の種族を生ずるであろう。すなわちその本統は歴代の西蔵王として継承せしも、支統はスィキム国に降りレプチャ民族として蕃殖せしものと想像し得るを以て、彼等に印度アリアン種族の色彩を帯ぶる所あるは寧ろ当然といわねばならぬ。およそ西蔵といいスィキムといい、今日でこそ各別箇の国となって居るが、三百年前は無論のこと上古に於いても無論西蔵の一部であったに相違ないのである。印度の北にヒマラヤの大山脈を隔てて斯くの如き奇態な国が現存して居ることは、我々にとっては実に興味深きものといわねばならぬ。

一〇、ベル氏との会見

三月四日。スィキム国駐剳の政務長官ベル氏は国内の巡視を終えて本日国都に帰着した。予等はダライ法王より委任せられたる事件に就いて協議する為め、長官と会見し首尾よく打ち合わせを遂げた。予はこれまで幾回かベル氏に会い好意を受けたことも尠くなかった。特に今度出蔵するに当たっては実に意外の援助を与えられた。即ち予が数年前に無断で印蔵国境を通過して秘密に入蔵せしは明らかに国境規定を蹂躙したる行為たりしにも拘らず、その目的が西蔵研究にありしとの理由の下に今回出蔵に際し何等の抗拒的態度に出でざるのみならず、反って英印政府より出蔵許可を得るに大いに尽力する所があった。予が安全に且つ不自由なく公然の出蔵旅行が遂げられたのは、全く同氏の努力に拠るものである。氏は年齢五十余歳、温厚篤実の英国紳士である。彼は有数の西蔵学者であるがあまりに世に知られて居ない。彼の著書としては西蔵語学に関するものが唯だ一種あるに過ぎない。雨蔵の普通語の研究者に取りては氏の著書は最も良好なる参考書となるであろう。

一一、故スィキム国王

三月五日。予は当地に於ける任務終了の余暇を以てガントクの町の内外を見物した。丁度今日は日曜で町の中心には所謂サンデイバザーが開かれて居た。印度、ネパール、ブータン、スィキム、西蔵などの各国人種がそれぞれ独特の風習に従い衣裳を着飾ってバザーに集まり、各携え来れる穀類、野菜、反物、小間物、雑貨等を陳列して露店を開くことはダージリンのそれと同様であるが、スィキム人が多いだけに日本人の様な顔付の男女が著しく目にとまる。この町の人口の総数は約四千であって、その半ばは隣邦ネパールからの移民である。郊外の景色は我が国の山景を偲ぶ所が多い。夜間に蛍が飛び蠻虫が鳴くといえば直に夏を想像するであろうが、昼間の眺めは全く陽春三、四月頃である。柳は新しい緑の枝を垂れ、山吹は黄金のような花を咲き匂わして居る。山桜も多いが、ヒマラヤ山の桜はどう狂って居るか、春咲かないで必ず秋に咲く——葉桜とは興がなさ過ぎる。その代り桃が代わって春の山を飾って居る。南嶺の頂に国王の宮殿が新旧二棟建ってある案外粗末な建築である。予は知友の紹介で現国王を訪問したが、生憎不在中で意を得なかった。先王が昨年逝去されたことは予に取っても非常な失望であった。彼がなお太子の位に在って印度や英国に留学し、我が国へも仏教視察を兼ねて来遊された時、予は初めて彼を知ったのである。その後五、六年の間折に触れて文通を続けて居たが、予の駐蔵中父王に次ぎて即位し、不幸にも僅か一年を経て黄泉《こうせん》の客となった。国王の生前には予はしばしばガントクに来遊を勧められてその約束までしておいた。今日その霊前に参拝するの運命に至った予の悲哀と落胆は決して尠くなかった。

一二、四年振りのカリンポン

三月六日。曾遊のカリンポンに赴くべくガントクの都を去った。山嶺を下る道は樹林と耕田との間を綴る。車道は緩やかな阪を紆り、間道は急峻な所を直通して居る。下り詰めた所はランギィト河の岸である。滔々たる半濁の激流が山峡の密林より溢れ出でんとする勢を以て南東に逸奔《いっぽん》する。その左岸に沿うて下るに従い、気流ますます上昇してようやく暑熱を感ずる。沿道の森林には沙羅樹やチークの木が繁茂してその間に山猿の群が駈け廻って居る。ランポ駅の近くに銅鉱山がある。小規模の冶金所もあるが、目下その業を中止して居る。同駅のバンガロウに着いた時は既に日没後であった。この地は最早ヒマラヤの山麓帯で海抜僅かに千フィートばかりの低山地域であるから気温高く夜の八時頃でも寒暖計は七十度より下降しなかった。ランポ駅はティスタ渓《ヴアレー》に於ける枢要な村邑であって、印度よりスィキム国に入る咽喉となって居る。

三月七日。早朝ここを出発しロンチュ河に架せる鉄の吊橋を渡る。対岸は即ちダージリン県にして印度の領域となる。橋畔にはダージリン政庁派出の国境官吏数名駐在し予の旅券を検した。彼等の示す国境規定なるものを一読するにこの橋（国境）を通過し得るものは、スィキム、ネパール、ブータン、西蔵の人民に限り、その他の国民は必ず旅券を要すとある。これよりティスタの河畔に通ずる坦々たる大道に出で、沙羅樹の大森林の中を五マイルばかり進行した所から左方に岐れる小路に移り、密林中の緩やかな山阪を攀じた。二、三マイルにして阪は急峻となり、約二千フィートの高度を喘ぎ登ると路は山腹の緩阪《かんぱん》に通じ、終にカリンポンの山背に達する。町まではなお十町ばかりあるが、附近の眺めは眼に映ずる限り四年前の昔の記憶を呼び起こし、漫ろに入蔵計画当時の印象を辿らざるを得なかった。

一三、印度カルカッタに安着

三月二十五日。予はこの地に於いて西蔵旅行の結末をつける為め、休養を兼ねて半月余を費やし、ようやく本日を以てカルカッタに出ることとなった。午前十時過ぎにカリンポンを出発すると、八マイルの山道を下ってティスタ橋を渡りカリンポン・ロード停車場よりカルカッタ行の急行列車に接続する軽便鉄道の発車時刻に都合よく間に合った。ダージリン鉄道と同じく二フィート軌道の小列車でティスタ山峡の渓道を伝い、その奔流に沿うて山水の奇勝を縫いつつ、リヤン・シヴォク等の諸駅を過ぐ。峡間を出ると広漠たる平原となり、列車は沙羅樹の密林中を貫いて走る。この鉄道が開通したのは一千九百十五年であるが、それまではティスタ橋よりスィリグリー停車場に至る交通は牛馬の便を藉り、この密林を昼間通過して居た。夜間には野生の象や猛虎が人畜を襲うからである。スィリグリ駅からカルカッタ行のメールに乗り換え、翌朝は早や恒河の長橋を軌るのである。この鉄橋が（一千九百十五年）に架設された。以前ダージリンに往復した頃は何時もここを汽艇で渡らねばならなかった。しかし今日は居ながらにして車窓より滾々たる濁流を俯瞰し、点々たる白帆を一瞥することを得た。ベンガルの曠野を急駛して午前十一時カルカッタのシァルダ駅に着いた。堪え難き酷熱に煽風器の涼風もその効力すこぶる薄きを覚えた。三月二十六日。帝国領事館に信夫《しのぶ》総領事を訪問し、次で別所商会の秋山氏正金銀行の西巻氏、三井物産の田島氏等を歴訪した当時シムラの避暑地に静養中なる光瑞法主よりカルカッタ滞在の命を受けたが、寒地に慣れたる予は炎熱の為め健康を持する能わざるにより、請うてカルカッタを去り、清涼なるダージリンの避暑地に赴いた。西蔵との連絡上ダージリンが便利よきことは勿論であるが上に、予にとりては第二の故郷ともいうべき程住み馴れた土地である。避暑地としてこの地を選んだ理由はここにある。

一四、金剛界の回顧

四月五日。思い出多き金剛宝土《ドルゼリン》の春はなお長閑な気分に満ちて居た。幽渓を渡る鶯の音も茂れる森に鳴く山《やま》郭公《ほととぎす》も、四時消ゆることなき「雪蔵《ヒムアラヤ》」の氷雪を知らず顔に咲き乱るる木蓮や石楠花の花も、いずれか曾遊の昔を偲ぶ懐かしき風情でないものはない。ここは第二の故郷で四年振りに邂逅《めぐりおう》た異国の知友の中に、レーデンラ氏と云って十年この方の親友がある。氏は今当地の警部長の職にあって内外人の間に非常な名望を得て居る。産まれはスィキム国であるから実際は日本人と云いたいような風貌を具えた人である。相当に教育もあり、殊に語学の才に富んで居る。西蔵やスィキムの研究に志せる内外人にして氏の助力を仰ぐ人が多い。今度予は氏の斡旋でダージリンの郊外に恰好の居所を得、研究上多大の便宜を与えられた。回顧すれば予が初めて印度に来たり、第一に遊覧を試みし処はこのダージリンである。明治四十二年の十月、秋咲くヒマラヤの山桜が正に満開の頃で、しかも雪嶺の眺め最も麗しきプジャ祭の季節であった。何はさて「雪蔵」の奇勝を探らんものをと、高きはトングルーの秀峰よりサンドクプーの嶮嶂を攀じ、低きはランギイトの深渓よりティスタの幽邃を窮め、そが雄大なる「五大《キンチンジャガ》雪蔵《カンチエンズンカ》」の壮観と、彼の大和的なる「瑞穂国《レエンジヨン》」民族の風貌とは自ら入蔵の企図を思い立たしめたのである。今や既に入蔵の志願満足して、またまたダージリンの故郷に還り、学舎に再び雪蔵の壮美を眺むる境遇となり、転《うた》た追懐の情に堪えない。徐《おもむろ》に神を「雪国《カンジヨンチベツト》」の天原に駛せつつこの記を草し畢る。

跋　西蔵遊記

榊亮三郎

西蔵遊記は、邦人の手に成れる最初の西蔵実録なり。日本の一青年が、日本に於いて有力なる一大宗派の勢力を背景として、西蔵法王の殊遇《しゅぐう》を得、四年に亘りて、雪山凌峰の国に留まり、優遊自適して縉紳《しんしん》の間に馳騁《ちてい》し、親しく目《もく》睹耳聴《とじちょう》せし所を集録せる書なり。事実は事実として、忌憚《きたん》なく、誇衒《こげん》なく、平明に叙述せる書なり。この数事、已にこの書を江湖に薦奨《せんしょう》するに足る。しかのみならず内容富贍《ふせん》、叙事あり、評論あり、褒揚《ほうよう》あり、諷刺あり、古を援《たす》きて、今を照らし、賓《ひん》を以て、主に襯《しん》す。桑麻《そうま》を語り、時務を語り、風月を談じ、また善く兵を談ず。平淡の中、微妙の教訓あり。穠粋の間、自から鬱勃莽蒼《うつぼつもうそう》の気を具《そな》う。

西蔵民族の風俗習慣は、日本民族の古俗旧慣と酷似する所あり。日本の上世史に通し、兼ぬるに万葉古今の知識を以てするものは、必ず我が祖先の有せし風俗習慣の意義を、西蔵遊記に於いて、発見するならん。行旅《こうりょ》山に登り水を渉らんとするとき、まず幣帛《へいはく》を山霊水神に捧ぐる風俗のごときは、その一なり。禁忌触穢《きんきしょくえ》の信仰の如きは、その二なり。巫視疾病を治し、僧を以て毉のことを行うがごときは、その三なり。古代宗教の研究者は、西蔵民族によりて、その論断の正確なるを明らかにすることを得べく、世界的大宗教の研究者は、これによって、民族的宗教が民族の間に下せる根帯は、決して、彼等の信するごとく脆弱なるものにあらざることを悟るならん。蓋し西蔵仏教とは、西蔵民族に固有なる「ボンパ」教を基礎として、印度仏教の楼閣《ろうかく》を架したるものに外ならざればなり。「ボンパ」教の今なお滅びずして、形を仏教に托し、民族の日常生活を支配すること、大和民族に固有なる宗教が、今なお日本の国民性を支配するがごとし。

西蔵法王の冊立《さくりつ》は、神祇官これを掌《つかさど》り、神託によりて行うは、人の知悉する所にして、また最も奇異とする所なり。西蔵に法王あるは蓋し西暦第十五世紀に始まる。然れども、その冊立の方法は、恐らくは、悠古の時代より、民族が襲用せる方法ならん。即ちこれによりて平時には酋長を選び、戦時には将師を選びしものなるべし。君主を選定し、将師を任命するに当たり、神祇官神託によりてこれをなすは、必ずしも西蔵民族に於いて始めて見ることを得べき現象にあらず。他の古代民族にもこれと相似たる事例多し。これ君主を以て、天命を受けたるものとなす思想に基づく。殊に君主たるべき人々の風骨容姿に重きを置くは、身体の欠陥を以て、神悪の致す所となし、その瑞相《ずいそう》を以て、神の恩寵に由るものなりとせる古代宗教の信仰に由来せるなり。これ「イスラエル」民族が軀幹《くかん》最も長きを以て「サウル」を選びて、王となせし所以なり。ローマの古代史を読みて、最高執政官の選定方法に通ずる学者は、西蔵法王冊立の方法を見ば、必ずその根本精神の酷似せるに驚くならん。制度の利弊は事物の表裏の如し、相伴うを免れず、法王冊立の制度はその弊、少数者の専恣《せんし》を誘致するにあり。ローマ執政官の選定方法は、その弊、執政官候補者の選定を、民会の司会者たるべき人の手に委ぬるにあり。天を畏れ、神を恐るるものにして、選定の任に当らば、その弊なかるべし。古代ローマの執政官は、王政の後を承けて、大率偉人《だいそつ》これに任じ、平時には、至公至平、威信民に行われ、戦時には、国難に赴きて、軀を戦陣の間に殞《いん》せし人多し。ローマの隆盛を極めしは、一にこれに由る。西蔵法王も、奕葉相承《えきようあいう》けて、統を紹《つ》ぎ戒範端明《かいはんたんめい》、操守堅固《そうしゅけんこ》、皆よくその位を辱めざりき。これを以て、今日文明の諸国に行わるる多数政治の結果に比較するに、利弊長短、未だ遽《にわか》に概論すべからず。

西蔵法王の宮を第二のポタラ宮と云う。これ法王を以て観音の化身なりとし、西蔵に垂迹《すいじゃく》しここに住すとの信仰に基づけり。ポタラ山は印度にあり。神仙の遊舎する所、観音の好んで依止《えじ》する山なり。観音の徽号の一に「ポータラカ・プリヤ」の称あり。ポタラ山を愛好するものの義なり。印度に於けるポタラ山の位置は、未だ明白ならず。あるいはセイロン島の「アダムスピーク」ならんと云い、あるいはインダス河の「タッタ」の地ならんと云うも、皆採るに足らず。その語の意義は、船舶《ポータ》の碇繋所を云うに見れば、必ず港湾なるべく、ポタラ観音の図像にして、日本支那に伝来し、また印度に存在するものを見るに、容姿端麗の一女神瓔珞《ようらく》荘厳して、巌窟の中に棲処し、あるいは巌礁の上に坐して、下に波浪の洶湧《きょうゆう》し、時ありて蛟鰐《こうがく》の波間に躍る光景を描く。ポタラ山にして、真に今日の印度に於いて、探求し得べくんば、その所在は必ず、印度の西部に連亘《れんこう》する山脈の南東端なるべく、その山は必ず港湾に接近し、危峰峻岳高く聳《そび》えて南海の表となり、一女神を祀れる殿堂なかるべからず。西蔵遊記の著者は、「コモリン」海角を以て、ポタラ山に擬せり。この地、印度の南端に位し、砂汀港を擁し、海に近く、一殿堂あり。童女神「クマーリー」を祀る所謂「コモリン」は「クマーリー」の訛音なり。然れども、地勢陵夷《りょうい》、特に危峰峻岳の見るべきなし。あるいは滄桑《そうそう》の変、古今地勢を異にするに至れるものか。海角より西北四英里の所、一山あり。高さ僅かに一千四百尺に過ぎざるも、円錐形をなして、孤標挺立《こひょうていりつ》、甚だ壮容あり。また「コモリン」と称すこの地方は、印度の南海を航行せる人々には、古より知られ、紀元二世紀頃のギリシアの航海者も「コモリ」の地方に聖者来たり、水に浴して終生意を俗界に絶つことを記せり。「コモリ」とは、梵語「クマーリー」の「タミール」語に於ける訛音なり。「コモリン」海角の地方を以て印度のポタラ山に擬するは、謂われなきにあらず。

西蔵法王の下、別に一王あり。法王の国璽《こくじ》を管掌《かんしょう》し、法王国外に出ずるときは留まりて、国事を摂す。輓近《ばんきん》、西洋の学者の中法王の公印なりとして、世に公にせるものあり。我が国に於いても外務省を始めとして、法王の璽を鈐《けん》せる文書を蔵する人鮮ず。吾人親しく、これを見るに、皆法王が、国外に於いて、発せし文書にして、これに鈐せる璽章はラッサのポタラ宮に於いて発せる国書に鈐する璽章とは少しく差違あるを見る。吾人はこれによりて、西洋学者の所謂法王の公印は、法王が西蔵国外に出でしとき用いし仮璽の印章を誤り伝えたることを知るを得たり。真の国璽は、ただラッサポタラ宮に於いてのみ存す。所謂伝国の璽は唯一にして、二あるべからず。世の瞶々《かいかい》たるもの未だこれを知らず、仮を以て真なりとし、聴くもの皆惑う。仮令《たと》い桀点の徒、またこれに乗じてその非を済せんとするも、昭代の下、恐らくは遂ぐることを得じ。

西蔵は、国を雪山の中に建て、地味磽确《ぎょうかく》にして、菽麦《しゅくばく》の産多からず。民物また康阜《こうふ》ならずといえども、その文化の光被《こうひ》する所は、南は雪山を越えて「スィキム」「ブータン」に及び、東南は「ブラフマプットラ」即ち蔵布《ツアンポ》河に沿い、四川雲南ビルマに及び、東北は、中央アジア甘粛、蒙古、シベリア、満洲に及べり。西蔵語は、実に蒙古「ブリヤート」の諸民族の文学の語にして、ラッサ「吉祥嶺《タシルンポ》」は、古よりこれら民族の文化の中心なりき。清朝、西蔵に結びて、甘粛、蒙古の諸民族を控馭し、露国会って、西蔵の力を仮りて「ブリヤート」外蒙古を統治せんとし、英国また十八世紀の末葉より使いを「吉祥嶺《タシルンポ》」のパンチェンラマに遣わして、歓を成し、爾来今に至るまで、西蔵を以て、北方の保障となすに努めたり。今や英支雄を西蔵に争い、事態日に紛糾して、解くに由なし。西蔵の問題は、西蔵文化の光被する諸民族の問題なり。ラッサ「吉祥嶺《タシルンポ》」の問題は、支那にありては、青海、四川、甘粛蒙古等の問題にして、英国にありては「スィキム」「ブータン」の問題なり。英国は辞を西蔵印度の通商に藉るといえども、その志は、西蔵の統治にあり。支那の憂うる所も、恐らくは西蔵の為に憂うるにあらず。四川の為に憂え、甘粛、青海蒙古の為に憂うるならん。英支両国の間に蟠結《はんけつ》せる西蔵問題は、豈に樽俎《そんそ》揖譲《ゆうじょう》の間に決すべき一小事ならんや。誰か知らん、雪山凌峰の雲一朝雨となりて、霈然《はいぜん》、東海の岸に濺《そそ》がざるを。これを想うて、西蔵遊記を読むに、危坐《きざ》襟を正して悚然《しょうぜん》たるを禁ずる能わざるなり。

著者青木文教君の西蔵に入りしは、大正元年九月なり。当時君学籍を京都仏教大学に掲げ、業半ばにして、印度に赴けり。余が君と相識るに至りしは、欧洲より帰朝の途次、印度を遊歴せし時にあり。君人となり、白而痩身、言語淳謹、行歩《こうほ》安詳《あんじょう》なり。然れども、一朝主命を受けて艱険を冒すを憚らず。飛絙を踏みて深渓を渡り、険崖を攀じて積水を越ゆ。印度より雪山に至る道、林藪虎豹《りんそうこひょう》棲み、毒蛇潜む。また沮洳《しょじょ》往々沢をなして、瘴癘《しょうれい》の気人に逼《せま》る。一旦これに犯さるれば、殆んど免れず、君これを知りて退避せず。雪山峻嶒群峰攅蔟し、氷河凌原天に連なりて、凝冱汗漫その際を睹《み》ず。君これを望みて畏れず、煢然《けいぜん》孤征して、遂に志を果たすことを得たり。誰か想わん、君にしてこの鉄腸あらんとは。蓋し測るべからざるものは、それ人か。君を知りて、この書を読むに、手に汗し、胸躍ること、一再にして止らず。

今や本書印刷成り、書肆余に辞を求む。暫らく所感を攄《の》べて、跋《ばつ》となす。

大正九年十月八日

青木文教［著者］（あおき・ぶんきょう）

チベット研究者、僧侶。チベット名トゥプテン・タシ。滋賀県安曇川町生まれ。仏教大学（現・龍谷大学）大学院在学中に大谷光瑞の秘書となり、インドで仏教遺跡の研究、ロンドンで教育事情の研究を行う。大正元年（1912）よりチベットの首府ラサに留学し、文法学や歴史学などを学ぶ傍ら、ダライラマ13世の教学顧問として近代化のための助言を行う。大正4年(1915)に学院での学びを終え、ダライラマ13世よりサンビリクト（別名パンディタ）の学位を受ける。1941年から終戦まで外務省調査部嘱託職員としてチベット問題研究に従事。戦後は東京大学講師などを務め、チベット語を教える。（1886-1956）

近代《きんだい》チベット史叢書《しそうしよ》14

秘密《ひみつ》の国《くに》・西蔵遊記《ちべつとゆうき》

平成28年6月13日初版第一刷発行

著　者：青木《あおき》 文教《ぶんきよう》
発行者：中野 淳
発行所：株式会社 慧文社《けいぶんしや》
〒174-0063
東京都板橋区前野町4-49-3
〈TEL〉03-5392-6069
〈FAX〉03-5392-6078
E-mail:info@keibunsha.jp
http://www.keibunsha.jp/
印刷所：慧文社印刷部
製本所：東和製本株式会社
ISBN978-4-86330-168-9